Rainer Otte

Die philosophische Notiz

Rainer Otte

Die philosophische Notiz

Stationen und Ansichten einer großen kleinen Denkform

Humanities Online

Bibliografische Information der Deutschen Nationalbibliothek
Die Deutsche Nationalbibliothek verzeichnet diese Publikation in der Deutschen Nationalbibliografie; detaillierte bibliografische Daten sind im Internet über http://dnb.ddb.de abrufbar.

Frankfurt am Main, Germany
www.humanities-online.de
info@humanities-online.de

Erste Auflage 2022
ISBN 978-3-941743-91-5

Umschlaggestaltung: Uwe Adam, www.adam-grafik.de

Printed in Germany

Dieses Buch ist auch als E-Book (PDF) erhältlich:
www.humanities-online.de

Inhalt

Vorwort

Von der Neugier auf die kurzen Texte der Philosophie

Die Notiz ist von lakonischer Kürze. Sie setzt irgendwo ein und bricht schnell ab. Gern ist und bleibt sie unvollständig, nicht immer aber bescheiden. Auf kleinstem Raum geht sie munter aufs große Ganze los – wenn ihr danach ist. Einige Notizen, an kürzerer Leine gehalten, schnuppern hier und da wie der treue Vierbeiner am Wegesrand. Den Weg verlassen wollen sie gar nicht. Wieder andere, ganz ohne Leine, hetzen jedem Wild hinterher. Sie haben eine untrügliche Nase und sind alsbald in jedem Dickicht verschwunden.

Typisch Notiz: Alles ist bewegt und nichts ist fertig. Wer auf logische Stringenz hält, wird im Wildwechsel der Notizen Beispiele schönster gedanklicher Schnitzer finden. Wer auf sorgfältige Begründungen aus ist, dem dürfte die Kürze der Notizen einiges Kopfzerbrechen bereiten. Ihre Bedeutung als Kinderstube großer Werke ist unstrittig. Erforscher und Herausgeber der Gesamtausgaben widmen ihnen ihr von Zetteln erfülltes Leben. Manches wichtige Werk berühmter Denker blieb ja unvollendet. Was liegt näher, als die nachgelassenen Notizen frisch auszubrüten und für das Ergebnis die posthume akademische Leihelternschaft anzunehmen?

Die Welten der Notiz sind äußerst bunt und wandelbar. Man kann in philosophiehistorischer Manier versuchen, sich darauf einen geschichtlichen Reim zu machen. Tatsächlich wechseln die Inhalte und Ambitionen der Notizen ganz offensichtlich im Laufe der Zeiten. Am historischen Anfang der Philosophie stand bekanntlich nicht das systematisch ausformulierte Werk. Es waren die vereinzelten Sentenzen, die Fragmente und Merksprüche, die in aller Kürze festhielten, was in späteren Jahrhunderten zum Schatz des systematischen Wissens werden sollte. Heraklits Fragmente bündelten philosophische Weltsichten in enigmatischen Texten, die wir Fragmente nennen. Ein Sokrates pries die Kunst der kurzen und umso gehaltvolleren philosophischen Sätze zu einer Zeit, in der die Werke eines Platon, eines Aristoteles oder der Stoa ans systematische Ausformulieren gingen. Das Lob des Sokrates war bereits ein melancholischer Rückblick.

Heraklits Fragmente, die Analecta des Konfuzius wie auch die Sutren-Literatur Indiens werden hier nicht einfach zu Notizen erklärt und damit unter neuer Flagge eingemeindet. Sie tauchen, wie die mittelalterliche Literatur der Quodlibetarier, aus einem simplen Grund auf. Mit den neuzeitlichen Notizen eines Leibniz, Kant oder Nietzsche im Sinn oder den Notizenwerken eines Paul Valéry oder Ludwig Wittgenstein vor Augen, entdeckt man ohne Mühe gewisse »Familienähnlichkeiten« in antiken Texten: Ihre gedrängte Form etwa, die in knappen Worten erstaunlich viel sagt und keinen Platz für Ausführungen beansprucht; die pointiert und andeutet, was später Anlass zu ausgiebigen Interpretationen geben wird. Situative Elemente und Überraschungen spielen ihre Rolle, wenn im Moment etwas einfällt oder etwas auffällt. Dass in der Antike Notizen auch im modernen Sinn geschrieben wurden, belegt zudem das Werk des Hippokrates; der Arzt und Philosoph prägte den Begriff des Aphorismus.

Die Beziehungen zwischen den kurzen, isolierten Notizen und den großen Werken sind äußerst variabel. Dieser Tatbestand ist allemal wichtig nicht allein für das Verständnis der kurzen Aufschriebe, sondern ebenso für das der umfangreichen Bücher. Manche Notiz arbeitet definitiv dem finalen Werk zu. Der Autor sammelt und sichtet. Er sucht, findet und erfindet. So erschreibt er sich ein reiches Ausgangsmaterial für spätere Zusammenstellungen, Kommentare und Synthesen. Nachgelassene Notizen erlauben, die Entstehung eines Werkes minutiös und in aufschlussreichen Stadien nachzuvollziehen – ein Glücksfall für die wissenschaftliche Forschung. Schopenhauers Notizen beleuchten die Genese seiner Bücher und zeigen, wo und was die Hand des Autors zu redigieren gedachte; größere Überraschungen halten sich in Grenzen. Ganz anders die Aufschriebe des alten Immanuel Kant, das sogenannte Opus postumum: Sie geben heutigen Interpreten noch immer Rätsel auf. Kant konnte seine ambitionierten Notizen nicht mehr zu dem Werk zusammenfassen, das er als den Schlussstein seiner Philosophie verstand.

Lässt sich eine simple Norm erkennen, die im Zusammenspiel von Notiz und Werk gilt? Etwa der Art, dass die Notiz vorrangig der Materialsammlung, der vorläufigen Formulierung oder als Experimentierstation für ein kommendes Werk diene? Es ist leicht, das Gegenteil zu erweisen. Kaum hat ein Werk die Notizen und Vorarbeiten in sich aufgenommen, setzt eine ambitionierte Neubestimmung von Passagen, wenn nicht gar die Revision des ganzen Buches ein. Notizen ergänzen das Buch, tragen Gedankenblitze ein, gruppieren Elemente anders oder schreiben das Werk in nicht unwesentlichen Teilen um. Diese Autoren scheinen sich kaum damit abfinden zu wollen, dass ihr Werk jemals abgeschlossen ist. Entdeckergeist und kreative Neugier bleiben am Werk, die Publikation kann sie auf Dauer nicht bannen. Das fertige Werk wird diesen Notizen immer wieder zum plastischen Stoff. Wir können Autoren wie Sören Kierkegaard und Friedrich Nietzsche dabei zusehen.

Die Verhältnisse sind also äußerst variabel: Im ersten Fall bündelt das Werk eine Unmenge vorangehender Notizen, stellt sie in Dienst und bildet damit einen Abschluss. Im zweiten ist es die Notiz, die das Werk ausdeutet und nicht selten ohne absehbares Ende umschreibt. Sie dringt mit mikroskopischem Blick in die Netze der Argumente, gern mit einem Seziermesser in der Hand. Mehrfarbige Notierungen, Kürzel, die der Einordnung von Textbausteinen dienen, Schere und Kleber sind beliebte Utensilien. Randglossen stellen alles in neue Perspektiven und Streichungen machen kurzen Prozess.

Im Wechsel dieser zwei entgegengesetzten Arten, die Notiz und Werk dynamisch verbinden, lässt sich durchaus ein Signum der jeweiligen Zeit entdecken. Bücher werden seit einigen Jahrhunderten kaum mehr für die Ewigkeit geschrieben. Den Autoren mögen sie eine Plattform oder eine Trittstufe bieten. Sie können auf dem Erreichten beharren oder ihr Projekt weiterführen und ständig modifizieren. Das stellt den Status eines Werkes insgesamt in Frage. Wir werden Schreibweisen rekonstruieren, die Notizensammlungen bleiben und dies auch genau so intendieren. Deren Autoren benennen ihre Gründe und Ziele in klaren Worten. Sie bieten uns geradezu eine Philosophie der Notiz an, der wir in diesem Buch Aufmerksamkeit und einige Rekonstruktionen widmen. Die bedeutendsten Philosophien dieser Art – und Praxis – haben wir bei Paul Valéry und Ludwig Wittgenstein gefunden.

Was wollen wir verstehen? Ein zuverlässiger Fahrplan, der die Notizen auf Nebengleise, die großen Werke aber auf Haupt- und Schnelltrassen setzt, wäre nur für bestimmte Zeiten und Werke aufzustellen. Die Sachlage ist insgesamt komplizierter, wenn man die Notiz nicht als eine vorbereitende Marginale abtut. Allerdings wird sie bestimmt nicht übersichtlicher, wenn man zu den großen auch die kleinen Gedankenwege minutiös erfasst. Vieles geht netzartig zwischen den Notizen und einem Werk hin und her. Nebengeleise wären zu berücksichtigen, wobei im Einzelfall nicht immer ersichtlich ist, wo die Reise beginnt und wohin sie gehen soll. Die Arbeit an und mit Notizen reduziert selten die Komplexität.

Notizen stehen seit jeher im Ruf, die Unübersichtlichkeit zu befördern. So würde jemand kommentieren, dem vor allem eine wohlgeordnete Gedankenwelt am Herzen liegt. Ein anderer könnte in romantischer Emphase antworten: Aber jede Notiz sei doch ein souveräner, oft überraschender Splitter einer je eigenen Welt! Einer Welt, die geradewegs zu verschwinden droht, sollte man das Fragment erschöpfend erklären wollen, bloß damit es bruchlos in ein vorausgesetztes Gedankengebäude hineinpasst.

Die Frage ist also nicht banal: Wie nähern wir uns der philosophischen Notiz, ohne das scheue Reh zu verschrecken? Frei schweift es im Niemandsland. Aus Schritten entstehen Spuren, aus Spuren werden rekonstruierbare Wege, aus Wegen, die sich schneiden, sind Kreuzungen abzulesen und jede Kreuzung zeigt, welche der verfügbaren Richtungen eingeschlagen wurde und welche eben nicht. So kristallisiert sich alsbald ein erster Überblick oder eine rudimentäre Ordnung heraus.

Die eine oder andere Notiz packt diesen Moment selbst beim Schopf. Sie findet das einschlägige Wort, die zündende Idee oder die attraktive Überschrift. Sie organisiert andere Notizen. So wird sie zum besonderen Gedanken, der früheren Einfällen, Beobachtungen oder Bemerkungen einen Platz zuweist: als hätte diese eine Notiz einen Kompass erfunden und könne nun komplexe Landschaften ausmessen. Vieles bleibt danach einfach auszuprobieren. Auch Denker greifen dann gern zu Schere und Klebstoff: Gottfried Wilhelm Leibniz, Walter Benjamin oder Ludwig Wittgenstein zerschnippeln ihre Aufschriebe. Sie probieren, wie sich die Masse ihrer Notizen zu dem Text zusammenstellen oder -kleben lässt, der ihren Intentionen genügt.

Macht ein solches Verfahren neugierig? Philosophiehistorikern war es bislang kaum mehr als kursorische Anmerkungen wert. Dieses Buch ist nicht so dünn wie ursprünglich geplant, obwohl es himmelweit davon entfernt ist, die ganze Geschichte der philosophischen Notiz zu erzählen und aufzuarbeiten. Es entwickelt kein paradigmatisches Modell, anhand dessen man die Notizen unterschiedlicher Autoren auf verbindliche Intentionen, Operationen oder Interpretationen festlegen könnte. Es möchte nichts beweisen, sondern vor allem etwas zeigen, das vor aller Augen liegt und nicht übersehen werden sollte.

Man verliert die Denkformen einer Notiz allzu leicht aus den Augen, wenn man das Interesse auf Literaturgattungen einschränkt. Denn diese Denkformen prägen Aufschriebe, die wir den unterschiedlichen Feldern der Aphoristik, der Essayistik, der Tagebuch-, Brief- und Reiseliteratur, der künstlerischen oder wissenschaftlichen Arbeit zuordnen müssten; sogar als Einsprengsel in den systematischen Werken lassen sie sich nachweisen. Unser Blick fällt ebenso auf das kreative Brainstorming wie auf eine ungeplante, nicht intentional eingebundene Schreibpraxis; selbstverständlich schließt er experimentelle Formen des Notierens und die intensive Tradition existenziell bedeutsamer Aufschriebe ein.

Dieses Buch verzichtet auf eine handfeste Definition der Notiz, denn sie könnte dieser Komplexität nicht gerecht werden. Es bemüht sich um Stringenz auf eine andere Weise. Angesichts erwartbarer Kritik seien zwei Argumente genannt: Die Notiz ist ein ubiquitäres Phänomen; für sie gilt erstens kein philosophisches Reinheitsgebot. Zweitens kann man die Entscheidung, was als philosophische Notiz gelten darf, getrost den jeweils vorgestellten Autoren überlassen. Umso besser wird man sie teilnehmend beim Schreiben und Denken begleiten können. Das steht hier im Mittelpunkt und schließt gelegentlich auch Schriftsteller und Dichter wie Petrarca, Novalis oder Robert Musil ein. Denn Notizen trennen – was ebenso gut für die Essayistik und die Aphoristik gilt – nicht streng zwischen Literatur und Philosophie.

Die Rekonstruktionen dieses situativ schreibenden Denkens fordern die Bereitschaft ein, differenzierter zu lesen. Sie setzen auf Fingerspitzengefühl und auf eine detektivische Haltung. Deren Funde sollen nicht einfach in ein Globalergebnis einfließen. Am Ende soll und wird kein simples Fazit stehen, das dann für alle Autoren mehr oder weniger erhellend wäre. Nach Möglichkeit finden sich Ergebnisse im Kontext der jeweils vorgestellten Denker ausgesprochen. Der Autor bemüht sich ausdrücklich, ihre manchmal klar formulierte, oft aber nur hintergründige Philosophie der Notiz zu rekonstruieren.

Eine keineswegs in engen Fachgrenzen domestizierte Neugier prägt die Haltung, die in vielen Notizen deutlich wird. Nicht Altbekanntes wird immer von Neuem aufs Papier gebracht, als übe man sich in philosophischer Schönschrift. Notiert wird, was plötzlich einfällt oder was überraschend auffällt – und das oft hastig und entsprechend in Krakelschrift. Der günstige Moment ist bald vorbei. Ein jetzt noch so klarer Gedanke verweht atemberaubend schnell. Die Zeit ist knapp, die Worte bleiben oft vorläufig. Festgehalten wird auch und gerade, was noch unfertig daherkommt. Möglicherweise passt es in ein bestehendes oder entworfenes Gedankengebäude, vielleicht aber auch nicht. Der Notierende weiß in diesem Moment lediglich, dass ihm das Notat wichtig ist – nicht aber, ob das so bleiben wird oder ob er morgen nicht alles besser dem Papierkorb übergibt.

Die Notiz hat definitiv ein Janusgesicht. Das Jetzt des Schreibens und das Danach des Lesens und Weiterdenkens kennzeichnen ihre beiden Lebenshälften. Da gelten jeweils fundamental unterschiedliche Spielregeln. Hier fördern sie ein spontanes und eruptives Denken, dort achten sie meist stärker auf Stringenz und wählen aus. Im Lauf der Zeit geraten viele Notizen durch diesen Wechsel auf des Messers Schneide.

Interpreten können sich auch schneiden. Notizen entstehen und blühen gern im Halbschatten. Mitunter sind hier Fragen und Antworten auszumachen, die man im vollen Licht publizierter Hauptwerke nicht vorfindet. Keineswegs erscheint es sinnvoll, eine Notiz stets über den Leisten der tonangebenden Werke eines Denkers zu schlagen. Nicht für jeden Leser wird es beispielsweise eine nette Überraschung darstellen, dass selbst ein Immanuel Kant nicht nur Pflichtlektüren für philosophische Seminare geschrieben hat, sondern verstörende Notizen von erheblicher Bedeutung hinterlassen hat. Solche Notizen machen nicht einfach nur viel Arbeit. Sie zeigen, man habe sein Pensum noch keineswegs erledigt, studiert man allein die obligatorischen Hauptwerke.

Vor der gegenteiligen Allüre bleibt nicht minder zu warnen: Eine Notiz eignet sich höchst selten als Trumpfkarte, die die Lektüre eines Werkes und das systematische Verständnis eines Gedankengebäudes überflüssig macht oder jovial aussticht. Es geht darum, das Zusammenspiel zwischen den Notizen und dem Werk zu begreifen. Dafür muss man sich mit der Eigenart und der Funktion von Notizen beschäftigen.

Etwas Neugier hilft. Sie hat zwei Seiten, die nicht allein den Autor betreffen dürften. Dem haben eigene Notizen das Thema ins Nest gelegt, wovon das Nachwort handelt. Viele Leser schreiben selbst, und nicht wenige werden sich erinnern: Man gibt einer Notiz den kleinen Finger und ihre anwachsende Schar nimmt die ganze Hand. Man schreibt und schreibt, die Notizen finden stets neue Anfangspunkte. Man liest, was man geschrieben hat und schreibt danach anders weiter. Das mag rhapsodisch klingen, doch ist es auch philosophisch?

Gerade eigene Notizen eignen sich gut, den Blick für die Praxis des denkenden Schreibens zu öffnen und in die Welt der philosophischen Notizen einzutauchen. Namhafte Philosophen verzichten im intimen Selbstgespräch der Notizen bisweilen auf ehrfurchteinflößende Terminologien. Sie legen es kaum darauf an, mit dem Inhalt ihrer Kladden und Zettelkästen im kollegialen Wettstreit zu brillieren. Ob das ausreicht, ihren Notizen generell ein Mehr an existenzieller Ehrlichkeit und Authentizität zu attestieren, werden einige der folgenden Rekonstruktionen im Detail zeigen müssen.

Erstes Kapitel

Von der Geburt der Philosophie in der kleinen Form

Wer wenig Papier hat, schreibt ganz klein. Man kürzt ab und beschränkt sich auf das Wesentliche. Man geizt mit Worten und wählt die wenigen gut aus. Sehr viel lässt sich ja in einem Satz verdichten. Das erfordert eine gewisse Konzentration. Übung macht hier den Meister. Da wir gewohnt sind, im Überfluss Papier oder Datenvolumen zur Verfügung zu haben, wäre diese Knappheit für uns ein bewusst betriebener Minimalismus – der bei weniger Textmenge mehr Inhalt anstrebt.

Nicht jede kurz und knapp formulierte Notiz beruht auf einer solchen freien Wahl. Wann gab es jemals Schreibmaterial im heute üblichen Überfluss? In der Antike war es kostbar. Es sollte halten, die Zeiten überdauern – möglichst bis in alle Ewigkeit. Denn für eine unendliche Zukunft schienen die Wahrheiten der Philosophen bestimmt. Dem überbordenden Reichtum der Ideen stand die Knappheit der Mittel gegenüber. Das stellte sich 1770 Christoph Martin Wieland so vor: Wie kam der arme Diogenes dazu, seine Gedanken nicht als geflügelte Worte durch Athen flattern zu lassen, sondern sie zu fixieren? Er hatte nichts und war stolz darauf. Folglich gab es weder Papyrus noch Feder in seiner Tonne. Wieland lässt seinen Diogenes seufzen: »Doch Papier könnten wir leicht entbehren, wenn wir nur Wachstafeln oder Baumrinden, oder Häute, oder Palmblätter hätten! – und in Ermanglung deren möcht' es weißes Blech, Marmor, Elfenbein, oder gar Backsteine thun; denn auf alle diese Dinge pflegte man ehmals zu schreiben, als es noch mehr darum zu thun war dauerhaft als viel zu schreiben.«[1]

Worte, die Anspruch auf die Ewigkeit anmelden, können, sie müssen aber nicht in prachtvollen Materialien daherkommen. Auch die kleine Pfütze spiegelt den Mond und die Sterne des Nachthimmels. Wer die knappen Worte der Schrift richtig versteht, der wickelt ihren komprimierten Sinn aus. Er lässt sich in einem oder in wenigen Sätzen nicht nur kondensieren; man kann die wenigen geschriebenen Worte auf Reisen mitnehmen und sie als Grundstein von Schulen oder Akademien nutzen. Sie werde zu Abbreviaturen, die komplexe Gedankengebäude vertreten.

Heute lesen wir diese kurzen Sätze antiker Weisheit anders. Sie begegnen uns in den Typen unserer Bücher. Der antike Spruch ist sauber nachgedruckt; optisch unterscheidet er sich nicht von rezenten Sätzen aller erdenklicher Sparten. Halten wir für einen Moment inne und fragen uns, ob einer der antiken Autoren, deren Fragmente uns aus unseren Sammelbänden bekannt sind, über die Form einer derartigen Publikation glücklich gewesen wäre. Hätten sich ein chinesischer Schüler des Konfuzius oder der indische Philosoph Shankara für die Papierqualitäten und Drucktypen entschieden und unseren Fach- oder Reprintverlagen den Zuschlag erteilt? Wäre ihnen die Praxis, ihre Weisheiten eben nicht im Gespräch an Schüler und identifizierbare Gesprächspartner zu adressieren, sondern ungezielt in die Welt zu streuen, nicht geradezu absurd vorgekommen?

Schauen wir uns stattdessen ein längliches Holzkästchen an, das gerade gut in eine Hand passt. Nett verziert ist es, eine kunstvolle Handarbeit. Anscheinend stammt es aus Indien oder Nepal. Man kann es aufklappen. Ein Stift verbindet den Deckel mit dem Boden des Kästchen. Kunstvoll beschriebene Bambusblätter kommen im Inneren zum Vorschein – es mögen etwa 20 sein. Sie lassen sich auffächern, Bambusseite schiebt sich vor Bambusseite. Jede ist beschrieben. Das ist ein ganzes Buch. Mehr Platz gibt es nicht. Was immer da steht ist übersichtlich und soll es sein. Es lässt sich gut memorieren. Das kommt Kulturen entgegen, die stark auf mündliche Traditionen setzen. Das geschriebene Wort ist das zu wiederholende Wort. Es ist von Menschen umgeben. Diese »Bücher« sind leicht zu verwahren und gut zu transportieren. Wer in ihrem Umkreis lebt, der kennt ihren Inhalt in der Regel auswendig. Jedes Mal, wenn man das Kästchen öffnet und die Finger die Bambusseiten auseinander schieben, entsteht der Text für einen kleinen Moment neu – so bekannt er auch immer sein mag.

Die Kurzprosa der Sutren

Am Anfang der Philosophie stand das kurze Wort. Aber die Philosophie selbst stand nicht am Anfang. Das älteste Denkmal der altindischen Literatur ist der *Rig Veda.* In der von Karl Friedrich Geldner übersetzen Fassung der *Harvard Oriental Series* bringt er es auf ca. 1350 Druckseiten.[2] Der Gesamtkorpus des *Veda,* zu dem weiterhin der *Sama-Veda*, *Yajur-Veda* und *Artharva-Veda* gehören, ergibt eine kaum zu überblickende Fülle. Der *Veda* war den Brahmanenkreisen vorbehalten. Er wurde mündlich tradiert und auswendig gelernt. Den rituell genau einzuhaltenden Vokalisierungen kommt bis auf den heutigen Tag eine entscheidende Bedeutung zu.

Erst spät betreten die Philosophen die Bühne. Im Mittelmeerraum sind es die Jahrhunderte der Vorsokratiker. In den sich konsolidierenden Königreichen des indischen Subkontinent entstehen zeitgleich, vor allem entlang des Ganges, die Texte der *Upanishaden*. Jede bezieht sich auf einen Teil des Veda und bringt ihn im übersichtlichen Lehrgespräch auf einen Punkt. Der kann so einfach, kurz und enigmatisch sein wie das berühmte *tat-tvam-asi* (»das bist du«). Uddalaka Aruni will seinem Sohn Shvetaketu mit nur einem Satz eröffnen, eine einzige Essenz konstituiere das ganze Universum wie auch das Selbst des Menschen.[3] In der nachvedischen Zeit entstehen Schriften, die erstaunlich knapp formuliert sind und dennoch weitreichende Ambitionen anmelden.

Diesen geschriebenen *Sutren* kommt keine rituelle Funktion in vedischen Opfern und Ritualen zu. Das Sanskritwort *Sutra* bedeutet Leitspruch. Die Literatur der klassischen Systeme indischer Philosophie ist mitunter nicht einmal in vollständigen Sätzen abgefasst. Ihre Kürze ist Programm und hat System. *Nyaya,* die Wissenschaft der Beweisführung, umfasst 538 Kurzzeilen; *Vaisheshika,* die Wissenschaft der Unterscheidungen und Substanzen, 370; *Sankhya,* die Wissenschaft der Kategorien und der Bestandteile, bringt es auf 523 und der *Yoga,* die praktische Wissenschaft der Versenkung und der meditativen Erfahrung, auf 194. Die Textmenge des *Vedanta,* der Philosophie der letzten Ursachen und des Absoluten, umfasst 555 Textzeilen, während der *Mimansa,* die Wissenschaft der Betrachtung, Analyse und Bewertung von Handlungen, mit 2742 Zeilen ungewöhnlich umfangreich ist und damit aus der Reihe fällt. Die Zeichenmenge eines dieser Werke von mittlerem Umfang passt bequem auf eine Zeitungsseite.[4]

Diese Sätze stehen am Beginn eigenständiger Philosophien. Sie sind einem westlichen Leser nicht in demselben Sinne transparent oder eingängig wie viele Texte der antiken griechischen Philosophie. In Unkenntnis der kulturell-religiösen Grundlagen Indiens und oder der mündlichen Traditionen, die Lehrer und Schüler einbinden, bleibt dem Fremden mancher Sinn vage und verborgen. Doch führt die Kürze der *Sutren* auch in ihrem Stammland zu erheblichem Klärungsbedarf. In der Folge entstehen umfangreiche Kommentarschriften. Viele sind in

Indien bis auf den heutigen Tag kanonisch wie etwa der Kommentar des Shankara, ein Zeitgenosse Karls des Großen, zu den *Cariraka-Mimansa* des Badarayana. In Paul Deussens Übersetzung füllt der Text Shankaras 766 Textseiten. Den am Beginn eines jeden Abschnitts angeführten zwei bis acht Worten der *Sutra* stehen in der Regel mehrere eng bedruckte Seiten von Shankaras Kommentar gegenüber. Der Indologe Paul Deussen, Freund Nietzsches und Bewunderer Schopenhauers, verglich Shankaras Kommentar mit dem spekulationsfreudigen Geist der mittelalterlichen scholastischen Philosophie.[5] Er führe exemplarisch vor Augen, wie knappe Sätze und uferlos Interpretationen zu engen Nachbarn werden.

Die minimale Länge vieler Sutren ist durchaus als eine Kompressionsform ihres Sinns zu verstehen, der in seiner entfalteten Bedeutungsvielfalt eine tausendfache Menge an Worten benötigen würde. Andererseits merkt eine Reihe von Übersetzern und Kommentatoren zu Recht an, dass diese Kurzformen über eine ganz eigene literarische und philosophische Qualität verfügen. Als »Meisterwerke philosophischen Stils« bezeichnet sie James Haughton Woods im Vorwort seiner Übersetzung der Yoga-Sutren des Patanjali.[6] Die Sutren-Werke hätten nichts mit einer nur lose verbundenen Spruchsammlung zu tun. Ganz im Gegenteil: Trotz aller Knappheit und Prägnanz werden mitunter Worte definiert und deren Bedeutung im Kontext von Sätzen demonstriert. Praktische Konsequenzen sollen abgeleitet werden. Kurze Sätze könnten sich als bessere Begleiter in unterschiedlichsten Lebenslagen erweisen als etwa langatmige Ausführungen.

Der kurze und prägnante Satz scheint bisweilen darauf aus zu sein, die Welt und das Denken nicht so zu lassen, wie sie vordem waren. Je knapper er ist, umso deutlicher pocht er darauf, weitergedacht oder praktisch umgesetzt zu werden. So geht der Stab an den über, der ihn liest und mit dem Satz im Kopf in seinem eigenen Leben agiert. Nicht wenige *Sutren* legen eine Sichtweise oder Lebenspraxis nahe, die existenzielle Ansprüche stellen. Man versteht sie schlecht, liest man sie als einen informierenden Text, dessen Inhalt den Leser eigentlich nichts angeht. Bedeutet ihm der Text etwas für sein Leben und findet er Eingang in seine Denkweisen und Entscheidungen, so öffnet ihm gerade die Kürze den Weg in die alltägliche Praxis. Man erinnert sich leicht an die Worte und Sätze, vergleichbar einer Maxime oder einem Sprichwort, die gegenwärtig bleiben.

Das Lun-yu des Konfuzius

»Was wirklich gelebt und getan wird, das ist, zum Bewusstsein gebracht, verwandelt. Weiß es um sich, dann ist es nicht mehr naiv. Ist es bloße Gewohnheit geworden, kommt in sie durch das Wissen ein bewegender und zugleich verlässlicher Charakter. Ist es vergessen, wird es wieder erinnert und wiederhergestellt. Aber wie es auch verstanden wird, es ist als Verstandenes nicht mehr dasselbe.« Diese Sätze, die zugleich als Eingangswort zu einer Philosophie der Notiz gelten kann, formulierte Karl Jaspers in seinem Überblick über die Philosophie des Konfuzius.[7] Folgen wir seinem Blick in das antike China.

Konfuzius ist Zeitgenosse Heraklits. Keiner seiner Aphorismen und kurzen Lehrreden entstammt seiner eigenen Feder. Das berühmte *Lun-yu*, die Gespräche des Konfuzius, entstand posthum zwischen dem 5. und dem 3. vorchristlichen Jahrhundert.[8] Einzelne Textpassagen sind nicht exakt datierbar und könnten unterschiedlichen Alters sein.[9]

Konfuzius kommt einem heutigen Leser, der Erklärungen schätzt und Begründungen verlangt, kaum entgegen. Man erbittet seinen Rat, und er gibt ihn auf seine eigene Weise. Wenig Angst scheint er vor Widersprüchen zu haben, wenn er einem Gesprächspartner dieses und einem anderen geradezu das Gegenteil rät. Wer das aus heutiger Sicht als inkonsequent bemängelt, könnte einem doppelten Missverständnis aufsitzen: Er verstehe weder das antike China noch die Vorurteile unserer europäisch geprägten Sichtweisen, so erinnern uns Sinologen.[10] Für uns mag sich eine widersprüchliche Aussage selbst disqualifizieren, im Kontext anderer Kulturen könnte dies wiederum eine unverständliche Unterstellung bedeuten.

Auch wenn Konfuzius keine Zeile hinterlassen hat, gehört das ihm zugeordnete *Lun-yu* doch in den Rahmen einer Geschichte der philosophischen Notiz. Es sind Aufschriebe, Nachschriebe und Ergänzungen anderer, aber sie geben sich geradezu die Form, in der ein Beobachter recht unbefangen notiert, was er im Gefolge des Konfuzius sieht und hört. Die einzelnen Passagen sind stets in konkreten Situationen verankert. Sie betreffen Menschen mit identifizierbaren Namen und persönlichen Besonderheiten. Mitunter stellen die ganz handfeste Fragen und suchen nützliche Antworten. Konfuzius gibt nicht einfach Rat. Er agiert als geschickter Pädagoge, dessen Vorgehen nicht unwesentliche

Ähnlichkeiten mit der sokratischen Mäeutik zeigt.[11] Einsichten lassen sich nicht einfach mittels Worten in andere Köpfe verpflanzen. Eigene Gedanken werden nur im eigenen Kopf geboren.

Der *Lun-yu* zeigt offen, was es bedeutet, Schüler eines Lehrers wie Konfuzius zu sein: »Konfuzius sprach: ›Wer nicht danach strebt, dem eröffne ich nicht die Wahrheit. Wer nicht selbst nach den rechten Worten sucht, den unterweise ich nicht. Nehmen wir an, ich zeige jemandem eine Ecke, und er vermag es nicht, dadurch auf die anderen drei Ecken zu schließen, dann wiederhole ich nicht.‹«[12]

Jede Idee seiner eigenen Originalität oder gar Genialität weist Konfuzius weit von sich. Erschaffen und erkennen, was weise ist, das konnten und das können die Weisen. Wer aber soll in seiner Zeit schon weise sein? Das behauptet Konfuzius nicht ein einziges Mal von sich selbst. Dennoch weist er die ihn verpflichtende Idee nicht ab, durch sein Wanderleben und seine »Lehre« die im Chaos versunkene politische Welt zur Harmonie zurückzuführen. Die Zeit sei schlecht und das Land befinde sich in Unordnung. Konfuzius ist, wie auch andere der klassischen Philosophen Chinas, auf der Wanderschaft durch ein unruhiges Reich. Er hofft, dass Einsichten helfen, reklamiert aber keineswegs, dass er ein Patent auf sie hätte. Ein Leisetreter ist er allerdings nicht. In Anekdoten und Gesprächen übt er massive Kritik an den herrschenden Zuständen. Die Restauration des alten Kaisertums und der mit ihr verbundenen Moralität verspricht ihm den ersehnten gesellschaftlichen Frieden.

Konfuzius beantwortet Fragen und bringt Kompliziertes auf den Punkt. Er lehrt, ohne große Worte zu verlieren. Was hat er anzubieten? Menschlichkeit ist ihm ein Leitstern, aber ohne Lernbereitschaft leuchtet der nicht. Was aber ist Menschlichkeit? Aufrichtigkeit ist ihm ohne Tradition undenkbar. Warum ist das so? Konfuzius gibt Ausführungen in Kurzform. Sie springen von Stichwort zu Stichwort. Aufwändige Begründungen finden sich nicht. Konfuzius geizt geradezu mit Worten. Jede Befürchtung scheint ihm fremd, dass eines seiner Worte einem früher gegebenen in die Quere kommen könnte. Guten Rat gibt er jedem, aber nicht immer denselben. Denn eine in Wort und Form gleiche Frage, vorgetragen von zwei unterschiedlichen Menschen, macht schon zwei Fragen aus. Lassen sich denn zwei Fälle, zwei Menschen, zwei Fragen jemals mit einer einzigen Antwort versehen?

Selbst wenn nur ein einziger fragt und seine Frage später genau so wiederholen würde, wäre es äußerst blamabel, ihm dieselbe Antwort zu geben. Wer lernt, bekommt das nächste Mal eine andere. Wer nicht lernt auch, denn das hat er verdient. Gut ist es für den Weisen wie für den Fragenden, wenn ein Wort zum nächsten, zum besseren, schlussendlich zum weisen hinführt. Durch keine Logik ließe sich das erzwingen. Den Wunsch nach Begründungen weist Konfuzius nicht explizit ab. Er überlässt es der Situation und der reifen Entwicklung des Einzelnen, zur nächsten Runde von Fragen und Antworten zu kommen. Als guter »Schüler« erweist sich ihm nicht der folgsame. Der rechte Schüler zieht nicht zufrieden mit einem Satz des Meisters ab, um ihn als einen Besitz für alle Zeit zu hüten. Damit hinterginge er jedes Lernen. Alles, was sein Lehrer will und was ihn zum Lehrer im Sinne eines Konfuzius macht, wäre dadurch ausgelöscht.

Wer wirklich lernt, denkt anders – auch anders als sein Lehrer: »Konfuzius sprach: ›Was ich auch sage, Yan Hui ist sofort damit einverstanden. So hilft er mir nicht.‹«[13] Distanz und Kritik kündigen das Vertrauen zum Lehrer nicht auf. Konfuzius pflegt sie sich selbst gegenüber. Er bekennt freimütig: »Wenn mir noch einige Jahre vergönnt sind, so werde ich bis fünfzig das ›Buch der Wandlungen‹ studieren; dann könnte ich wohl größere Verfehlungen vermeiden.«[14] Rein gar nichts lässt sich durch kluge oder eloquente Erklärungen abkürzen. Eher wird der Weg steiniger, länger und droht gar, sich im Gestrüpp der Worte zu verlieren. Der Wunsch, durch angenehme und systematische Worte den Weg abzukürzen, schade dem Lernen. Wer allem mit Worten voreilt, der geht zu schnell und wähnt sich zu leicht am Ziel.

Die Szenen des Lun-yu sind kurz und prägnant. Sie sind eingebunden in konkret vorstellbare Situationen, bergen Überraschungen und vermeiden jede argumentative Weitschweifigkeit. Das verbindet sie mit der Form von Notizen. Die Stringenz eines logisch aufgebauten Textes würde sich darin beweisen, dass jeder Beliebige die Denkoperationen wiederholen kann, dass sich eines bruchlos aus dem anderen ergibt und dass kein gültiger Schluss eine wahre Prämisse revidieren muss. Wie anders klingt es hier: »Konfuzius sprach: ›Ich möchte meine Zeit nicht mir Reden verbringen.‹ Daraufhin meinte Zi-gong: ›Wenn der Meister nicht redet, was können wir dann noch anderen übermitteln?‹ Konfuzius erwiderte: ›Redet etwa der Himmel?‹«[15]

Diese kurzen Worte stoßen eine offene und freie Bewegung des Denkens an. Sie können abbrechen und werden damit den Fortgang des Gedankens dem anderen überantworten – sei er auch ein Leser in späterer Zeit. Das Wort soll einen Wandel bewirken, andernfalls wäre es bloß hilflos in den Wind gesprochen. Das gute Wort trifft und nutzt den besonderen Moment, um den kommenden zu verändern. Je fundierter der Lehrer und seine Weisheit, um so umfangreicher wird, trotz aller Knappheit seiner Sätze, die ihm nachfolgende Tradition. So kommentiert es Andrew Hui in seinem Buch *A Theory of the Aphorism: From Confucius to Twitter*.[16]

Zweites Kapitel

Schweigen, Reden, Notieren

Von Pythagoras zu Sokrates

Den Satz des Pythagoras lernt jedes Schulkind, doch Schriften hat Pythagoras nicht hinterlassen. Seine Worte wurden gehört und das gesprochene Wort ist verweht. Pythagoras' Rede bringt anderen die erschauten und konstruierten Ordnungen des Lebens, des Kosmos und des Menschen nahe. Eine junge Gemeinde siedelt sich in Unteritalien um den Philosophen an. Man lebt nach seinen Ratschlägen und folgt seinen Gedanken. Wir Späteren hoffen bislang vergeblich, irgendein aufschlussreiches Schriftdokument zu finden und bleiben auf Rekonstruktionen aus anderen Quellen und Werken späterer Autoren angewiesen. Unweigerlich setzen wir pythagoreische Ideen dadurch in Kontexte, die eigentlich erst ihrer Nachwelt zugehören. Pythagoras und seine Tradition aber trauen der Schrift nicht. Sie pendeln, so resümieren heutige Interpreten, geradewegs zwischen Geheimlehre und offenem Gespräch.[1]

Im Falle eines Sokrates leiden wir nicht an einem Mangel an Texten – Platon, Xenophon und Aristophanes haben ihren Sokrates in eine Flut von Schriften gebettet und auf die Bühne gebracht. Ein dem Freunde Chairephon gegebener Spruch des Orakels von Delphi nannte diesen Sokrates den weisesten Menschen überhaupt. Der freute sich über die seltene Auszeichnung keineswegs. Ironisch war Sokrates gern in seinen Gesprächen, dem Orakel jedoch unterstellte er keine ironischen Absichten. Der Gottesfürchtige nahm weder an, dass Apollon sich grandios vertan hätte oder dass irgendeine Intrige des Olymp ihn an der Nase herumführte. Dieser eine Spruch des Orakels schickte ihn auf einen Fragemarathon. Sokrates wollte herauszufinden, was an der merkwürdigen Auszeichnung dran war oder ob sie anderen nicht viel besser zu Gesicht stünde.

So initiiert Sokrates auf der Agora einen Indizienprozess in eigener Sache: Was wissen die anderen, was weiß ich? Er fragt diese anderen und hat eigene Antworten nicht von vornherein in der Tasche. Man kommt ins Gespräch, der Ertrag bleibt trotz aller sokratischen Hebammenkünste beklagenswert mager. Der fromme Euthyphron stiehlt sich aus dem Gespräch, um sein übersteigertes religiöses Selbstbewusstsein vor schädlichen Fragen zu retten. Charmides vertagt die Angelegenheit. Kritias erklärt, lieber gleich aussteigen zu wollen. Im Dialog Laches wird die philosophische Untersuchung auf irgendein Später verschoben und damit endgültig beerdigt. Kaum ist Sokrates um die (Diskurs-)Ecke, machen auch ein Gorgias, ein Kallikles, ein Hippias, Ion oder Menon weiter wie gehabt. »Wo wäre der Gesprächspartner«, fragt Alexander Nehamas, »der durch Sokrates eines Besseren belehrt würde?«[2]

Der Spruch des Orakels von Delphi treibt Sokrates um. So kurz er war, so anhaltend ist seine Nachwirkung. Passt das in seine Gegenwart? Die Philosophen seiner Zeit schreiben viel. Wenige sind so wortkarg wie einst ein Heraklit. Sokrates schreibt nicht. Misstraut er den ausufernden Schriften, die nicht nur jede Kürze einbüßen? Die Spur seiner Skepsis hat sich in Platons Dialog *Protagoras* erhalten. Dort liest man über die Weisen früherer Zeiten erstaunliche Zeilen. Sie stellten sich ganz unwissend und prahlten vor allem nicht mit ihrem Wissen herum. Was sie sagten, das spielten sie beinahe herunter – bis einer bei passender Gelegenheit »einen eindrucksvollen, kurzen und kraftvollen Ausspruch wie ein geschickter Speerschütze entsendet, so dass der Mitunterredner ihm gegenüber geradezu zum Kinde herabsinkt.«[3]

Das sind kurze Worte mit langen Wirkungen. Sprüche ähnlicher Art brachte man auch am Tempel von Delphi an, allen voran das *gnothi seauton* – erkenne dich selbst. Einer dieser kurzen Sprüche aus Delphi setzt Sokrates auf seinen Weg. Im Dialog *Protagoras* pocht er darauf, die Kürze nicht zu verkennen, denn früher war sie Gefährtin der Weisheit. Sokrates erklärt freiweg, das Charakteristische für die Philosophie der alten Zeit sei geradezu »eine gewisse lakonische Kürze« gewesen.[4]

Den ausufernden Büchern der Philosophen seiner Tage und der rapide anwachsenden Verschriftlichung der Philosophie bringt Sokrates einige Skepsis entgegen. Wer alles auf die Schrift setzt, ramponiere nicht allein sein Gedächtnis. Er rücke die Inhalte in die Ferne. Da gingen sie ihn immer weniger an und spielten alsbald nur noch sporadisch auf der inneren Bühne, auf der der Philosoph sich seiner eigenen Gedanken gewahr werden will. Man legt sie förmlich in den immer umfangreicheren Schriftstücken ab und rückt sie durch die Schriftkunst in weite Ferne: »Denn diese Kunst wird Vergessenheit schaffen in den Seelen derer, die sie erlernen, aus Achtlosigkeit gegen das Gedächtnis, da die

Leute im Vertrauen auf das Schriftstück von außen sich werden erinnern lassen durch fremde Zeichen, nicht von innen heraus durch Selbstbesinnen.«[5] Das setzt ihren Sinn einer folgenschweren Erosion aus.

Der Denkende gerät schnell in Labyrinthe. Die Irrgänge nehmen zu, je stärker die Worte der Philosophie in der Flut von Schriften verbreitet, modifiziert und kommentiert werden. Worte treiben dann wie Schiffe ohne Anker auf der bewegten See. Denn »einmal niedergeschrieben, treibt sich jedes Wort allenthalben wahllos herum, in gleicher Weise bei denen, die es verstehen, wie auch genau so bei denen, die es nichts angeht und weiß nicht zu sagen, zu wem es kommen sollte und zu wem nicht.«[6] Ein publiziertes Wort kann sich nicht gegen Missbrauch wehren. Im schlimmsten Falle ist es hilflos jeder beliebigen Fehl- oder Umdeutung ausgesetzt. Diese Gefahr wächst, je umfangreicher die Texte werden.

Helfen das kurze Wort, die knappe und doch bedeutungsgeladene Sentenz, diese Gefahr wirklich zu verhindern? Gehen wir für einen Moment zurück zu Heraklit, um Antworten zu suchen.

Heraklit

Man nennt Heraklit einen dunklen Philosophen. Will er das sein ? Winkt er mit Geheimnissen, die er letztendlich nie zu enthüllen gedenkt? Seine Fragmente definieren nichts, kein Hin- und Her von Argumenten prägt diese Kurzprosa. Doch liegt ihm jede bewusste Geheimniskrämerei durchaus fern. Nicht einmal dem Orakel von Delphi räumt er einen Freiraum für ewige Rätsel ein. Denn es gibt etwas zu verstehen. Dafür braucht man allerdings mehr als nur einen einzigen schnellen Blick. Ein Fragment sagt: »Der Herrscher, dem das Orakel in Delphi gehört, verkündet nichts und verbirgt nichts, sondern deutet nur an.«[7] Apollon wahrt Distanz. Er überlässt den Menschen das Denken, zeigt aber die Richtung an, in der es für den Betreffenden fruchtbar werden kann. Das Wort braucht allerdings seine Zeit, kein Same geht sofort auf.

Die Sprüche der sogenannten Sieben Weisen und die vom Tempel in Delphi formulieren ja keine Gesetze. Sie stellen Aufgaben in der Form von Lebensmaximen: »Allem voran jenes *gnothi seauton*: »Erkenne dich!« [...] Und weiter jenes »Nicht zuviel«: *meden agan*, jenes »Blicke auf das Gegebene«: *kairon hora*, jenes »Das Maß ist das beste«: *metron ariston*, und jenes »Bescheide dich«: *sophronei*. Endlich [...]

jenes *thneta phronein* [...]: »Bedenke das Sterbliche,« so fasst Wolfgang Schadewaldt das Programm zusammen.[8]

Diese Sätze deuten einen Weg, eine Lebenspraxis an. Man hat ihre Weisheit nicht, man muss sie suchen, finden und erkennen. Geheimniskrämer helfen da nicht. Heraklit spielt lieber mit offenen Karten: Mystagogen, Dichter und Sagenerzähler erträgt er nicht als Schiedsrichter in philosophischen Angelegenheiten. Er ist überzeugt, nicht er allein sei vernünftig, sondern »gemeinsam ist allen die Vernunft.«[9]

Immerhin besitzen wir von Heraklit, anders als von Pythagoras oder Sokrates, Schriftzeugnisse und die ausreichende Sicherheit, dass es wirklich die seinen sind. Fragmente sind generell unsere übliche Textgrundlage der vorsokratischen Philosophie. Viele sind als Bruchstücke nicht erhalten gebliebener Werke identifizierbar. Heraklits Sätze nennt man auch Fragmente. Damit legt man nahe, auch sie seien Relikte einstmals umfangreicherer Bücher. Ob diese Vermutung zutrifft, ist bis auf den heutigen Tag strittig. Sind Heraklits Texte nur aufgrund einer desolaten Überlieferung so kurz? Oder sollten sie das sein, so dass ihre Länge und ihre Sprachform überhaupt nicht zu trennen sind von der Philosophie, die in ihnen lebendig wird?

Mangelndes Sprachgefühl wird man Heraklit nicht vorwerfen wollen. Keinem unbefangenen Beobachter wird entgehen, wie viele seiner Sätze und Wendungen aufgrund ihrer Prägnanz und Kürze eine erstaunliche Verbreitung gefunden haben. Heraklit hat sich, vermutlich sehr gegen seinen Willen, durch brillante Formulierungen als Stichwortgeber für andere Philosophen empfohlen. Viele seiner Sprachbilder haben Karriere gemacht wie etwa das von der *widerstrebenden Harmonie bei Bogen und Leier.*[10] Bis heute sind Worte Heraklits als Sprichwort in Umlauf, etwa: *Alles fließt*; *In denselben Fluss steigt man kein zweites Mal; Der Krieg ist der Vater aller Dinge* oder *Die Natur liebt es, sich zu verbergen* wie auch *Vielwisserei bringt noch keinen Verstand.*[11] Ganz so, als handele es sich hier um kommunikatives Kleingeld, dessen Wert jeder auf Anhieb versteht.

Nichts liegt dem einsam grübelnden Heraklit ferner als der Ruhm eines erfolgreichen Sprichwortfabrikanten. Seine Fragmente wettern gegen die dummen Zeitgenossen, die die Lüge lieben, die Besten vertreiben und begeistert in jeden Refrain der Dummheit einstimmen. Man könne den Menschen alles noch so gut erklären, sie verstünden einfach nichts. Ein im Volk umlaufendes Sprichwort bezeuge da nur das Fehlen jeder philosophischen Einsicht. Denn für deren Worte scheinen ihre Ohren verstopft zu sein: »Auch wenn sie es gehört haben, begreifen sie davon nichts, sind wie taub. Das Sprichwort bezeugt es ihnen: obgleich da, sind sie doch nicht da.«[12]

Könnte man den Begriffsstutzigen alles nicht besser erklären, wenn man sich mehr Zeit nimmt, in kleineren Denkschritten vorangeht und insgesamt pädagogischer ans Werk geht? Also auf längere Texte setzt, die argumentativ nachvollziehbarer sind und die auch einem Historiker oder späteren Interpreten mehr Stoff an die Hand geben als die enigmatischen Fragmente des Heraklit? Denn völlig unvermittelt tauchen bei Heraklit Worte auf, die nicht nur in der Philosophie eine nachhaltige Karriere machen sollten. Mit Heraklit betritt der Logos die Bühne der Philosophie:

»Dies Weltgesetz (Logos), das doch ewig ist, begreifen die Menschen nicht, weder bevor sie davon gehört noch sobald sie davon gehört haben.«[13] Der Übersetzer und Herausgeber Wilhelm Capelle setzt das von Heraklit gebrauchte griechische Wort *Logos* in Klammern und merkt in einer Fußnote an, man könne durchaus »im Zweifel sein, ob man hier Logos nicht lieber unübersetzt lässt«.[14] Denn der Begriff wurde vom Wortgebrauch späterer philosophischer Werke und Systeme in einer Weise geprägt, dass Heraklit sein eigenes Wort kaum wiedererkannt hätte.

Heraklits *Logos* knüpft einen bunten Strauß von Bedeutungen und Verwendungsformen. Gemeint sein kann das Wort, die sinnvolle Rede, der sinnvolle Gedanke, die Form, Struktur und Ordnung von Dingen oder Ideen, das Verhängnis wie auch das Gesetz, das die ganze Welt durchwirke – mit und ohne göttlichen Beistand. Je ausgreifender der Logos, desto kürzere Sätze scheint Heraklit im Sinn zu haben. Er leitet nichts ab und wiegt keine Standpunkte im Spiel widerstreitender Argumente ab. Heraklit scheint zu beobachten und zu denken, zu beschreiben und zu notieren, während der Logos sich um sich selbst kümmert: »Der Seele ist der Logos eigen, der sich selber vermehrt.«[15] Also spricht Heraklit und nimmt für sich die Autorität eines Menschen in Anspruch, der sich selbst erforscht hat.[16] Nun kann er anderen verkünden, dass man »der Seele Grenzen« nicht ausfindig machen kann.[17]

Doch die begreifen ihn nicht, wie seine bissigen Klagen verraten. Er lässt sich davon nicht abbringen und stellt zusammen, was anderen nicht zusammenpassen mag: »Das Kalte wird warm, Warmes kalt,

Feuchtes trocken, Trockenes feucht«, schreibt Heraklit.[18] Natürlich ist das so, denn alles verändert sich, auf Sonne folgt Regen. So ließe sich entgegnen – aber ist diese Banalität bereits eine philosophische Einsicht à la Heraklit? »Unsterbliche sterblich, Sterbliche unsterblich; sie leben den Tod jener und sterben das Leben jener«, lesen wir weiter mit dem leichten Unbehagen, ob hier nicht arg viel an den Worten gedreht wird, so dass am Ende der Tod quicklebendig wird und das Leben eine Besorgnis erregende Blässe auf die Wangen bekommt.[19] Wir erfahren: »Ein und dasselbe offenbart sich in den Dingen als Lebendes und Totes, Wachendes und Schlafendes, Junges und Altes.«[20]

Heraklit sammelt Widersprüche und erklärt, dass sie gar keine sind – wenn man wie er die Augen aufmache und in die Lage komme, das Widerstreitende als eine dialektische Einheit zu verstehen. Aristoteles sollte ihm etwa 150 Jahre später einige Quittungen dafür ausstellen. Paradoxien blühen, so erklärt er in der *Metaphysik* mit kräftigem Seitenhieb auf Heraklit, wenn Denker ihre Streitgespräche nicht zu Ende führen. Dann ließen sie einfach alles gelten.[21] Das könne nun gerade kein Walten des Logos sein. In seiner *Rhetorik* wird Aristoteles noch persönlicher. Er knöpft sich Heraklits Stil vor und doziert: »Allgemein aber gilt: das Geschriebene muss sich leicht vorlesen und vortragen lassen.«[22] Dabei machten die Sätze Heraklits allerdings eine jämmerliche Figur. Der heutige Leser argwöhnt gar, Studienrat Aristoteles gebe dem kleinen Heraklit eine Klassenarbeit voller roter Bemerkungen zurück und rate ihm dringend, fortan doch klarere Sätze zu machen. Vor allem die Satzzeichen solle er endlich richtig setzen, sonst ginge jeder Sinn gänzlich zuschanden: Denn diese »Sätze zu interpungieren ist eine harte Arbeit, weil unklar ist, wozu etwas gehört: ob zum Folgenden oder zum Vorhergehenden.«[23] Den Schriftstücken Heraklits fehle ganz einfach die »Sprachrichtigkeit«. Sie seien allzu spontan einfach dahin geschrieben.

Augenscheinlich meine Heraklit, der Satz des ausgeschlossenen Dritten (*tertium non datur*) gelte für ihn nicht. Er könne also etwas behaupten und gleichzeitig sagen, das Gegenteil treffe ebenso zu – was dazu führe, dass Leben und Tod, Gut und Böse plötzlich keine Gegensätze mehr sind.

Aristoteles Kritik gilt erkennbar der Art, wie Heraklit in seinen kurzen Texten denkt. Das Abgebrochene und Eruptive, der Wechsel von Strandpunkten und Perspektiven, die Vielfalt angedeuteter und eben nicht ausformulierter Bezüge, die situative Verankerung des Denkens oder der intuitive Gedankenblitz prägen seine Texte. Sie werden uns im Umkreis der Notiz als treue Begleiter durch die kommenden Jahrhunderte führen.

Heraklits »Fragmente« halten einen besonderen Moment fest und vergegenwärtigen konkret, welche Einsicht mit ihm verbunden ist. Sie weisen auf etwas hin und können somit nicht in sich selbst abgeschlossen sein. Vor allem geben sie einem Moment der Transformation Ausdruck. Ein Passus vergleicht ihn mit dem Tauschprozess von Waren gegen Gold – und umgekehrt.[24] Der Tausch bringt beide Elemente zusammen. Diesen Augenblick hält die Notiz fest. Der Wandel wird sichtbar: jetzt wird das Kalte warm und das Warme kalt. Die Sprach- und Schriftform, die Heraklit wählt und der er sein Denken anvertraut, ist keineswegs zufällig. Das neutrale Wort der Notiz meint hier einfach diese Schriftwerdung eines besonderen sprechenden Augenblicks. Dagegen würde das gebräuchliche Wort »Fragment« nahe legen, die vorliegenden Sätze gehörten in einen größeren Text, der verloren ist und nur noch in Bruchstücken tradiert wurde. Es würde sie letztlich nicht als die Unikate gelten lassen, als die sie unserer Meinung nach gelesen werden sollten.

Heraklit definiert keine Termen und er konstruiert keine Argumente, deren Abwägungen in endlose Diskurswelten führen. »Für sich selbst nämlich tritt jeder Satz dieses Denkers in strenger Kurzform, in geradezu künstlerischer Prägnanz und oft auch in beißender Schärfe in Erscheinung«, betont der Philosoph Paul Good.[25] Die Kürze werde geradezu zur Form ihrer Wahrheit. Heraklits Sätze beschreiben sie nicht einem eng gefassten Wortsinn nach. Sie stellen ihre Erkennbarkeit wie in einer hinweisenden Geste dar. Geht man ihr nach, mag sich der Logos selbst vermehren.

Hippokrates oder die Notiz auf Wanderschaft

Mit Hippokrates, dem Naturphilosophen und Wanderarzt, betritt die Notiz die Bühne, auf der sie bis auf den heutigen Tag agiert.

Hippokrates will die Medizin von magischen Behandlungspraktiken befreien und den mythischen Krankheitsbildern ganz andere Konzepte entgegensetzen. Selbst die sogenannte *heilige Krankheit*, die Epilepsie, ist keinesfalls, was ihr Name suggeriert: »Sie scheint mir um nichts göttlicher oder heiliger zu sein als die anderen Krankheiten, sondern sie hat den gleichen Ursprung wie die anderen.«[26] Wer von heiligen Krankheiten redet, hat nur Unwissen im Sinn. Hippokrates hat eine andere Ätiologie anzubieten. Das Leiden, so hat er beobachtet, kann erblich sein; die Leidenden hätten es »von Natur« aus, so schließt er. Es beginne schon »im Mutterleib«. Hauptsächlich betroffen sei das Gehirn; von dort gingen, wie von der Leber, Adern durch den ganzen Körper und versorgten ihn mit »Luft«. Sondere der Körper zu viel »Schleim« ab, leide der Mensch unter Wetterfühligkeit und »Kopfgeräuschen«, heute Tinnitus genannt. Werde der Abfluss zu stark gehemmt, »verliert der Kranke die Sprache und ist am Ersticken. Schaum fliegt aus seinem Munde, seine Zähne schlagen aufeinander, seine Hände ballen sich zusammen; die Augen verdrehen sich, und er ist völlig von Sinnen.«[27]

Hier diagnostiziert kein Priester-Arzt, der irgendeinen der Götter beobachtet, wie er den einen Kranken wie eine Ziege meckern lässt oder den anderen partout auf die rechte Seite dreht. Hippokrates bietet ein Modell an, das den ganzen Körper im Sinne der aufblühenden Naturwissenschaften erfasst. Es kapituliert keineswegs davor, dass Menschen an Leib *und* Seele erkranken. Hippokrates' *humoralpathologisches* Modell erfasst vier fortan berühmt gewordene Körpersäfte (lat. *humores*), die vier Typen menschlicher Konstitution bestimmen. Sie korrelieren jeweils mit den vier Temperamenten, den vier Jahreszeiten, den vier Himmelsrichtungen sowie ökologischen und meteorologischen Einflüssen. Hippokrates' klinische Beobachtungsgabe ist verblüffend. Sein naturwissenschaftlich fundiertes Modell soll die Augen öffnen, ohne jemals den konkreten Fall zu übersehen. Keineswegs will er vorschnelle Erklärungen für alle und alles liefern. Die mögen elegant klingen, kommen den Kranken in der Regel aber teuer zu stehen.

Was hat das mit Notizen zu tun? In den Schriftteilen des *Corpus Hippocraticum*, die mit hoher Wahrscheinlichkeit dem Hippokrates und nicht späteren Autoren seiner schreibfreudigen Schule zugeordnet werden, behaupten Notizen eine Zentralstellung. Das hat durchaus mit der Medizin zu tun, die Hippokrates erfindet, praktiziert und begründet. Fortlaufende Beobachtungen und situativ passende Schlussverfahren stehen im Zentrum. Sie nutzen Modellbildungen und schreiben sie von Fall zu Fall fort. Hippokrates gibt sich und anderen Rechenschaft über sein Vorgehen: »Die Beobachtungen an den Krankheiten, auf die wir unsere Diagnose gründeten, sind die folgenden: wie machten unsere Schlüsse aus der allgemeinen menschlichen Natur und aus der individuellen Natur eines jeden Kranken, aus der Krankheit, dem Kranken, aus den ärztlichen Verordnungen, aus dem verordnenden Arzt […].«[28]

Hippokrates' oft protokollartig anmutende Notizen sind beides: sowohl Voraussetzung als auch Resultat dieser Praxis. Sie schreibt sich immer weiter. Hippokrates hat Konkretes vor Augen und Großes im Sinn: »Es hat aber eine jede Krankheit die ihr eigentümliche Natur und Kraft. Und nichts ist unerklärbar und unmöglich.«[29] Das war die »Cultur der unbefangendsten Welterkenntnis«, sollte Friedrich Nietzsche gut 2000 Jahre später jubelnd anerkennen; »in Sophokles hätte sie ihren Dichter, in Perikles ihren Staatsmann, in Demokrit ihren Philosophen und in Hippokrates ihren Naturforscher gefunden.«[30]

Dahinter steckt keine simple Überzeugung, die Medizin könne ein ebenso sicheres Lehrgebäude errichten, wie es die euklidische Geometrie mit ihren Definitionen aufbaut. Hippokrates betreibt eine kasuistisch ausgerichtete Medizin. Er stellt nicht, wie dies in der rivalisierenden Ärzteschule von Knidos Programm war, nosologische Schemata in den Mittelpunkt. Als vorrangig galt dieser Schule der Versuch, Krankheiten in ein System zu bringen. Sie wollte dem Arzt damit eine Art von Katalog an die Hand geben: Welche Krankheiten gibt es, wie erkennt man sie und was sollte ihrer Behandlung getan oder unterlassen werden? Eine derartige Medizin »nach Lehrbuch« war nicht die Sache eines Hippokrates.

In der Welt der Gesundheit und der Krankheit entdeckt Hippokrates Spuren. Wir lesen, als eines der vielen Beispiele, in seiner *Schrift von der Umwelt* die Empfehlung, der Arzt möge, kommt er in eine unbekannte Stadt, ihre Lage berücksichtigen, wie sie etwa zu den Winden und den Sonnenaufgängen liegt oder wie es mit dem Trinkwasser steht. Haben die Bewohner sumpfiges, weiches oder hartes Wasser, das aus hochgelegenen felsigen Gegenden kommt? Ist der Boden ringsum kahl und wasserlos oder dicht und wasserreich? Man achte auf die Lebensweise der Einwohner: lieben sie den Trunk, frühstücken sie ausgiebig, pflegen sie sich? Sind sie bequem oder treiben sie Leibesübungen? Haben sie Freude an körperlichen Anstrengungen, was essen und trinken sie?[31]

Der hippokratische Arzt vereinigt unterschiedlichste Fachdisziplinen, die wir der Allgemeinmedizin, der Inneren Medizin, der Chirurgie, der Pharmakologie, der Psychiatrie und der Psychosomatischen Medizin, der Sozialmedizin, der Umweltmedizin und der – in der Antike umfassender als heute gedachten und nahe an der Lebenskunst angesiedelten – Diätetischen Medizin zuordnen. Die Liste ist unvollständig.

Bis heute verblüfft die hippokratische Medizin durch die Vielfalt dieser Perspektiven, die sie in der konkreten Situation am Bett eines Kranken auf die Diagnose, die Therapie und vor allem die Prognose zu bündeln versteht. Der Einzelfall mit all seinen Besonderheiten zählt. Der Arzt spielt aber kein Solo, wobei ihm ein heimlich aus der Tasche gezogenes Lehrwerk assistiert. Er agiert in einem Beziehungsnetz, in dem der Patient und dessen Umwelten entscheidend sind. In diesem Beziehungsnetz setzt sich sein »Fall« zusammen. Hans-Georg Gadamer erinnert an die außerordentliche Bedeutungsvielfalt eines Wortes, hinter dem sich zu Hippokrates' Zeiten eine vielschichtige Konstellation verbirgt: »Was heißt Fall? Der Gebrauch des Wortes kommt ohne Zweifel von dem Würfelspiel. [...] So ist es auch mit der Krankheit, dass sie wie ein Zufall ist. Das griechische Wort »Symptom« heißt eigentlich Zufall und ist auch im Griechischen schon für die Auffälligkeiten einer Krankheit gebraucht.«[32]

Hippokrates' wissenschaftlich orientierte Medizin nutzt als ein hervorragendes Instrument den Federkiel in der Hand. Die Bedeutung der Notiz lässt sich von der Ausrichtung dieser Medizin nicht trennen. Sie sammelt Konkretes und sie entwirft Modelle – ohne der jeweiligen Erfahrung das letzte Wort oder den aufgestellten Modellen den letzten systematischen Schliff geben zu können. In beiden Fällen bleibt ihr das Notieren eine permanente Aufgabe. Schriften wie die *Epidemien* wirken wie aus den Notizen kompiliert, die auf genaue Protokolle vor Ort und auf die Krankengeschichten zurückgreifen. Die Detailgenauigkeit und Bandbreite des Aufgezeichneten sind schon für die Zeitgenossen des Hippokrates beeindruckend. Das titelgebende Wort der Schrift *Epidemien* hat allerdings nicht die uns geläufige Bedeutung, vielmehr bezeichnet es das »im Volk Aufgesammelte«, das »unterwegs Beobachtete«. Denn der reisende Hippokrates sammelt auch als Meteorologe und Geograph, als Ökologe und Ethnologe, vergleichender Psychologe und als Alltagsforscher medizinisch relevante Beobachtungen und Fakten.[33]

In seinen *Aphorismen*, die dieser Literaturgattung den Namen geben und für über 2000 Jahre den Status einer Bibel der Medizin innehaben sollten, lautet der erste Eintrag: »Das Leben ist kurz, die Kunst lang. Der rechte Augenblick ist rasch enteilt. Der Versuch ist trügerisch, das Urteil schwierig. Man muss aber nicht nur sich selbst als einen erweisen, der das Nötige tut, sondern auch der Patient, seine Umgebung und die Außenwelt.«[34] Hippokrates, der Wanderarzt aus Kos, ist nicht irgendjemand. Er ist Erbe einer stolzen medizinischen Tradition und Begründer einer neuen.

Ein legendärer Ruf eilt ihm voraus. Er verkehrt in den Kreisen des Rhetorikers Gorgias und des Philosophen Demokrit. Als spätes Echo der Unterredungen von Hippokrates und Sokrates beschreibt Platons Dialog *Phaidros* den umfassenden Charakter der hippokratischen Medizin. Nichts, was jemals die Gesundheit und Krankheit von Körper und Geist betrifft, verstehe man »ohne Zusammenhang mit der Natur des Ganzen der Welt.«[35] Für den Kontext unserer Untersuchung der Notiz ist es mehr als aufschlussreich, dass Sokrates die hippokratische Medizin und die Rhetorik in eine enge Nachbarschaft rückt: »In beiden musst du die Natur unterscheiden, dort des Körpers, hier der Seele, wenn du nicht allein nach Handwerksbrauch und Erfahrung, sondern nach Kunst willst jenem Gesundheit und Kraft einflößen durch Darreichung von Arzneien und Nahrung, dieser eine beliebige Überzeugung beibringen und Tüchtigkeit durch Worte und Übung geordneten Verhaltens.«[36]

In dieser Epoche setzt die Verschriftlichung der Naturwissenschaft wie eine stille Revolution ein. Der Wanderarzt Hippokrates wird ihr eine besondere Note hinzufügen. Er ist der schreibende Sammler, Systematisierer, Kommentator, Entdecker, Detektiv, Spurensucher, Berichterstatter wie auch der Literat in der Geburtsstunde der Medizin. Seine Fallbeispiele sind narrativ und theoriegeleitet zugleich. Die Schriften des gebildeten Hippokrates stehen in der besten Tradition griechischer Rhetorik und Philosophie. Die dargestellten Verläufe von Krankheit, Krise und Gesundung erinnern bisweilen an die Dramaturgie griechischer Tragödien. Das medizinische Wort »Krisis« bezeichnet den Höhe- und den entscheidenden Wendepunkt einer Krankheit. Es wandert aus der Heilkunde sofort in den Wortschatz der Philosophen und Tragödiendichtern herüber.

Eine immense Vielfalt von Inhalten und der Sprachformen geht in die hippokratische Notiz ein. Das Grundmodell des hippokratischen Schreibens ist und bleibt vielfältig. Die *Aphorismen* – ein epochales Werk, das seine wie auch die Beiträge späterer Autoren versammelt – sind in sieben Kapitel unterteilt. Eine durchgehend nachvollziehbare Ordnung ergeben sie nicht. Einige der einzelnen Aufschriebe nutzt

Hippokrates für andere Schriften. Trotz ihrer mitunter stilbildenden Brillanz scheinen sie weit vom Gestus literarisch-philosophischer Aphorismen entfernt zu sein, die in kommenden Jahrhunderten Anwartschaft erheben, als stilistisch vollendeter Leitspruch eingerahmt zu werden. Auch »Lehrsätze«, als welche sie Literaturhistoriker des Aphorismus gern in Anspruch nehmen, sind die Aphorismen des Hippokrates bestenfalls in einem sehr eingeschränkten Sinn.

Unter dem Titel *Aphorismus* werden in den Jahrhunderten nach Hippokrates kunstvoll formulierte Lebensweisheiten mit Anwartschaft auf zeitüberlegene Geltung verstanden. Seine Notizen halten hingegen Konkretes fest und bleiben auf der Suche. Sie schreiben auf, was Erfahrung und Reflexion im aktuellen Moment zu formulieren erlauben und verlassen die Welt der »Zufälle« nicht. Hier suchen sie die wesentlichen und relevanten Zusammenhänge zu erkennen und daraus Ordnungen abzuleiten. Sie wollen für die Praxis erkennen, was überhaupt der Fall ist. Émile Littré, Übersetzer, Kommentator und Herausgeber der klassischen französischen Gesamtausgabe des Hippokrates, hat den Charakter vieler seiner Aufzeichnungen eindrucksvoll herausgehoben:

»Eine große Gruppe von Schriften sind nur hingeworfene Notizen, ohne Ordnung, zusammenhanglose Beobachtungen, nur Erinnerungen, um bei Gelegenheit befragt zu werden oder als Material für andere Werke zu dienen. [...] Die Gedanken folgen hier aufeinander, ohne irgendwelche Verbindung miteinander; es sind oft gar keine Sätze, sondern nur einzelne Worte zur Stütze des Gedächtnisses, in vielen Fällen für uns unlösbare Rätsel. Solche Schriften sind nur Sammlungen von Notizen, die die Verfasser für ihren Gebrauch aufbewahrten, die aber gar nicht zur Veröffentlichung bestimmt waren.«[38]

Es handelt sich eher um Gedächtnis- und um Sehhilfen als um ausgefeilte Lehrsätze oder endgültige Leitbilder. Wer lesen kann, wird selber denken müssen, um nicht auf Abwege zu geraten. Jeder Arzt navigiert notwendigerweise auf einem schwankenden Terrain. Wer könnte schon sicher sein, die einzig richtige Diagnose und die allein hilfreiche Therapie auf Anhieb gefunden zu haben? Der Arzt soll lesen, um nicht als schlichter Handwerker Leben und Gesundheit der Kranken aufs Spiel zu setzen. Doch bleibt er in der Praxis dem individuellen Kranken und dessen Heilung verpflichtet. Aristoteles spitzt diese Idee später zu: »Denn es heilt der Arzt ja nicht den Menschen – oder doch nur in akzidentellem Sinne –, sondern den Kallias, den Sokrates oder einen anderen […].«[39] Kein Arzt ist fertig, sobald er ein Leiden bloß schön erklärt hat.

Garantien gibt die hippokratischen Medizin nicht – sie wären trügerisch. Hippokrates macht die Situation unsicheren Agierens und Entscheidens klar genug zum Thema. Etwa, wenn aufgrund ausbleibender Heilungen den Arzt böse Befürchtungen überfallen und er in Gefahr gerät, unüberlegt und panisch zu reagieren: »Wenn man alles der Regel entsprechend ausführt, soll man, wenn die der Regel entsprechenden Ergebnisse nicht eintreten, nicht zu etwas anderem übergehen, solange der ursprünglich gefasste Entschluss Gültigkeit behält.«[40] Hier kann und soll selbst eine knappe Notiz dem bedrängten Nachfolger zum Anker im stürmischen Gewässer werden. Der schreibende Arzt Hippokrates und sein lesender Nachfolger sitzen im selben Boot. Hippokrates verschweigt es nicht, dass er weiß, wie sich hoher Wellengang anfühlt. Die Feder hat er zur Hand. Wie kein anderer Zeitgenosse lehrt er die Nachkommen, was Wissen und Praxis der Notiz verdanken.

Drittes Kapitel

Vom Himmelsstreben zu zweifelnden Federn

Eine Glanzzeit der Notiz ist das Mittelalter nicht. Die Ideenarchitekturen der Scholastik streben hoch hinauf wie die gotischen Kathedralen – zum Glauben, zum Licht, zum Ort über der Welt. Am Ende der Stufenleiter aller Dinge, Wesen und Gedanken winkt Gott in der Höhe. Sein Licht durchflutet, schreibt Georges Duby, »die ganze Welt, versetzt sie in den Zustand der Ordnung, verleiht ihr inneren Zusammenhang, und da jeder Gegenstand das Licht mehr oder weniger reflektiert, bringt das Strahlenmeer durch eine ununterbrochene Kette von Reflexen eine umgekehrte Bewegung in Gang, die aus der tiefen Finsternis emporsteigt, eine Spiegelbewegung, die zum Herd des Lichts zurückführt.« Trotz aller Erhebung wirken hier »Einsicht und Logik« zusammen.[1] Wo soll da der Ort sein für eine stammelnde Notiz, die vielleicht etwas entdeckt und selten ganz genau weiß, was es ist und wohin es gehört? Die einfach festhalten will, was der Augenblick zugetragen hat?

Einem Denker wie Albertus Magnus wird alles Staunenswerte zum Anlass der Wahrheitssuche »und zwar derart, wie sie aus den Seinsbestandteilen der bestaunten Sache selbst zu erfassen ist.«[2] Wie gelangt das aufs Papier und von dort in die Philosophien der Zeit? Albert empfiehlt keineswegs, auf die Kürze der unsicher vortastenden Sätze zu bauen. Man will ja nicht die Gaukelspiele der Welt oder ihren täuschenden Schein, sondern das Wesentliche in seinem lichtvollen Sein erkennen. Das Licht scheint aber in der Höhe. Alberts Schüler Thomas von Aquin legt mit seiner *Summa theologiae* den tragfähigen Grundstein der Scholastik. Deren Argumente streben, filigran wie die Stützpfeiler der neuen Kirchen, das Licht in der Höhe zu erreichen, das den ganzen Bau durchfluten soll. Alle sind miteinander verbunden. Gemeinsam tragen sie, wie auch jedes für sich, die Last des ganzen Gebäudes. Umsichtig prüfen die frommen Gelehrten die Tauglichkeit – Bogen für Bogen, Argument für Argument. Ihre Disputationen widerlegen oder beweisen sie nach der Dramaturgie von Rede und Gegenrede. Sie geht nach festen Regeln vor, ersonnen und eingeübt an der Leituniversität zu Paris. Der Zweifel sei ein lauer Wind, in den man sich unter den gebildeten Diskutanten stellen soll, rät Thomas von Aquin. Allerdings nur mit Maß und Ziel, vor allem aber unter dem Schutz der kanonischen Texte, zu deren legitimer Deutung jeder neue Gedanke irgendwie zurückfinden muss.

Ein Kommentar gilt einer Schrift, die existiert, während eine Notiz neue Schriftstücke herstellt. Sie öffnet einen neuen Fall, schreibt den Anfang eines neuen Kapitels, wirft Unerhörtes aufs Papier, angeregt durch Ereignisse, Erfahrungen und Ideen. So steigt der philosophierende Dichter Petrarca auf den Mont Ventoux. Bis heute bejubeln Interpreten seine Inaugurierung der Natur- und Gipfelästhetik. Doch auf dem Gipfel angekommen, wendet Petrarca den Blick vom grandiosen Panorama ab. Er notiert nichts, sondern liest in den *Confessiones* des heiligen Augustinus. Petrarca denkt darüber nach, dass die Weite der Landschaft ein Nichts sei gegenüber der Unendlichkeit der Seele. Alles Weitere vertagt er. Die berühmten Schilderungen seines Aufstiegs entstehen erst in der heimischen Klause als Brief an Francesco Dionigi in Paris. Hier sind sie weit von den unsicher tastenden Worten entfernt, die ein gegenwärtiger Augenblick findet. Die Schreibstube mag eng sein, doch die Seele ist weit und die Sprache fliegt mit den Worten zum Gipfel zurück. Wir lesen keine atemlose Notiz, sondern einen Rückgriff auf Gedächtnisbilder in stilbildenden Worten.[3]

Hingeworfene Sätze mit unfertiger Botschaft, die für Notizen nicht untypisch sind, scheinen der Zeit eine Zeitverschwendung zu sein. Gott habe die Welt in seiner Weisheit eingerichtet. Alles, was Verstand und Vernunft zu begreifen vermögen, sei in den Lehrsystemen im Prinzip erhalten und nach der Möglichkeit begrenzter menschlicher Einsicht erschlossen. Zwar verstehe die Weisheit des Menschen nicht alles. Durch blindes Herumprobieren mit oder ohne Aufschreiben werde sie aber nichts besser machen oder begreifen können.

Auch in den alltäglichen Sprachspielen vertritt das kurze Sprichwort den langen Sermon, hinter dem das wohlgeordnete Gedankensystem steht. Das ist die Kurzform, die die Ungebildeten und die Armen im Geiste verstehen. Bücher, die Sentenzenweisheiten sammeln und unter die gebildeten Teile des Volkes bringen, werden stark nachgefragt. Einer der erfolgreichen Autoren nennt sich selbstbewusst Freidank. Die Weisheitssprüche dieses Freidenkers tragen den Titel *Bescheidenheit;* sie prägen dieses Wort bis heute. Bis in das 16. Jahrhundert bleibt das Buch ein Bestseller. Hunderte seiner gereimten doppel-, seltener auch mehrzeiligen Aphorismen bündeln, was die Tradition zu bieten hat. Reif und saftig fallen die Äpfel der Weisheit vom Baum, natürlich nicht weit vom Stamm. Freidank muss sie nur aufsammeln und ein wenig sortieren. Einige verraten das Aroma antiker Weisheitssprüche, andere den Geschmack alttestamentarischer oder christlicher Moral. Auch solche von herber Bauernschläue finden sich.

Freidanks Weisheiten hüpfen unverbunden über die Seite. Bevor ihm das Volk übel nehmen kann, wie dumm, eitel und betrügerisch es im Spiegel seiner Aphorismen erscheint, bekommen Adelige, Kleriker, Geschäftemacher, Herrscher und gern auch die Neunmalklugen ihr Fett ab. Die Sprüche lassen wenig Zweifel daran, dass sich hier kein übermütiger Magister erdreistet, das allzu freie Wort zu riskieren: »Wer nicht verlässlich bürgen kann, fängt unverweilt zu lügen an.«[4] Tiefgreifende Verunsicherung zu stiften ist Freidanks Sache nicht; er legt keine ungeschützten Notizen vor. Seinen Sätzen geht das Moment der plötzlichen und persönlich grundierten Einsicht ab, deren Inhalte noch gar nicht vermessen sind. Er hat keinen vagen Denkanstoß mitzuteilen, der den Stab an spätere Einsichten des Lesers übergibt. Diese Weisheiten sind traditionsgebundene Fertigprodukte im Kleinformat.

Johan Huizinga bestätigt in seinem nach wie vor lesenswerten *Herbst des Mittelalters*, wie stark die scholastischen Lehren noch lange Zeiten nach Thomas von Aquin die Sprachformen des Alltags prägen. Unter Markt- und Bauersleuten gehöre alles zum selben, himmelstrebenden Bau. Jedes Steinchen hat seinen Platz, jeder Name ist verzeichnet. Was immer passieren mag, die Moral von der Geschicht' kommt sofort über irgendjemandes Lippen. Jeder Fall ist klar, bevor er sich überhaupt zugetragen hat: »Das Sprichwort haut stets den Knoten durch; mit einem passenden Sprichwort ist die Sache abgetan.«[5] Die Bibel birgt einen unerschöpflichen Spruch- und Sinnvorrat. Solche Sentenzenweisheit liefert die Trumpfkarten für Besserwisser. Kurz und schlagend muss sie sein; man redet, als gebe der Himmel gerade höchstselbst sein Urteil ab. Der Blitz aus der Wolke überlegt nicht lange und trifft, wen er treffen muss.

Da erscheint wenig Neues unter der Sonne, und doch wird auch gedacht und geredet, wie es freierem Denken beliebt. Worte und Sätze, mitunter verräterischen Inhalts, winden sich aus den engen Formen der akademischen Disputationen. Der Name *Quodlibet* steht für eine ungeregeltere Form des Dialogs, die gelegentliche Tabubrüche erträgt. Auch diese Disputationen gehen wie eine feierliche Inszenierung vonstatten, doch werden die Themen und die aufgeworfenen Fragen im Laufe der Jahrzehnte aufsässiger. (Die Erörterung, wie viele Engel auf einer Kirchturmspitze Platz fänden, scheint allerdings ein satirischer Einfall späterer Epochen zu sein.) Nicht einmal ein gelehrter Magister muss der sein, der seine Frage in die Runde wirft, nur ein kluger Kopf. Etwas Mut braucht er, manchmal ein wenig Schabernack im Sinn, damit es, in gewissen Grenzen, dann querbeet gehen kann.

Ein akademischer Karneval soll es ja nicht werden, was im Paris den 13. und beginnenden 14. Jahrhunderts erfunden wird und sich rasch in anderen Universitäten ausbreitet. Die Wahlfreiheit *(quodlibet)* öffnet das Tor für manche kollegiale Abrechnung oder nicht gern gesehene Bemerkung. Die Saat geht in den Reihen derer auf, deren Quodlibet die Befreiung der Vernunft von den Fesseln der scholastischen Dogmatik einfordert. Wilhelm von Ockham, dessen Philosophie der »Kontingenz, Unmittelbarkeit, Individualität« (Ruedi Imbach)[6] ein neues Verständnis der Notiz begründen wird, ist der berühmteste.

Zeitgenossen nennen Ockham, den Autor eines Buches mit dem Titel *Quodlibeta Septem*, einen Quodlibetarier. Seine Philosophie hält das »Einzelne« für erkennbar und stellt sich vehement gegen die Scholastik seiner Zeit. Denker wie Thomas von Aquin lehren, der Verstand bringe alles, was ihm die Sinne übergeben, unter allgemeine Begriffe. Der Philosophie ginge es um das Wesen und nicht um vage Einzelfälle. Versuche, das Einzelne fern dieser allgemeinen Wesenheiten zu erkennen, seien so unsinnig wie das Unterfangen, jeder individuellen Ameise einen eigenen Namen zu geben. Der Philosoph solle die Wesenheit entdecken, an der jede Ameise als Ameise teil hätte.[7] Dagegen will Ockham zeigen, »dass das Einzelne (mit dem Intellekt) erkannt wird; *zweitens* dass die erste Erkenntnis des Einzelnen intuitiv ist; *drittens*, dass das Einzelne zuerst erkannt wird.«[8] Das lateinische Original spricht von der *prima notitia singularis*. Deren Rechte will Ockham bewahren. Für ihn wird das »*zur Notiz Nehmen des Einzelnen*« geradezu unverzichtbar, andernfalls unterliege man allzu leicht jeder Täuschung.[9]

Die vorschnelle Übertragung einer derartigen »Notiz« in ein Allgemeines beruht für Ockham darauf, dass Worte vertauscht und Dinge supponiert werden. Andere Sprachformen, die dem Einzelnen eine bleibende Referenz erweisen, sind vonnöten, um diesen Fehlurteilen zu entgehen. Ockhams kritische Analyse findet deren Grund in der philosophisch-theologischen Sprache. Was seine eigene Philosophie eine Notiz nennt, das birgt geradezu ein Gegenprojekt. Das Wort bringt einen aufschlussreichen Doppelcharakter ins Spiel. Einmal betrifft es den Moment des Aufmerkens, des Zur-Kenntnis-Nehmens, des Wahrnehmens im weitesten Sinne. Dann wiederum sind der sprachliche Akt und das Aufschreiben gemeint. Das englische *to notice* umfasst bis heute beide Bedeutungsebenen, anders als das deutsche Verb *notieren*, das auf das Aufschreiben limitiert ist.

In den Umbrüchen zur Neuzeit steht mehr auf dem Spiel als allein die Geltung philosophischer Lehrmeinungen. »Nichts ist älter als die Wahrheit«, schreibt René Descartes in seinen *Meditationen*.[10] Dennoch wird ihm alles Tradierte so zweifelhaft, dass er es von Grund auf umstoßen will. Um intellektuelle Spielereien geht es nicht. Es sind die eigenen Gedanken, deren er sich nicht mehr sicher ist. Mit und in Descartes Denken passiert etwas höchst Beunruhigendes. Descartes notiert es. Am 10. November 1619, es ist der Martinsabend, werfen drei Träume die intellektuellen Gerüste seiner Welt über den Haufen. Er fühlt sich im Traum wie gelähmt, der Körper gehorcht ihm nicht mehr, der Wind pustet ihn um. In einem weiteren Traum sprühen Feuerfunken durch die nächtliche Stube, ein Wörterbuch liegt da. Der Satz löst sich heraus, welchen Weg er im Leben einschlagen soll; andere Sätze folgen. Ein Blitz erhellt ihm Wahrheiten, verdunkelt von philosophischen Irrtümern. Leichter und tiefgründiger scheinen sie den Dichtern zugänglich zu sein. Descartes' Erlebnis ist datiert und es hat einen konkreten Ort. Sein Biograph Adrien Bouillet hat es 1691 in seinem Werk *La vie de M. Descartes* der Nachwelt überliefert.[11]

Augenblicke machen Denkgeschichte. Tagebuchartige Eintragungen finden Eingang in philosophische Texte. Ort und Zeit besonderer Inspiration, Erlebnisse oder Einsichten werden notiert. Sie gehen nicht spurlos am Denkenden vorüber und grundieren, einmal notiert, die Entwicklung der Argumente. In einer Szene, die Descartes in seinen *Meditationen* beschreibt, sieht ihn der heutige Leser geradezu vor sich sitzen. Seine Feder hält einen singulären Augenblick in seinem Zimmer mit Blick auf eine niederländische Gracht fest. Der Text übermittelt uns: »Dass ich jetzt hier bin, dass ich, mit meinem Winterrock angetan, am Kamin sitze, dass ich dieses Papier mit den Händen betaste und ähnliches; vollends dass diese Hände selbst, dass überhaupt mein ganzer Körper da ist [...].«[12]

Nun setzt in der Passage, die wie eine zusammenhängende Notiz gelesen werden kann, eine Reflexion ein, die die Perspektive wechselt:

»Wie könnte man mir das abstreiten?«[13] Abwesende Diskutanten treten in den Text. Descartes' nächster Satz antwortet ihrem Anliegen in beinahe empörtem Tonfall: »Ich müsste mich denn mit ich weiß nicht welchen Wahnsinnigen vergleichen, deren ohnehin kleines Gehirn durch widerliche Dünste aus ihrer schwarzen Galle so geschwächt ist, dass sie hartnäckig behaupten, sie seien Könige, während sie bettelarm sind.«[14] Descartes generalisiert seine Empfindung und gleicht sie mit dem psychiatrischen Wissen seiner Zeit ab. Polemisch lässt er dieses nicht als Beschreibung seiner selbst gelten. An späteren Stellen seines Essays wird Descartes ausführlich erklären, was es hier zu reflektieren gibt. Die erwähnte Notiz belässt er so im Text. Sie wirkt dort wie ein Auftakt oder eine Ankündigung.

Descartes flicht biographische Narrative in seine frühen Schriften ein, er folgt damit den Essays eines Michel de Montaigne. Die Erwartung, diese »Gemälde« machten seine Philosophie einer breiteren Leserschaft zugänglich, erfüllt sich nicht. Die Philosophie, die damals die Mathematik, die Geometrie und die Naturwissenschaften einbezieht, wird dem Philosophen und Mathematiker Descartes zum Laboratorium. Methodisches Denken und Forschen öffnen Wege zur Wahrheit, die Spekulationen der Metaphysik führen nur in die stickige Luft verstaubter Bibliotheken. Zeitgleich mit Descartes machen Autoren wie Francis Bacon, Baruch de Spinoza, Christiaan Huygens und Isaac Newton einen Begriff populär, der uns heute selbstverständlich erscheint: Ihre Generation redet erstmals vom Natur*gesetz*. Die Regel- und Gesetzmäßigkeit zeigt ihnen die Natur als einen mechanisch geordneten Zusammenhang. Solche Gesetze passen in kein rhapsodisches Werk unzusammenhängender Notizen.

Descartes nutzt weiterhin Notizen, vor allem jedoch im pragmatischen Rahmen von Vorarbeiten und Entwürfen seiner Werke.[15] Anders als im Fall seiner einstmals eingestreuten und auch literarisch bedeutsamen Notizen ist er kein Freund situationsabhängiger Aufzeichnungen. Es geht ihm um die methodische Arbeit und um philosophische Reflexion. Wer ein schwaches Gedächtnis habe, möge sich mit Notizen weiterhelfen, rät er im Gespräch mit Burman.[16] Die größte Bedeutung komme der »Notiz« in einem gesunden und ungestört vonstattengehenden Erkenntnisprozess zu. Der ginge in der Regel unbemerkt vonstatten, was auch das Beste sei.

Die Sinne täuschten nicht, sie bräuchten keine skeptischen Aufpasser. Der »Gemeinsinn« bündele ihre Wahrnehmungen und fasse alles, was sie zu einem Objekt zusammengetragen haben, in einer Art von Siegel zusammen. Eine gesehene Figur wird von diesem Siegel in das Wachs der Phantasie oder der Einbildungskraft eingeprägt. Wahrgenommenes werde im Gedächtnis als ein Engramm aufbewahrt und physisch in das Gehirn eingeschrieben. Diesen Vorgang vergleicht Descartes mit dem Schreiben einer Notiz. Auch sie überschreite ja eine Grenze: Ein physischer Vorgang werde zu einem geistigen »ganz auf dieselbe Weise, wie ich jetzt, während ich schreibe, erkenne, dass sich in demselben Moment, in dem sich die einzelnen Buchstaben auf dem Papier ausdrücken, nicht nur das untere Ende der Schreibfeder bewegt, sondern dass in ihm nicht die kleinste Bewegung sein kann, ohne dass sie zugleich auch von der ganzen Schreibfeder übernommen würde, und ohne alle Unterschiede der Bewegungen auch von ihrem oberen Ende in die Luft geschrieben werden, obgleich ich mir nicht vorstelle, dass etwas Wirkliches von einem Ende zum anderen hinüberwandert.«[17]

Manchmal sei die Erkenntniskraft passiv, manchmal aktiv; einmal sei sie das Siegel, ein andermal das Wachs. Je mehr der Verstand zum Ingenium werde, das die Gesetzmäßigkeiten der Welt entdecke und Ideen »zeichne«, desto weiter entferne sich der Verstand von den bloß physischen Engrammen der körperlichen Welt. Deren Ideen müsse er aber klar bewahren und deutlich voneinander unterscheiden. Dabei helfen ihm Notizen einer anderen Art. Sie sind abgefasst in einer anderen »Sprache«: »Demgemäß sind also dann nicht die Sachverhalte selbst den äußeren Sinnen vorzulegen, sondern vielmehr gewisse abkürzende Zeichen an ihrer Stelle, ein Versagen des Gedächtnisses zu verhindern.«[18] Descartes denkt an geometrische Figuren, die die Ausdehnung eines Objekts erfassen und mathematischen Operationen offen stehen. Descartes ist auf dem Weg, eine neue Form der Philosophie zu begründen. Er experimentiert, er konstruiert, er denkt. Die methodisch gewonnene Notiz hält fest, dass alle dasselbe sehen, berechnen und verstehen könnten, sofern sie den rational begründeten Erkenntniswegen folgen.

Die Notiz im Versuch: Michel de Montaigne

Man muss dem Irrtum auf die Schliche kommen und darf sich nicht im Kreise herumschicken lassen. Kann man aber im Denken einen Prozess gegen das Denken führen? Bevor er die Frage wie eine Schwimmübung auf dem Trockenen beantwortet, steht Michel de Montaigne schon mittendrin und gerät in den Strudel. Umso dringender braucht er Feder und Papier, um navigieren zu können oder vorübergehend Anker zu setzen. Die Notiz ist Begleiter und Zeuge. Sie wird zum Partner in einem stummen Dialog und mit der Zeit zum Nukleus eines kommenden Werkes. Vielleicht mag es diesem gelingen, alles zu sagen; in der Kürze des Moments, in dem Montaigne seine Ideen schreibend erfährt, bleibt vieles ungesagt. Das endgültige Wort, Montaigne spürt es deutlich, steht aus. Unruhig hin- und her wandernd, hält die Feder fest, was in dessen Richtung weisen könnte.

Eine moderne Literaturgattung betritt die Bühne. Die Essayistik geht auf Michel de Montaigne und auf den etwas jüngeren Francis Bacon zurück. In der Wiege des ausgehenden 16. Jahrhunderts liegt ein Zwilling. Der lebenserfahrene und politisch versierte Francis Bacon stellt seine Essays unter ein pragmatisches Motto. »Praktische oder moralische Ratschläge« verheißt der Untertitel.[19] Stolz verkündet Bacon, hier sei zu lesen, »wovon man viel in der Erfahrung und wenig in Büchern wiederfinden kann.«[20] Es geht nüchtern in diesen Essays zu, die sich gern in der antiken Weisheitsliteratur bedienen; am Ende soll die Lektüre dem Leser Nutzen einbringen. Allzu gern überlässt Bacon die »Zauberpaläste den Dichtern, die billig bauen [...].«[21]

Ganz anders Michel de Montaigne: Er schreibt, bemerkt aber schnell, dass in seinen Papieren gar nicht die gefällige Weiterführung antiker Weisheitsliteratur zu lesen sei, wie er es erwartet hätte. Die Zeit ist unruhig und die Gewissheiten des Glaubens sind zusammengebrochen; die der scholastischen Systeme waren schon Ruinen. Die stoische Haltung, man kümmere sich nicht um den unruhigen Weltlauf und beschränke sich auf sein kleines umfriedetes Glück, zerbröselt ihm unter der Feder. Eine radikale Skepsis tritt die Erbschaft an.[22] Bei Montaigne ist sie leise, sensibel und entwickelt eine ungewöhnlich selbstkritische Note. Er stellt die Frage voran: »Was weiß ich?«

Ein neues Wort bündelt sein ambitioniertes Programm. Es hat unscharfe Ränder. Was ist nach Montaigne ein Essay? »Für ihn ist dieser Name, der sich von »exagium« herleitet und neben dem Versuchen, Tasten, Schmecken auch Kostprobe, ja so viel wie Erfahrung bedeutet, bezeichnend und ganz unersetzlich«, resümiert Ludwig Rohner in seinen bis heute grundlegenden Arbeiten zur Essayistik.[23] Hier handelt es sich nicht um eine Neuauflage der Briefe, Exempel, Lehrschriften oder der Handbüchlein der Moral, die Epikur, Epiktet, Seneca oder Marc Aurel berühmt gemacht hatten.

Der Unterschied tritt nirgends deutlicher vor Augen als in der Bedeutung der Notiz. Man könnte sie als Paradigma eines Schreibens verstehen, das situativ bedingt ist und der Intuition des Moments eher folgt als den Forderungen nach Konsistenz, die ein anvisiertes Werk an jeden einzelnen Satz stellt. Einfälle öffnen neue Wege, Abweichungen pochen auf zuvor nicht Bedachtes. Der Ertrag eines Gedankens ist für einen Essay nicht minder bedeutsam wie die Redlichkeit, ihm Raum und Worte für eigenwillige Denkwege zuzugestehen.

Der Schreibende gerät in eine Drift, ihre Strömungen sind selten vorhersehbar. Montaigne realisiert schnell, dass er selbst zum Gegenstand seines kritischen Schreibens wird. Seine selbstanalytische Schreibpraxis steht kaum hinter derjenigen zurück, mit der Sigmund Freud 300 Jahre später den Grundstein der Psychoanalyse legen wird. Freuds Umgehung der inneren Zensur, seine Empfehlung der gleichschwebenden Aufmerksamkeit, die *alle* Einfälle zulassen soll, mag methodisch versierter sein als Montaignes Empfehlung, auf Geistesgegenwart und Redlichkeit zu bauen. Doch wird auch Montaigne zu schreiben wagen, was üblicherweise im Verborgenen bleibt. Ungeachtet des klaren Bewusstseins, dass er sich dabei nackt und unschicklich zeigt wie einer dieser »Wilden« fern jeglicher, sprich fern der eigenen Zivilisation.

Montaigne reserviert sich sein Kämmerlein, immerhin ein stilvoll eingerichteter Raum im Turm seines Schlosses. Merksprüche, überwiegend aus der Antike, leuchten ihm von den tragenden Deckenbalken seiner Bibliothek entgegen. Kurz sind sie wie griffige Maxime oder wie Wegweiser. Über dem Schreiber der Essays sind Sprüche angebracht wie der berühmte des Terenz: *Homo sum, humani me nihil aliud puto.* (Mensch bin ich, und nichts Menschliches ist mir fremd.) Auf den Balken Nummer 46 bis 49 findet sich in äußerst kurzer Form ein skeptischer Parcous nach Sextus Empircus: »Ich bestimme nichts. Ich verstehe nicht. Ich enthalte mich des Urteils. Ich erwäge.«[24] Hier also will Montaigne mit der Feder in der Hand »ganz echt« und »ganz bei sich« sein.

Was ihn dort erwartet und was ihm nun geschieht, ist von zentraler Bedeutung für eine Philosophie der Notiz. In seiner großen Studie über Montaigne diagnostiziert der Literaturwissenschaftler und Psychoanalytiker Jean Starobinski: »Er ist in jedem Augenblick im Besitz einer Wahrheit *in statu nascendi*, und die Schwierigkeit ist [...] einfach die, sie nicht durch vorschnelles Erzählen zu verunstalten. Die Sprache ist gleichwohl nicht unfähig, den Wandlungen des Denkens und Gefühls aus größter Nähe zu folgen und sie getreulich aufzuzeichnen.«[25] Montaigne will behutsam sein. Was er notiert, soll nur das sein, was er wirklich denkt und was ihn in seinem Denken bewegt. Der schreibende Moment scheint allerdings ein eigenes Leben zu entfalten. Nicht alles, was auf dem Papier zusammensteht, passt zusammen. Montaigne hält einen Gedanken fest. Wenig scheint der von anderen Gedanken zu ahnen, die auf der nächsten Seite stehen werden. So entstehen keine Texte, die wirklich in die klassische Riege epikuräischer oder stoischer Traktate gehören.

Ist das ein Malheur? Nicht unbedingt, denn die Notiz hält durchaus, was der Einfall oder die Inspiration verspricht. Montaigne erlebt es immer wieder, und das bindet ihn an sein Schreiben. Die Lebendigkeit soll nicht austrocknen wie die Tinte. Montaigne schreibt Satz für Satz auf eigene Rechnung und verlässt das Kielwasser antiker Autoren, in dem er anfangs seine Essays schreiben will. Jetzt sitzt *er* in seinem Turmzimmer und häuft jeden Tag Satz auf Satz. Entdeckungen beleben ihn; beinahe werden sie zur Gewohnheit. Das Entdeckte entpuppt sich jedoch immer deutlicher als Frage denn als Antwort. Nicht selten halten die Aufschriebe Denkwege fest, die an unerwarteten Zielen ankommen oder manchmal auch im Nebel versinken: »Durch die Gewohnheit und Zeit wird uns alles, so seltsam es auch ist, gleichgültig; je mehr ich in mich selbst gehe, und mich kennen lerne; desto mehr erstaune ich über meine Ungestalt; desto weniger kann ich mich in mich selbst schicken.«[26]

Die »Erfindung« der Essays antwortet auf diese Situation. Montaigne lässt sich nicht beirren. Er spannt die Unruhe der Einzelnotizen in ein Netz von Bezügen und lässt Gedanken mit- und gegeneinander reden. Montaigne flicht Weisheiten aus Büchern ein, nimmt vor allem seine Erfahrung und bisweilen auch das Hörensagen zu Hilfe. Alles zentriert sich immer deutlicher um eine Achse: Das *Ich* Montaignes, das sich demontiert und neu aufbaut, das sich hinterfragt und sich mit jeder Frage als noch abgründiger entdeckt. Ein Ich wird zum Gegenstand der Essays, das sich gerade in seiner Unvollkommenheit malen will. Wem soll Montaigne denn sonst den Pinsel in die Hand geben? Für ihn kann es immer nur dieses Ich selbst sein, das sich Satz für Satz entdeckt. Und da stehen sie dann, die notierten Sätze, die eine neue Form der Selbsterforschung betreiben, die ganz ohne Beichtstuhl, Pfaffe und Heilsversprechen auskommt.

Das Experiment, das Montaigne in der Turmstube seines Schlosses wagt, baut auf zwei simplen Voraussetzungen: Aufrichtigkeit und Geistesgegenwart. Die klassischen Begriffe der *parrhesia* und der *conscientia* lassen sich durchaus in dieses Wortpaar übersetzen, das zum Dreh- und Angelpunkt dieser Schreibpraxis wird. »Die Aufrichtigkeitsforderung bleibt eines der stabilen Kriterien seines Urteils, seiner Sittenkritik, seines persönlichen Verhaltens«, unterstreicht Jean Starobinski.[27] In nicht minder paradigmatischer Bedeutung erscheint die Geistesgegenwart. Sie ist die einzige Verbündete, die Montaigne explizit erwählt; sie kennzeichnet die Haltung, der jeder Satz der Essays seinen initialen Funken verdanken soll.

Nur durch die Geistesgegenwart wird ihm der schreibende Moment zugänglich und schöpferisch. Bemüht Montaigne philosophische Ideen oder Spruchweisheiten aus anderer Quelle, dann wird *er* sie drehen und wenden. Es gibt keine Geistesgegenwart auf Pump und Zitat. Verliert man sie beim Schreiben, so werden die Worte zu Waisen und die Notizen zu Totenwächtern. Buchstaben stehen aber nicht für den Sinn des Textes gerade, wenn sich der Mensch entzieht. Jean Starobinski sagt es einfach und treffend: »[...] der erste Spieleinsatz ist nicht das Wissen: es ist die Sich-selbst-Gegenwärtigkeit.«[28] Ein Gedankenspiel betreibt die Geistesgegenwart keinesfalls. Mit ihr werden Welt und Selbst füreinander zum Spiegel. Auch ein Montaigne entkommt der Welt nicht, wenn er sich selbst zum Thema macht, noch wird er sich vergessen, wenn er über die Welt schreibt: »Diese große Welt [...] ist der Spiegel, in welchem wir uns besehen müssen, wenn wir unsere wahre Gestalt sehen wollen.«[29]

Auf dieses anspruchsvolle Terrain wagt sich Montaigne vor, auf einem anderen nimmt er sich bescheiden zurück. Der stolze Grandseigneur entdeckt, dass Amt und Würden, erworben in den Jahren als Bürgermeister von Bordeaux, bei seinem Unterfangen im Turm nichts zählen. Er weiß viel und hat viel erlebt. Er hält sich einiges darauf zugute, klassische Weisheiten zitieren und sie mit seiner umfangreichen Lebenserfahrung kritisch verbinden zu können. Das Eingeständnis »que sais je?« ruft ihn schnell zurück. Er scheut sich nicht, sich schutzlos als jemanden zu präsentieren, der nicht mit sich und der Welt im Lot sein kann. Seine Essays zeigen das offen: »Und was sind dieses hier in der That anders als Krotesquen, und ungeheuere, aus verschiedenen Stücken zusammengeflickte Körper, die keine gewisse Figur, keine Ordnung, keinen Zusammenhang, und nur ein zufälliges Ebenmaas haben?«[30]

Montaigne macht sich nicht klein – er nimmt sich zurück. Er entdeckt die Wahrheit der Worte, die nicht in Gelehrtenstuben, sondern in den Markthallen zu Paris gesprochen werden. So möchte er auch reden. Eine wachsende Sensibilität für Szenen und Themen des Alltags durchzieht die Essays. Aus dem Kanon philosophischer Betrachtungen waren sie lange verbannt; Montaignes Geistesgegenwart wird dagegen zur *conscientia* des Konkreten.

So beginnt er und notiert, ohne im Vorhinein zu wissen, was er schreiben wird – um dann schreibend zu entdecken, was ihn wirklich bewegt, ja umtreibt. Er sucht keine Einfälle, die er vor ein fremdes Auditorium zerren will, das dann über sie zu befinden hätte und im günstigen Fall einfach klatscht. Er will sich auch nicht unbedingt schlechter machen, als er ist. Wenn jemand Gericht über sein Wesen und sein Vorhaben halten soll, so kann es nur Montaigne selbst sein. Der weicht der Frage nicht aus, wer er denn sei, der über sich zu Gericht sitze. Egal, ob er Entdecker oder Entdecktes ist, ob er zum Richter, Angeklagten oder Verteidiger wird. »Ich habe hierbey keine andere Absicht, als mich in meiner ganzen Gestalt zu zeigen; da ich vielleicht morgen ganz ein anderer Mensch seyn werde [...].«[31] Die Geistesgegenwart ist idealerweise präsent in dem Satz, den er gerade schreibt: »In jeder Unterredung nehme ich etwas neues vor, es gefalle nun wem es wolle.«[32] Ein Endpunkt ist nicht auszumachen. Die Essays sind ein Suchprozess, dem alles, was er findet, von Neuem in Bewegung geraten kann.

Die frühe Blüte der Notiz: Blaise Pascal

Astronomen wie zuletzt der ketzerische Giordano Bruno hatten dargestellt, die Erde sei gar nicht der gemütliche Mittelpunkt des Universums, das insgesamt ohne Grenze sei. Die kalte Unendlichkeit des

Alls wird dem reifen Blaise Pascal eine Höllenangst einjagen. Aber wie mühelos und frei von jeder kosmologischen Furcht bewegt sich Pascal in seinen Pennälertagen in den mathematischen und physikalischen Zirkeln von Paris! Die Experimente dieses kindliche Genies weisen erstmals die Existenz des Vakuums nach. Seine Erkenntnisse zur Hydrostatik finden weite Beachtung, auch seine Arbeiten zur Wahrscheinlichkeitsrechnung. Pascal macht sich in Gelehrtenkreisen einen klangvollen Namen und wird zum Paten der französischen Akademie der Wissenschaften. Eloquent brilliert er in der feinen Gesellschaft. Man staunt über seine Einsichten und liebt seine Anekdoten. In den aufgeklärten Pariser Gelehrtenzirkeln liest man Descartes und Montaigne. Pascal scheint dies auch ausgiebig zu tun; Gespräche mit Descartes sind bezeugt. Nebenbei kommt er auf die epochale Idee, man solle in Paris doch Omnibuslinien einführen.

Dabei bleibt es nicht. Die soliden Planken der Kultur und Wissenschaft geraten für Pascal in eine bedenkliche Schieflage. Er verfällt immer stärker einer grüblerischen Melancholie. Dann setzt das beängstigende Erdbeben ein. Das Einfachste entpuppt sich ihm als zwiespältig. Der Zweifel etwa, das theoretische Hätschelkind der neuen Intelligenz seit Descartes. Ohne zu zweifeln könne niemand forschen und denken. Er liefe Gefahr, unkritisch jedem Vorurteil zu folgen. Der Zweifel macht das Denken zur Hölle. Greift er nicht auf alles über, nimmt man ihn erst einmal ernst? Er frisst sich in alles und fegt irgendwann die Hoffnungen aus der Welt, ohne die Pascal nicht leben kann. Die der christlichen Religion werden Pascal zum zentralen Anliegen und Problem. Es sei billig und leicht, christliche Glaubens- und Heilsgewissheiten zu kritisieren. Folgt man dem modernen Esprit, ist es geradezu ein beliebtes Spiel. Wie ernst nimmt man es tatsächlich? Zugunsten einer modischen Skepsis wirklich auf jede Heilsgewissheit zu verzichten, das scheint Pascal ein schlechter Tausch.

Die eloquenten Spottdrosseln sollten sich klarmachen, ob sie in den zerrissenen Einöden leben wollen, die ihr Denken von der Welt übrig gelassen hat. »Ich sehe diese furchtbaren Räume des Weltalls, die mich umschließen, und ich finde mich an einem Winkel dieser unermessliche Ausdehnung gebunden, ohne zu wissen, warum ich gerade an diesen Ort gestellt bin [...]. Ich sehe auf allen Seiten nur Unendlichkeiten, die mich umschließen wie ein Atom und wie einen Schatten, der nur einen Augenblick dauert und nicht wiederkehrt.«[33] Da wartet nur das Nichts, wenn nicht gar ein erzürnter Gott mit der Quittung für den Hochmut menschlicher Erkenntnis.

Gott tut Blaise Pascal, der jetzt mit seiner ganzen Existenz nach ihm suchen will, einen Gefallen von großer Tragweite. Ein umschmelzendes Erlebnis stellt sich ein, dessen Initiator Pascal zu kennen glaubt. Es geschieht am 23. November 1654 um halb elf Uhr Nachts und dauert zwei Stunden. Pascal fertigt eine Notiz an – das berühmte Memorial. Er näht sie in seine Jacke – tatsächlich wird sie erst nach seinem Tod gefunden. »Feuer«, steht da. »›Gott Abrahams, Gott Isaaks, Gott Jakobs‹, nicht der Philosophen und Gelehrten.«[34] Pascal erlebt Erschütterndes und notiert es atemlos. Die Worte fliegen ihm zu. Er zitiert bekannte christliche Namen und Wendungen. »Gerechter Vater, die Welt kennt dich nicht; ich aber kenne dich.«[35] Das setzt Pascal in Anführungsstriche. Gleich danach und ohne Anführungsstriche berichtet er von »Freude, Freude, Freude« und von »Tränen der Freude«.[36] Abrupt werden die Trennung von Gott und das jämmerliche Verlassensein erneut zum Thema. »Ich habe mich von ihm getrennt, ich habe ihn geflohen, mich losgesagt von ihm, ihn gekreuzigt.«[37]

Das im Unendlichen verlassene Ich, die aufscheinende Gnade der Heilsgewissheit und die Ahnung des Weges zu Gott führen Pascal als Einsiedler in das Kloster Port-Royal des Champs in der Nähe des königlichen Machtzentrums Versailles. Dort beginnt er, seine Gedanken zu notieren. Er schreibt anders als in seinen Briefen oder wissenschaftlichen Beiträgen. Die Notizen ergeben kein Buch; erst posthum werden die »Pensées« zusammengestellt und acht Jahre nach Pascals frühem Tod in zwei unterschiedlichen Fassungen publiziert.[38]

Pascals Gedanken folgen weder dem Stil noch den Intentionen eines Michel de Montaigne. In gewissem Sinne drehen sie radikal um, was der Grandseigneur schreibend unternimmt. Montaigne will sich in den Essays »abmalen«, und er pocht darauf, dass die Farben auf seinem Gemälde nie ganz trocken werden. Kommende Pinselstriche werden frische Pigmente auftragen und die älteren, noch nicht abgebundenen Farbschichten neu einmischen. Für Pascal stellt dieses Verfahren ein ziel- und uferloses Ausprobieren dar. Montaigne rufe damit ungebetene Geister auf den Plan. Zeigen ihn die Essays wirklich so nackt und kompromisslos ehrlich, wie er glaubt? Pascal meldet Zweifel an: »Die Beredsamkeit ist ein Gemälde des Gedankens; darum bringen die, welche noch etwas hinzufügen, nachdem sie gemalt haben, nur ein Prunkstück statt eines Porträts zuwege.«[39]

Durch nachträgliches Retouchieren verliert die Notiz ihren Charakter als Dokument. Der Autor büßt gerade die Bescheidenheit und Redlichkeit ein, auf die er Anspruch erhebt. Kann er sich selbst trauen, wenn er daran scheitert, Sätze hinzuschreiben und sie ohne alle Korrektur stehen zu lassen? Pascal schreibt ja ebenso, was ihm der Augenblick in die Feder gibt. Der Zufall weht ihm einen Gedanken in den Kopf und nimmt ihn im nächsten Windhauch wieder mit. Das geht manchmal so schnell vor sich, dass Pascal gar keine Chance sieht, aus dem vorbeiziehenden Gedanken etwas zu machen. Pascal ist kein Sekretär, der nur flink etwas abschreibt. Er beobachtet sich beim Notieren und analysiert die auftretenden Schwierigkeiten: »Entfallener Gedanke. Ich wollte ihn niederschreiben, statt dessen schreibe ich, dass er mir entfallen ist. Abschweifungen. Winzigste Wendungen, schicklich.«[40]

Die Pensées spiegeln eine intensive Suche. Manche der Notizen brechen resigniert ab, manche brechen hoffnungsvoll auf. Einige weisen auf etwas hin, das auf derselben Seite nicht stehen wird. Andere spielen eine trügerisch Ruhe vor oder präsentieren eine aphoristisch anmutende Abgeklärtheit. Gerade diese entpuppen sich, riskiert man einen zweiten Blick, nicht selten als ruhende Vulkane. Pascals Notizen sind Protokolle existenzieller Dramen in Kurzform. Er sucht und er findet im Raum weniger Worte etwas Unerwartetes. Das notiert er aufrichtig: »Ein einziger Gedanke nimmt uns ganz in Anspruch, und wir können nicht an zwei Dinge zugleich denken. So werden wir von vielen [Gedanken] in Anspruch genommen, aber nach dem Gesetz der Welt, nicht nach dem Gottes.«[41]

Letzteres wäre ihm lieber, nur bleiben die Gedanken nicht immer bei der gottgefälligen Sache. Sie wandern ab, lassen sich umgarnen und umstricken die Aufmerksamkeit. Solche Gedanken spinnen den, der glaubt, selbstbewusst zu denken, in ein sehr enges Netz. Mit vielen Attraktionen täuschen sie darüber hinweg, dass sie sich immer weiter zerstreuen und von Gott entfernen. Ideenflüchtiges Denken ist der Gegenspieler der Gedanken, die Pascal wichtig sind und die er für entscheidend hält. Was bedeutet es, wenn es nicht einmal gelingt, einen einfachen Gedanken festzuhalten, geschweige dem, ihn zu Ende zu denken? Der zerstreute Mensch liefert sich dem schlechten Lauf der Dinge aus. Er hofft oder er redet sich ein, dass die Würfel schon zu seinem

Glück fallen werden. So lebt er in einer Welt der Selbst-Täuschungen – sehr angenehmen übrigens, wie Pascal anmerkt.

Trotz der Ruhe und Konzentration seiner klösterlicher Abgeschiedenheit ergeht es Pascal bei seinen Notizen nicht viel anders: »Während ich meinen Gedanken niederschreibe, entgleitet er mir zuweilen; aber das erinnert mich an meine Schwäche, die ich alle Augenblicke vergesse; das belehrt mich eben sosehr wie mein vergessener Gedanke, denn ich strebe nur danach, mein Nichts zu erkennen.«[42] Pascal kündigt auch in diesem Aufschrieb an, dass er konsequent sein will. Ernsthaftigkeit prägt seine Suche, selbst wenn sein Tonfall locker ist und bisweilen an ein verspieltes Bonmot erinnert: »Die wahre Beredsamkeit macht sich über die Beredsamkeit lustig, die wahre Moral macht sich über die Moral lustig; das heißt, die Moral des Urteils macht sich über die Moral des Geistes lustig, denn die hat keine Regeln.«[43]

Pascals Satz spielt gar nicht mit Worten. Er führt mitten in eine der zentralen und weitreichenden Unterscheidungen, die er seiner Suche zugrunde legt. Klarheit in rationalen oder wissenschaftlichen Angelegenheiten ist ihm eine Frage des »esprit géometrique«, in Sachen der Kunst oder der Religion eine des »esprit de finesse«. Pascal meint nun nicht, man solle je nach dem jeweiligen Thema einfach seine Geisteshaltung umschalten. Er empfiehlt, mit beiden Augen zu sehen und auf die Differenz zu achten: »Die Intuition gehört zum Urteil, die Geometrie gehört zum Geist«, notiert er im Anschluss an den oben zitieren Satz – ohne weitere Erklärung.[44] Dann zieht er ein weitreichendes Fazit: »Sich über die Philosophie lustig machen, das heißt in Wahrheit philosophieren.«[45]

Diese Denkfigur muss ihn immer wieder beschäftigt haben. Ihre Melodie kehrt wieder: »Es gibt nichts, was der Vernunft so sehr entspricht, wie die Verleugnung der Vernunft«, schreibt er kurz und bündig.[46] Wohin führt eine allzu selbstbewusste Vernunft, deren skeptische Pflichtübungen Gott in Grund und Boden kritisieren – einen Gott, »dem Herzen fühlbar, nicht dem Verstand«?[47] Pascal macht eine Art von Gegenrechnung auf. Noch die klügsten Menschen denken wie die Verurteilten, die schon auf dem Weg zum Richtplatz sind und sich während des letzten Gangs einfach stilvoll unterhalten und ihre Witze machen. Das ihnen bevorstehende Ende vergessen sie ohne alle Schwierigkeiten. Ihre Vernunft begreift viel, nur nicht die eigene Situation. Würden die

Verurteilten in den Abgrund sehen, der sich vor ihren Füßen auftut, wie groß wäre wohl ihre Lust, die klugen Diskurse weiterzuführen?

Gegen das Denken hat Pascal überhaupt nichts einzuwenden. Er selber denkt leidenschaftlich und auch kühl, wenn es darauf ankommt. Er formuliert in gestochener Schärfe oder in warmem Tonfall, je nachdem. Pascal hält sogar eigenständige Denker, die Gott rundwegs leugnen, für starke Denker. Christen, die kopflos mit der Herde einem garantierten Heil hinterher trotten, empfindet er als schwach und ungläubig. Pascal macht einen anderen Unterschied. Denken bedeutet ihm menschliche Würde – auch im Angesicht der schwarzen Leere eines kalten, unendlichen Universums und des Todes, der immer nebenan wohnt.

Die Würde macht das Denken des Menschen in all seiner Kleinheit groß. Aber der Mensch macht aus ihr kaum mehr als ein lächerliches Panoptikum seines illusorischen Stolzes. Alles scheint wie vertauscht. Das Wichtigste kommt zuletzt und die Mücke wird zum Elefanten. Die eisigen Tiefen des Universums und die Hinfälligkeit des Lebens rauben wenigen Zeitgenossen die Nachtruhe: »Die Empfänglichkeit des Menschen für die kleinen Dinge und die Unempfänglichkeit für die großen Dinge: Zeichen einer seltsamen Umkehrung«, wundert sich Pascal.[48] In dieser Welt voll fundamentaler Verkehrungen schreibt Pascal seine Gedanken.

Pascal denkt und die Notiz wird notgedrungen zu seinem einzigen Zeugen, so lange Gott fern ist. Sie ist da, wenn ein Gedanke etwas wittert, wenn ein anderer etwas findet, wenn ein weiterer, gerade erst gestartet, von seiner Bahn abkommt. Hier wird plötzlich etwas vergessen, dort gibt ein gefälliger Gedanke unmittelbar vor, an dessen Stelle treten zu können. Pascal ist ein Philosoph, der mit Haut und Haaren versteht, wie das Denken zum probaten Mittel werden kann, entscheidende Fragen und Themen aus dem Kopf zu bekommen. Ab- und Umlenkungen von Gedanken spürt er mit Scharfsinn auf und bringt sie zu Papier. Es sichert Pascal einen Ehrenplatz, dieser Zeuge seines Denkens zu sein. Friedrich Nietzsche attestierte ihm eine seltene Vereinigung von »Glut, Geist und Redlichkeit« und erwählte den frommen Sucher gar anerkennend zu seinem Lieblingsgegner in der Riege der Christen.[49]

Hunderte von Notizen, kurzen Betrachtungen und Entwürfen hat Blaise Pascal hinterlassen, ungeordnet und oft unfertig. »Ich werde hier meine Gedanken ohne Ordnung niederschreiben, aber vielleicht doch nicht in einer planlosen Verwirrung«, verrät Pascal in einer Notiz über die skeptische Lehre des Pyrrhonismus. Er tut es nicht aus Verlegenheit und betreibt kein Brainstorming *avant la lettre*. Denn: »Das ist die wahre Ordnung, die gerade durch die Unordnung meinen Gegenstand kennzeichnen wird.«[50] Es wäre ein Missgriff, eine Ordnung zu suggerieren, wo Pascal selbst keine erkennen mochte. Er fragt ein ums andere Mal, wo denn das Denken beginnt? Hat es einen Anfang wie ein archimedischer Punkt, auf den man sich stellen und dann losdenken kann? Pascal notiert es anders: »Das letzte, was man findet, wenn man ein Werk schafft, ist die Erkenntnis, was man an seinen Anfang zu stellen hat.«[51]

Pascal hat Grund genug, sich zu weigern, ein abschließendes Urteil über seine Aufschriebe zu fällen. Sie sind kein fertiges Werk. Selbst wenn sie es wären, kehre noch lange kein ruhiger Überblick ein. »Wenn man sein Werk sogleich betrachtet, nachdem man es gemacht hat, ist man noch ganz davon eingenommen; betrachtet man es zu lange danach, begreift man es nicht mehr. So ist es mit den Gemälden, wenn man sie zu sehr von ferne oder zu sehr aus der Nähe sieht; es gibt nur einen unteilbaren Punkt, welcher der reale Standpunkt ist.«[52] Wird die betrachtende Distanz zu groß, erreicht die Feder das Papier gar nicht mehr. Denn Notizen im Sinne Pascals sind Niederschläge bewegender Gedanken und Erfahrungen. Lehrstücke, aus der Distanz geschrieben und mit souveränem Überblick formuliert, wollen sie nicht sein. Sie sind unfertig und aus der Nähe geschrieben. Im Geist Pascals erreichen sie die anspruchsvollsten Fragen menschlicher Existenz.

Viertes Kapitel

Zettelwelt und System: Gottfried Wilhelm Leibniz

Leibniz schreibt spontan, schnell und viel. Der Nachlassbestand wird auf 100 000 Seiten geschätzt. Er ist ein ausgesprochener Liebhaber von Notizen. Als Autor steht der Universalgelehrte natürlich vor dem Problem, was er mit seinen erschriebenen Schätzen anstellen soll. Wie lassen sie sich in die facettenreichen Schriften oder in seine ausgedehnten Korrespondenzen integrieren?

Leibniz, der erfahrene Bibliothekar, erfindet ein weit verzweigtes System, seine Notizen, Fragmente und Vorarbeiten abzulegen und zu ordnen. Die Schere kommt häufig zum Einsatz. Zettel werden rigoros zerschnitten. Auf neue Seiten, die Ausschnitte und Schnipsel aufnehmen, trägt Leibniz wiederum fortlaufende Notizen ein. Im Rahmen der Leibniz-Edition der Akademie der Wissenschaften zu Göttingen und der Berlin-Brandenburgischen Akademie der Wissenschaften werden die Puzzles digital zusammengesetzt, um, wo es möglich ist, ihre Entstehungszeiten und Kontexte rekonstruieren zu können.

In seinen *Unvorgreifliche[n] Gedanken betreffend die Ausübung und Verbesserung der teutschen Sprache* vermittelt uns Leibniz ein Bild, das sein Verständnis von Notizen beschreiben könnte. Worte gebrauche man oft »als Ziffern, oder als Rechen-Pfennige [...] bis man Stufenweise zum Facit schreitet, und beym Vernunft-Schluß zur Sache selbst gelanget. Woraus erscheinet, wie ein Großes daran gelegen, daß die Worte als Vorbilde und gleichsam als Wechsel-Zeddel des Verstandes wohl gefasset, wohl unterschieden, zulänglich, häufig, leichtfließend und angenehm seyn.«[1] Für den, der notiert, komme dadurch ein »innerliches Selbstgespräch« in Gang. Die Worte seien Zeichen sowohl der Dinge als auch der Gedanken. Eine Notiz halte beides in einer Form fest. Dadurch stifte sie eine dynamische Beziehung.

Wie kann sich eine unscheinbare Notiz, geboren aus der partikularen Erfahrung und gebunden an die Perspektive eines Moments, überhaupt im Gehege souveräner Wissenschaften behaupten? Hier muss jede Wahrheit klare Gründe haben und durch aussagekräftige Beweise gesichert sein. Das wohlgeknüpfte Netz von Axiomen, Theorien und Leitsätzen ist Voraussetzung jeder Wahrheitssuche. Leibniz' unerreichtes Lebensziel ist die Aufstellung einer allgemeinen Charakteristik, und deren »metaphysische Grundgestalt« ist die Zahl: Alle Wahrheiten sollen durch ein bestimmtes Kalkül zu errechnen sein. So dass man »das ganze Universum lesen könnte, wenn der Leser mit unendlich großem Scharfsinn begabt wäre.«[2] Steht für Notizen irgendeine Beteiligung an dieser Art von Wissenschaft in Aussicht? Was taugen sie als Rechen-Pfennige oder Wechsel-Zettel?

Erstaunlich viel, wie Leibniz nicht müde wird zu betonen! Eine Wissenschaft wie etwa die Mathematik, die im Bereich der Ideen ihre Meriten sucht und hat, kann nur *eine* Seite der Medaille sein. Nicht alles ist vermöge der Verknüpfung von Ideen erkennbar. »Etwas anderes ist es, wenn die Wahrheiten *Aphorismen* sind, wie die des Hippokrates, das heißt entweder allgemeine oder wenigstens häufig zutreffende Tatsachenwahrheiten, die aus der Beobachtung entnommen oder durch Erfahrung begründet sind und für die man keine gänzlich überzeugenden Gründe besitzt.«[3] Mit erstaunlicher Ausdauer widmet sich Leibniz der Medizin. Das Aphorismenwerk des Hippokrates ist ihm Vorbild in mehrerer Hinsicht: »Man wird keine gute Beobachtung vorübergehen lassen, ohne sie festzuhalten; man wird jene unterstützen, die sich diesen Beobachtungen widmen; man wird die Kunst ihrer Anwendung bei der Formulierung von Aphorismen vervollkommnen.«[4]

Schauen wir uns exemplarisch an, was Leibniz der forschenden Heilkunde als Programm mitgeben möchte. Man betreibe Statistik, um zu eruieren, wie natürliche und soziale Verhältnisse in den Krankheits- und Sterbefällen einer Kommune zum Ausdruck kommen. Man dokumentiere medizinische Erfolge wie Misserfolge und führe überall Medizinalordnungen ein. Man experimentiere mit Instrumenten wie dem Thermometer oder dem Mikroskop. Man versuche mit Worten und Vorstellungen nicht nur zu diagnostizieren, sondern auch zu heilen. Man schaue, wie weit man mit den »vires imaginationes« und dem heilenden Einfluss der Worte kommt. Man beachte genau die Lebenspraxis Gesunder und Kranker. Der Arzt soll ein Musterbeispiel bewusster sinnlicher Präsenz sein, um die vielfach verworrenen Empfindungen der Kranken durch die Klarheit von Beobachtungen und eigenen Körperwahrnehmungen zum Sprechen zu bringen. Man befrage Marktschreier und alte Weiblein. Selbst das unter dem Aberglauben und vielen Mythen verborgene Heilwissen kann fruchtbar sein. Manchmal stelle es akademisches Wissen in den Schatten. Man muss dieses Wissen möglichst breit sammeln, sichten und verstehen, »ums allezeit gleichsam eine lebendige anatomi vor sich zu haben. Were weit beßer als die gemelde zu coppenhagen und Helmstedt.«[5]

Kurz und nicht nur für Mediziner gesagt: Man befrage und beobachte, und das intensiv und in alle erdenklichen Richtungen. Man notiere und man lasse sich vom akademischen Dünkel nicht dumm machen. Wohlfeile Klugheit gebe es zuhauf. Kasuistiken, die wachen Auges ihre Wahrheit vor Ort suchen und finden, seien Mangelware. Leibniz befürchtet geradezu, man erweise der Wahrheit einen schlechten Dienst, bewegt man immer nur die Axiome und die Leitsätze der Wissenschaft im Kopf. Dadurch verhindere man, dass sich eigene Gedanken in Handlungssituationen bilden und fokussieren: »Denn der menschliche Geist überschaut viel auf einen Schlag, und es heißt ihn hindern, wenn man ihn zwingen will, sich bei jedem Schritt aufzuhalten und alles auszudrücken, was er denkt.«[6]

Diese Haltung wird, kurz gesagt, eine lange Nachgeschichte haben, deren Glocke in der Stunde der Notiz besonders laut schlägt. Denn in jedem noch so knappen Aufschrieb stecke wie in einer Nussschale eine ganze Welt. Er wickele ihre unendliche Komplexität in einen Moment ein, als falte man einen Brief mehrfach und stecke ihn in ein Kuvert. In dem Brief bleibt die Komplexität erhalten, auch wenn nicht alles obenauf liegt und auf den ersten Blick sichtbar wird. Es ist eine Sache des Entfaltens.

Die Leibniz'sche Notiz ist in einen philosophischen Horizont eingebettet. Sie bleibt ein Unikum und ist zugleich Teil eines Netzwerks, zu dem unzählige Notizen beitragen. Die Vernunft wird alles ordnen. Leibniz sammelt eigene und fremde Beobachtungen. Unermüdlich trägt er Erkenntnisse aller Art zusammen. Er notiert alles und hebt es auf. Es geht ihm nicht darum, ein schier berstendes Archiv anzulegen, in dem, was immer seine augenblickliche Aufmerksamkeit erregt, abgelegt wird und später unter einer dicken Staubschicht zu verschwinden droht. Leibniz' Philosophie sucht den Ort jeder Notiz im System des Wissens zu bestimmen. Um jede einzelne entsteht somit eine Art von philosophischer Atmosphäre, die sie zum unverzichtbaren Teil eines Universums macht, das Gott aufs Beste eingerichtet hat. Sie wirkt wie ein Versprechen, dass der größere Zusammenhang von allem, was vorerst vereinzelt dasteht, klar erkennbar sein wird. Das »natürliche Licht der Vernunft« leitet den Fortschritt der Erkenntnis an, auch wenn unsere Erfahrungen zu beschränkt sind, »dass wir die Gesetze dieser Ordnung durchschauen konnten.«[7]

Die Empfehlung, dass Wissenschaft und Forschung auf exakt notierten Beobachtungen aufbauen sollten, ist zu Leibniz' Zeit nicht neu. Seit Francis Bacon zählt sie zum Urgestein des Empirismus. Bacon ist, was ihm die deutschsprachige philosophische Presse seit Jahrhunderten gern nachsagt, allerdings kein naiver Empirist. Er traut dem menschlichen Geist jederzeit zu, hartnäckigen Vorurteilen aufzusitzen, und er weiß, dass die Erfahrung ein Würfelspiel sein kann. Jede Wissenschaft beginnt mit Selbstaufklärung über die »mich von allen Seiten umflatternden Gebilde meiner Einbildung.« Bescheidenheit tut not. Sie bleibt der Beobachtung treu, ist den Dingen gegenüber »gehorsam« und denkt nicht einfach über sie hinweg: »Die Spuren müssen an einem Faden festgehalten werden: Jeder Schritt muss von der ersten sinnlichen Wahrnehmung an in fester Weise gesichert sein.«[8]

Ein derart nüchterner Geist ist zu Bacons Zeit anscheinend nicht der Normalfall. Die »Wissenschaften und Künste« leben gern vom Spektakel. Man stellt attraktive Phänomene zur Schau, die ungeachtet aller Aufklärung magisch und mysteriös wirken. In diesem Zwielicht sonnen sich selbstbewusste Welterklärer gern und genießen den gutgläubigen Applaus der vielen, ernten aber Bacons bitteren Spott. Nüchtern empfiehlt er, besser die Aphorismen der antiken Wissenschaft zum Modell zu nehmen: »Die ersten und ältesten Erforscher der Wahrheit hingegen gingen ehrlicher und offener vor, sie pflegten die Erkenntnis, welche sie aus der Betrachtung der Dinge gewonnen hatten und für den Gebrauch zusammenzufassen beschlossen, in Aphorismen, in knappen, scharf umgrenzten Sätzen zusammenzufassen, ohne sie methodisch ineinander zu verketten; sie täuschten nicht vor, noch behaupteten sie, die gesamte Kunst zu erfassen.«[9]

Leibniz lernt die Wissenskulturen Englands im London der Royal Society kennen. Ab 1673 ist er ihr einstimmig gewähltes Mitglied und unterhält umfangreichste Briefwechsel mit ihren Koryphäen.[10] Denker und Wissenschaftler wie Thomas Hobbes, John Locke, Isaac Newton oder Robert Boyle tragen hier ihre Gedanken, Beobachtungen und ambitionierten Pläne zusammen. Die Disziplinen der Wissenschaft sind längst nicht in dem uns selbstverständlich gewordenen Sinn ausdifferenziert. Jeder empfindet sich als Spezialist für alles Mögliche, wenn es nur gerade sein Interesse weckt. Gern beweist man das durch permanente Entdeckungen und präsentiert unzählige Erfindungen. Allen voran der etwas kauzige Robert Hooke, dem das Akademiemitglied John Aubrey immerhin Hunderte eigener Erfindungen nachsagt. Hooke ist trotzdem neidisch, wenn andere auch etwas erfunden haben.

Aubrey notiert emsig die Innovationen aus seinem Freundeskreis: das linierte Schreibheft, mathematische Symbole, eine Art Regenschirm zur Stabilisierung von Schiffen im Sturm, eine öffentliche Bank, ein neuartiger Aussaatwagen für die Landwirtschaft, ein phonetisches Alphabet, aufsehenerregende medizinische Therapien selbstverständlich auch und Unzähliges mehr.[11] Aubreys Register platzen förmlich aus allen Nähten.

Er selbst wird immer wieder zum Opfer seines ständigen Notierens. Jahrelang beobachtet, kompiliert, schreibt und sammelt er für geplante Werke. Nie kann er sich entscheiden, was in oder an seinen Zettelbergen eigentlich wichtig sein soll. Im Zweifelsfall kommt alles in einen Topf. Da passt leider nichts zu nichts. Ein ums andere Buchprojekt scheitert an notizenbedingter Überfütterung. Aubrey weiß die Flut seiner Aufschriebe in keine sinnvolle Ordnung zu bringen. Heutigen Wissenschaftshistorikern hat er wahre Fundgruben hinterlassen.

Leibniz will die Arbeit mit Notizen auch, aber nicht nur aufgrund seiner rationalistischen Präferenzen vor jeglicher empiristischen Sammelwut bewahren. Seine Philosophie versteht eine Notiz gänzlich anders. Eine Notiz drückt eine dynamische Erkenntnissituation aus. Sie ist kein statischer Besitz. Hält man sie nur als das fest, was sie über einen einzigen Fall aussagt, zerbröselt ihre Wahrheit. Denn eine Notiz gehört in das System des Universums, erst hier entfalten sich ihre Inhalte. Das werde allerdings nicht erreicht durch ein Zusammenstellen oder Aufaddieren notierter Worte; auf dem Wege bloßer Induktion komme diese Erkenntnis nicht zustande.

Jede Notiz sagt und zeigt mehr, als dem Schreibenden im aktuellen Moment bewusst sein kann. Ihre Inhalte lassen sich prinzipiell bis ins unendlich Große oder unendlich Kleine weiterführen. Man entdeckt Verflechtungen, als blicke man hier durch ein Mikroskop in die Welt der Kleinstlebewesen und dort durch ein Fernrohr in den funkelnden Nachthimmel. Die Notiz wickelt in ihre Kurzform ein, was sich in anderen Kontexten auswickeln ließe. Leibniz prägt dafür das Wort der Falte.

Eine zentrale Stelle seiner *Monadologie* bringt sie mit dem Vorgang des Lesens in Verbindung: »Eine Seele aber vermag in sich selbst nur das zu lesen, was in ihr distinkt vorgestellt wird, sie ist nicht imstande, mit eine Schlage alle ihre Falten zur Entwicklung zu bringen, denn diese gehen ins Unendliche.«[12]

Eine Notiz faltet ihre momentane Welt förmlich in eine Perspektive ein. Andere sind und bleiben später möglich, wenn Leibniz die Schere zur Hand nimmt, einzelne Notizen ausschneidet, die Schnipsel hin und her gruppiert, Zusätze schreibt und damit ganz praktisch zeigt: Die Notiz verfügt über ein eigenes, nicht abschließbares Beziehungsnetz. Sie ist ein Stein, der in ein Puzzle passt, das wiederum an unzählige größere Puzzles denken lässt. Die Welt stecke voller Erkenntnisse, die sich dem menschlichen Blick in keiner Gesamtschau gänzlich oder mit einem Mal öffnen; diese bleibe Gott vorbehalten.

Das in Büchern festgehaltene Wissen der Menschheit werde vom nicht schriftlich niedergelegten Wissen, das sich verstreut unter Menschen verschiedener Berufe finde, »nach Menge und Bedeutung« in den Schatten gestellt.[13] Ein Leibniz wäre sich nicht zu fein, jeden zu fragen. Das empfiehlt er seinen Lesern gleichermaßen: aufmerksam zuzuhören, wenn Bauern, Jäger, Handwerker oder Händler ihre Kunstfertigkeiten und Kenntnisse beisteuern. »Sogar in den Spielen der Kinder gibt es Dinge, die den größten Mathematiker interessieren könnten.«[14] Bei Leibniz beobachtet immer ein potenzieller Mathematiker im Hintergrund. Er geht nicht wie John Aubrey mit der Feder auf den Spielplatz, um mit chaotischen Notizen, übervollen Kladden und Kopfschmerzen heimzukehren.

Wir haben keine souveräne Klarheit über unsere Welt. Selbst die Empfindungen unseres eigenen Körpers sind zumeist verworren und vielfach unbewusst. Leibniz sieht darin kein Argument gegen seine Philosophie, die sich der Klarheit und dem Bewusstsein verschrieben hat. In der *Metaphysischen Abhandlung* betont er, »dass die Perzeptionen unserer Sinne, selbst dann, wenn sie klar sind, notwendig eine Art verworrener Empfindung einschließen müssen, denn da die Körper des ganzen Universums mit einander in Verbindung stehen, so empfängt der unsere Einwirkungen von allen andren, und wenngleich unsre Sinne sich auf alles beziehe, so ist es doch nicht möglich, dass unsre Seele auf alles im besonderen achthaben kann.«[15] Man könne das mit dem

Rauschen eines entfernten Meeres vergleichen, bei dem einzelne Wellen selten zu hören sind.

Wer Notizen macht, geht ein Stück näher an den Strand. Da sieht und hört er besser, wie sich die eine oder andere Welle am Strand oder an den Felsen bricht und wie das aufschäumende Wasser seine Stücke orchestriert. Er lässt sich auf diese Wahrnehmungen ein und wird kaum das Gefühl haben, dadurch den Blick auf das große Ganze des Meeres verloren zu haben und dessen Rauschen nicht mehr zu hören. Vielleicht findet er nebenbei den Bernstein, den viele Gelehrte nur aus Büchern kennen. Diese Vielfalt der Weltbezüge findet in Leibniz' Philosophie ihren Platz. Die Tugend des wachsamen Registrierens und Notierens hat er empfohlen und selber praktiziert. Denn eine Notiz bringt ihre Perspektive und ihren Augenblick ins Spiel der Worte. Sie ist produktiv, wie es auch eine Leibniz'sche Monade ist, in der es nichts Unfruchtbares oder Totes gibt. Nicht zuletzt bleibt die Notiz sprachlich bescheiden, unaufdringlich und geradezu minimalistisch. Nüchternheit muss sein, denn die Wahrheit darf nicht unter einem barocken Stil oder unter wortgewaltigem Aufputz unkenntlich werden.

Leibniz prägt ein Wort, das erst mit der sprachanalytischen Philosophie des 20. Jahrhunderts allgemeine Furore machen sollte: Er warnt vor einer eloquenten *Sprachverwirrung*. Das Streben, den Worten nach Lust und Laune eigenwillige Bedeutungen zu geben und sie auf Dinge zu übertragen, für die sie nicht gemacht sind, empfindet er geradezu als verhängnisvoll. Man bemerke die Korruption der Worte selten, meist ginge sie unbewusst vonstatten.[16] Dagegen hat Leibniz zwei Empfehlungen: Die chinesischen Schriftsprache sei besonders gegen solche Ablenkungen gefeit, ihre willkürlich erfundenen Zeichen entgingen den Unschärfen der gesprochenen Sprache. Als Projekt für die Zukunft verspricht ihm zweitens die *mathesis universalis,* alles sei in Zahlen ausdrückbar und kalkulierbar.

Bis dahin hilft sich Leibniz mit dem unermüdlichen Anlegen und Verarbeiten seiner Notizen. Er sucht die unprätentiöse Nähe zu den Dingen und liebt den Moment, in dem ihm etwas einfällt oder etwas auffällt. Von dessen Vorläufigkeit lässt er sich nicht beirren. Wer näher herangeht, schärfer sieht, genauer reflektiert könnte gerade dabei sein, etwas Neues zu entdecken. Das wird der nächsten Notiz Stoff und Leben verleihen und ihn selbst womöglich einen kleinen Blick darein werfen lässt, wie alles in Harmonie zusammenfindet.

Die aufgeklärte Notiz

Welchen heutigen Leser beschleicht das Gefühl, er beginge eine Indiskretion, wenn er seine Nase in Pascals *Pensées* oder in Lichtenbergs *Sudelbücher* steckt? Sie sind vor allem Sammlungen von Notizen. Ihre Autoren haben sie in der uns vorliegenden Form nicht für das Auge der Öffentlichkeit geschrieben oder ihnen stilistisch mitgegeben, was sie den letzten Schliff hätten nennen wollen. Ungeachtet der Tatsache, dass der Pascal der *Pensées* und der Lichtenberg der *Sudelbücher* zu den eminenten Stilisten der Weltliteratur gehören, waren beide wohl nicht der Meinung, die unredigierte Fassung ihres unsystematischen Schreibens sei reif für das Licht der Öffentlichkeit.

Überraschende Funde fallen den gesammelten Notizen zu. Geistesblitze halten sie fest, die womöglich lange in dunklen Wolken geschlummert und auf ihren Moment gewartet haben. Manche sehen und sagen mehr als ihren Mitmenschen geheuer ist. Wer sollte die Konsequenzen fürchten, wenn das Schreiben diesen Schutzraum nutzt? Die Notiz ist ein freies Wort, das nicht zwangsläufig unter den Druck der Öffentlichkeit gerät. Im Verborgenen braucht sich niemand zu rechtfertigen. Die Wahrheit, die laut auszusprechen nicht immer ratsam ist, tummelt sich dann in der Kladde oder im Zettelkasten.

Die Notiz muss denen, die sie zunächst für sich ganz allein schreiben, nicht als finale Botschaft erscheinen. Ihre Wahrheit kann provisorisch sein; das »So-ist-es!« ist nicht zwangsläufig ein »So-bleibt-es-bis-in-alle-Ewigkeit«. Die in einem Augenblick hingekritzelte Notiz macht den, der die schnelle Feder führt, nicht zwangsweise zum »Autor«. Öffentlich wahrnehmbare Autoren waren die Pascals und Lichtenbergs, die nun im Kämmerlein oder an verschwiegenen Orten notieren, schon mit anderen Werken geworden. Die Notiz darf unfertig sein und bleiben. Was macht es aus, wenn sie einseitig formuliert und in Worten abgefasst ist, für die sich morgen bessere finden lassen? Die Inspiration und die Sensibilität eines Augenblicks sind ihre Trumpfkarten.

So gibt sich Lichtenberg in den Sudelbüchern selbst den Rat: »*Ja über alles seine Meinung [sagen] mit so vielen Zusätzen von Neuem als möglich; ohne dieses wird aus allem nichts nur hüte dich vor dem Drucken-Lassen. Nicht bloß stilles Nachdenken sondern auch Aufschreiben erleichtert den Ausdruck sehr* [...].«[17] Noch ist nicht entschieden, ob die Notiz der Öffentlichkeit auf ewig entzogen bleibt. Im Schatten der Notizen wachsen Werke mit einer ganz eigenen Farbe. Sie halten auch den alternden Schriftsteller jung: »Auch der abgelebteste Mann hat Augenblicke, wo er, durch Umstände so gut wie durch Wein angespornt, sieht, was kein anderer gesehen. Dieses muss gehörig aufgesammelt werden. [...] So sind gewiss alle großen Schriftsteller verfahren.«[18]

Die großen Schriftsteller nutzen eben Notizen – aber was machen die kleinen Schriftsteller? Sie mögen äußerst erfolgreich sein, gesellen sich aber gern zur Schar derer, die im Kollektiv die Bücher mitsamt den Köpfen verhunzen: »Von Leuten gedruckt, die sie nicht verstehen; von Leuten verkauft, die sie nicht verstehen; gebunden, rezensiert und gelesen von Leuten, die sie nicht verstehen; und nun gar geschrieben von Leuten, die sie nicht verstehen.«[19] Warum sollte sich jemand, der bloß Notizen schreibt, überreden lassen, beim Mummenschanz von Selbstinszenierung und überheblichem Gerede mitzumachen? Er bleibt daheim und posiert nicht öffentlich als der begnadete »Original-Schriftsteller«, dem Worte wie livrierte Lakaien in seine Texte strömen.

Lichtenberg empfindet diesen Autoren-Aufputz als infame Inszenierung. Systeme *à la mode* entstehen, in denen ein kluger Unsinn zum nächsten führt. Die wirklichen Tragödien fallen unter den Tisch. Etwa die, dass sich neue Systeme in der Physik und in der Philosophie im Klima zeitgenössischer Wissenschaft nicht mehr so einfach aufstellen lassen. Lichtenberg, Physiker und Philosoph in einer Person, hat das seit Langem im Sinn und muss immer wieder sein Scheitern eingestehen. Lichtenberg will es anders als die Scharlatane machen, die alles überfliegen und schnell das letzte Wort gefunden haben: »Wenn ich ein System baue und finde einen Stein der nicht gut passen will und ich gebe ihm einen sanften Hieb, der ihn ins Gerück bringt, oder werfe ihn weg, ist das unökonomisch oder verderbe ich deswegen den Leuten die Steine oder verschände mein Gebäude?«[20] Da ist kein Mangel an Selbstkritik.

Vielleicht sind die Schwierigkeiten in der Sache oder in der Zeit begründet, womit es dann nicht mehr nur um den eigenen Schiffbruch geht. Umso übler stoßen Lichtenberg die mit flinker Feder hergeschriebenen Modesysteme auf. Er empfindet sie als ein Attentat. Sie kosten den, der alles locker hinschreibt, die Verlässlichkeit des Wortes, die Tiefe des Empfindens und die unverzichtbare Selbstkritik.

1500 Seiten stark sind Lichtenbergs »Sudelbücher« in einer heutigen repräsentativen Ausgabe. Sie ergeben alles andere als ein »System« – dem unzählige Notizen aber doch gewidmet sind: kritisch, satirisch, auch abwägend im Vorgriff. Lichtenberg sammelt; manchmal sieht er sich wie mit einer Sparbüchse bei sich selbst und bei anderen herumgehen.[21] Was hineinfällt, ergibt einen Sinn und einen Ton. Lichtenberg ehrt und sammelt jeden Pfennig in seiner Sudelbüchse. Der großen Scheck auf die philosophische Weisheit bleibt ihm unheimlich. Seine Notizen weigern sich in ihrer philosophischen Luzidität, »Frachtfuhren für die Philosophen in der Messe« zu unternehmen.[22]

Aus heutiger Sicht hätten Lichtenbergs Sudelbücher exzellent in einige der publizistischen Strömungen seiner Zeit gepasst. Gerade entdeckte man die Aphorismen des Hippokrates wieder. Die knappe und den Lebenswirklichkeiten zugewandte Form gab in prominenten philosophischen Werken den Ton an. Ein berühmtes ist Ernst Platners *Philosophische Aphorismen nebst einigen Anleitungen zur philosophischen Geschichte*. Die »aphoristische Kürze« und die »Präzision des Ausdrucks« von Lehr- und Handbüchern sind eigentlich ganz nach dem Geschmack des Göttinger Professors Lichtenberg.[23] Ernst Platners dritter Eingangsaphorismus mag Lichtenberg wohl aus der Seele geredet haben: »Wo [...] innere Unruhe die Seele wach erhält, und innere Lebhaftigkeit sie antreibt zum Nachdenken über Welt, Leben und Tod, da ist philosophischer Geist.«[24] Dass die Seele sich nicht immer der ihr vorschwebenden Ideen ganz bewusst ist, vermerkt Platners Aphorismus § 35.[25]

Da ist wirklich viel kollegialer Geist unterwegs. Lichtenbergs Sudelbücher erfinden für das von Platner vorgestellte Phänomen einen unscheinbaren Ausdruck: das *Es*. Bei Sigmund Freud wird er später Wissenschaftsgeschichte schreiben. »Wir werden uns gewisser Vorstellungen bewußt, die nicht von uns abhängen; andere glauben, wir wenigstens hingen von uns ab; wo ist die Grenze? Wir kennen nur allein die Existenz unserer Empfindungen, Vorstellungen und Gedanken. *Es denkt*, sollte man sagen, so wie man sagt: *es blitzt*. Zu sagen *cogito*, ist schon zu viel, sobald man es durch *Ich denke* übersetzt. Das *Ich* anzunehmen, zu postulieren, ist praktisches Bedürfnis.«[26] Lichtenbergs Notizen sind auf der Höhe seiner Zeit und reichen locker bis in die unsere.

Das akademische Reinheitsgebot, das Autoren eine Sprache voller Abstraktionen und Graecismen nahelegt und ein Denken nach Paragraphen, ist inzwischen weder die Norm noch allgemeiner Zeitgeschmacks. Ausgiebig philosophiert man in gedruckten Briefen, kunstvollen Essays,

Dialogen und Sprüchen. Johan Caspar Lavaters *Physiognomische Fragmente* erreichen ein breites Publikum wie auch Adolph von Knigges Aphorismen, Sprüche und alltagspraktische Maximen.[27] Empfindsame Tagebücher in der Tradition von Jean-Jacques Rousseaus *Träumereien eines einsamen Spaziergängers* versprechen, der Autor überlasse sich ganz dem süßen Gespräch mit seiner verborgenen Seele und gewähre dem still mitwandernden Leser den intimen Blick durchs Schlüsselloch.[28] Reiseaufzeichnungen bringen die antike Welt mit den süßen Düften Italiens oder Griechenlands in die heimische Stube. Hartgesottene Leser segeln mit schreibenden Kapitänen um die Welt. Selbst den nicht gerade leichtgläubigen Professor Kant in Königsberg beehren sie mit manchem Seemannsgarn; man findet es in Kants Vorlesungen zur *Physischen Geographie* wieder.

Kurze und einschmeichelnde, kritische und bissige Worte beerben lange Gedankenketten. Wie ein Joker landet manch vorschnelles Urteil schallend auf den Diskurstisch. Eine Haltung betritt die Bühne, wir kennen sie bis heute: Wer kurz schreibt, nur der hat unendlich viel zu sagen. Er will die Zeit der Leser nicht über Gebühr beanspruchen; man muss ihm geradezu dankbar sein für alles, was er nicht sagt – aber bestimmt weiß. Im Originalton klingt das so, gleich im ersten Satz der Vorrede eines Bestsellers der Zeit: »Ob Fragment oder Vorrede: denn ein Buch würde die Vorrede werden, wenn ich alles sagen wollte, was sich zur Wegräumung aller Vorurteile, und zur Warnung vor allen schiefen Gesichtspunkten, aus welchen dieß Werk beurtheilt werden wird, sagen ließe [...]«, schreibt unser Autor. Vorurt(h)eile haben die, die ihm nicht wohl gesonnen sind. Und wenn er auch ein »Thor« ist – die »Thorheit« der anderen ist Blindheit. Die seine ist lediglich der gute Wille, ihnen die Augen zu öffnen und ganz naiv in Kauf zu nehmen, von den Verbohrten verkannt und verlacht zu werden. Er schreibe für kommende Jahrhunderte, die sein geistiges Ohr schon klatschten hört. Was er hier an Fragmenten vorlege, sei unumstößlich und von der Weisheit der Natur gedeckt: »Beobachtung wird Beobachtung, Erfahrung Erfahrung, und Wahrheit Wahrheit bleiben, was man immer für elende Kunstgriffe ausdenken mag, sie erst mit Koth zu bespritzen, ihre Glorie zu verdunkeln [...].«

Jeder könne es doch einfach selber ausprobieren. Und so erklärt der Autor ganz kurz, wie sich aus Händen, Mündern, Nasen, Augen, Stirn- und Schädelformen sicher erkennen lasse, was im Kopf und Charakter eines Menschen vor sich ginge. Manche Passage ist in einer Art Stakkato-Stil geschrieben. Atemlos kurze Sätze legen nahe, der Autor hätte kaum Zeit, seine tiefen und bewegenden Einblicke umständlich auszuarbeiten. Er müsse sich mit schnell hingeworfenen Notizen behelfen, die nebenbei dafür einstehen, hier werde nicht schöngeredet oder mit Worten geblendet.

Genies und Geistesgrößen der Vorzeit gäben ihm, dem Physiognomiker Johan Caspar Lavater ihre Geheimnisse auf einen Blick preis, freiwillig oder nicht. Ihm reichten selbst abgedruckte Stiche und ein paar erklärende Worte. Die Natur mache es ja nicht anders, auch die sei nicht geschwätzig. Sie experimentiere nicht blind herum, weil sie einfach wisse, was sie wolle: »Die Entwürfe der Natur sind Entwürfe Eines Moments. Ein Gedanke. Ein Geist ergießt sich durch alle Zweige nachhaltiger Entwickelung.« Und ein Gott schuf sich den Menschen zum Bilde – der mit diesem Erbe und dem Wort des Herrn leider äußerst frevelhaft umgeht. Aber jede Missetat fresse sich äußerst unschön in die Physiognomie ein.

Der Professor Lichtenberg kennt diese Sätze nur zu gut. Sie entstammen der Schrift, die ihn zu einer bissigen Entgegnung anstachelt: Johan Caspar Lavaters *Physiognomische Fragmente*.[29] Aus dem Äußeren des Menschen seinen Charakter zu lesen ist eine grassierende Mode. Lichtenberg schreibt dagegen an: »Was für ein unermeßlicher Sprung von der Oberfläche des Leibes zum Innern der Seele!«[30] Und wie befreiend! Diese Kurzformen schaffen alles vom Halse wie »die Peitschenschläge des Schicksals, Klima, Krankheit, Nahrung und tausend Ungemach, dem uns nicht immer unser eigner böser Entschluß, sondern oft Zufall und Pflicht aussetzen.«[31] Lavaters Fragmente sind Lichtenberg erheblich zu kurz gegriffen, sie sind blamabel unterkomplex. Schlimmer noch, sie verstellen den Blick für das tatsächliche Zusammenspiel von subtilen Wahrnehmungen und Ideen-Assoziationen, die einige unserer physiognomischen Lesekünste im Alltag tatsächlich erhellen könnten, ohne in Phantasien zu schwelgen und die »Rechte der Vernunft« zu beleidigen.

Eine der berühmten Ausnüchterungskuren der Aufklärung bietet die skeptische Philosophie von David Hume an. Sie räumt dem Begriff der Ideen-Assoziation eine zentrale Position ein. Nicht, dass Hume prinzipiell etwas gegen freie und kreative Assoziationen hätte, die in philosophischen Publikumsschriften ein wachsendes Publikum erreichen. Hume schreibt selbst erfolgreiche Essays. Er schätzt es bloß nicht, wenn philosophische Diskurse zum eitlen öffentlichen Schlagwortabtausch mutieren oder wenn man glaubt, man werde in den stickigen Zellen der Colleges zum Philosophen.[32] Weiter komme man mit guten Beobachtungen; *observation* ist eines der Lieblingsworte von Hume's Essays. Sie soll der Welt *und* dem eigenen Denken gelten. Wie schnell gerät man ans Ende seiner Weisheit, will man nur über die einfachsten Dinge Rechenschaft ablegen.

Treten wir mit Hume an den berühmten Billardtisch. Zwei Kugeln rollen, dann stößt eine die andere an. Der versierte Spieler genießt es, wenn sie sich auf den von ihm vorgesehenen Weg macht. Alle Umherstehenden können es sehen und klatschen. Hume ist kein Spielverderber. Er würde dem glücklichen Spieler applaudieren. Nicht aber dem, der sich einbildet, auf dem Tisch herrsche strenge Kausalität und sein Queue sei ihr Gebieter.

Dagegen der skeptische Hume: »Sehe ich z.B., wie sich eine Billardkugel in gerader Linie auf eine andere hin bewegt – selbst angenommen, die Bewegung der zweiten Kugel würde mir zufällig als das Resultat der Berührung beider oder des Stoßes auffallen –, kann ich mir dann nicht vorstellen, dass hundert verschiedene Ereignisse genausogut aus dieser Ursache folgen könnten? Können nicht beide Kugeln in absoluter Ruhe bleiben? Kann nicht die erste Kugel in gerader Linie zurückkehren oder von der zweiten in irgendeiner Linie oder Richtung wegspringen? Alle diese Annahmen sind folgerichtig und vorstellbar. Weshalb also sollten wir einer den Vorzug geben, die nicht folgerichtiger und vorstellbarer ist als die übrigen? [...] Mit einem Wort also: jede Wirkung ist ein von ihrer Ursache verschiedenes Ereignis.«[33]

Humes Crux: Wie »sehen« die Kausalität nicht. Wir denken sie hinzu und machen sie zu einem Glaubensartikel, den Hume mit dem englischen Wort *belief* beschreibt. Unsere *observation* ist korrekt, die eingeschmuggelte Unterstellung, wir hätten die »Kausalität« beobachtet, ist es nicht. Wir notieren gewissenhaft unsere Beobachtungen und können trotzdem den hartnäckigsten Vorurteilen aufsitzen. Kann es dann überhaupt Notate geben, die einen Sachverhalt zweifelsfrei festhalten? Wer sich über seine Ideen-Assoziationen täuscht und sie mit der Überzeugung notiert, für ihre Wahrheit einstehen zu können, der hat sich eben zweimal geirrt und bloß alten Vorurteilen neue Nahrung verschafft.

Notizen, die mit naivem Pathos darauf pochen, eine unbezweifelbare Wahrnehmung zu Protokoll zu geben, geraten in das Fadenkreuz der

Aufklärung. Das ist die eine Seite der Medaille. Drehen wir sie um, sehen wir die Notiz geradezu als einen Agenten möglicher Selbstaufklärung. Humes *Untersuchung über den menschlichen Verstand* will die grundlegende Bedeutung klären, die den *Assoziationen der Vorstellungen* zukommt. Alle sind verknüpft, eine ruft die andere herbei. Man könne sich das leicht vorstellen, wenn man an ein übliches Gespräch denke. Ein Wort folgt aufs andere. Nicht gern gesehen wird, wenn einer das Gespräch durch einen Einwurf stört, der mit dem Thema oder dem Verlauf in keinerlei Zusammenhang steht. Das würde von den anderen sofort bemerkt – Hume nutzt hierfür das englische Verb *noticed* – und abgewiesen.[34]

Der Übergang vom Merken zum Notieren ist in Hume's Untersuchung fließend. Beide scheinen sich zu unterstützen und wechselseitig zu steigern. Wer notiert, merkt mehr; wer mehr merkt, hat mehr zu notieren: »Würde man das zwangloseste und freieste Gespräch niederschreiben, so würde man sofort etwas feststellen, das es in allen seinen Übergängen verknüpfte.« Wird das Gespräch unterbrochen, so dass diese Verknüpfung gekappt wird, »könnte derjenige, der den Faden des Gesprächs unterbrach, doch angeben, dass sich in seinem Geiste unmerklich eine Gedankenfolge abgewickelt habe, die ihn allmählich vom Gesprächsthema abgelenkt habe.«[35] Hume's subtile Beobachtung macht auf die Rolle unbewusster Assoziationen aufmerksam. Im Fall abrupter Störungen werde sie deutlich. Folgt man Humes Rat und schreibt alles taufrisch auf, könnte man solche hintergründig wirkenden Assoziationen aufs Papier bringen und in der Folge kritisch reflektieren. Selbst ein einzelnes Wort oder ein kurzer Spruch drücken mehr aus. Sie setzen komplexe Bedeutungen in Resonanz, denn auch hier rollen Billardkugeln.

In der Dekade der Entstehung von Hume's *Enquiry Concerning Human Understanding* finden wir den armen Königsberger Studenten Immanuel Kant häufig am Billardtisch. Er geht vorzüglich mit dem Queue um und verdient sich so geschickt einige Groschen hinzu.[36] Von David Hume lässt er sich, wie er Jahre später bekennt, aus dem »dogmatischen Schlummer« erwecken. Notizen spielen in der Entwicklung von Kants Denkens eine beträchtliche Rolle. Er wird umfangreiche Aufzeichnungen hinterlassen, die noch heute die Interpreten herausfordern.

Die Notiz geht aufs Ganze: Immanuel Kant

Kants Werk ist tiefgründig und revolutionär. In der *Akademie-Ausgabe* sind seine publizierten oder konzipierten Werke in den ersten neun Bänden versammelt. Der handschriftliche Nachlass ist mit den Bänden XIV bis XXII nicht minder umfangreich. In den beiden letzten, dem sogenannten *Opus postumum*, sind Notizen, Fragmente, Exzerpte und Ausarbeitungen zur Vorbereitung eines immer wieder in Angriff genommenen Werkes versammelt. Es ist unvollendet geblieben. Die Konvolute lösen bis auf den heutigen Tag Debatten aus, in denen es längst nicht mehr darum geht, ob hier bloß das Material für ein seniles Alterswerk vorliege, das Kant nicht mehr schreiben konnte. Kant will kurz vor seinem Tode seine Philosophie abschließen. Er wird ihr eine unerwartete Richtung geben.

Als Herausgeber des zuvor nur selektiv veröffentlichen Nachlasses hatte der Philosoph Erich Adickes eine wahre Herkulesaufgabe zu bewältigen. Es gelang ihm, die Inhalte der prall und oft mehrfach beschriebenen Blätter zu entziffern und sie Themen, Zeiten und Verwendungszwecken zuzuordnen. Manche dieser Bögen waren für Kant über die Jahre hinweg zu treuen Begleitern geworden. Jahrzehntelang schreibt er auf ihnen immer weiter. Adickes fiel auf, dass Kant zwei Arten von Manuskripten für den eigenen Gebrauch anlegt. Erstere versammeln »Handexemplare eigner und fremder Schriften«. Bei der zweiten handelt es sich um »lose Blätter«.

Die losen Blätter gewähren einen direkten Einblick in die Notizenwerkstatt Kants. Man spürt die Qualen des sorgsamen und getreuen Nachlassarbeiters in Adickes Bericht, denn Verbindungen zwischen den einzelnen Zetteln sind selten auf den ersten Blick erkennbar und beigegebene Nummerierungen bleiben ein seltener Glücksfall: »Ihr Format ist sehr verschiedenartig: vom Foliobogen und Quartblatt bis herab zu kleinen Papierschnitzeln sind alle Grössen vertreten, bald regelmässig beschnitten, bald unregelmässig abgerissen. Auch auf den einzelnen Zetteln fehlt es häufig an innerlicher Einheit; sehr verschiedenartige Gegenstände werden oft nach oder durcheinander auf einem Blatt behandelt, ein waagerechter Strich von zwei, drei Centimeter Länge an der linken Seite des Blattes dient dann gewöhnlich als Scheidewand zwischen je zwei Bemerkungen.«[37]

Kant notiert, was ihn gerade beschäftigt oder aus vielfältigen Motiven interessiert, seien es nun wissenschaftliche Themen, Aktuelles oder Einfälle aller Art. Neben Gedächtnisstützen finden sich skizzierte Entwürfe; erste Ideen stehen in Nachbarschaft zu Passagen, die publikationsreif sind. Kant schreibt sich in seine Themen ein. Er verfolgt seine Ideen mit langem Atem. Immer wieder schließt er an frühere Reflexionen an, ergänzt und erweitert sie und versucht, neue Ansätze zu finden. Er spielt alles kritisch durch und prüft mögliche Konsequenzen. Für philosophische Untersuchungen nutzt er mitunter ganz verschiedene Blickwinkel und probiert, welche Worte und Begriffe, welche Begründungen und Beispiele am besten passen könnten. Ein beträchtlicher Teil der Notizen lässt sich der Vorbereitung der Vorlesungen des Professors Kant zuordnen. Auch in Königsberg ist es üblich, kanonische Werke anderer Autoren in den Mittelpunkt der Vorlesung zu stellen. Kants Notizen zeigen, dass er sie durchgängig als Startbahn für eigene Reflexionen nutzt. Die trägt er seiner begeisterten Hörerschaft vor mit der Maxime, bei ihm lernten sie nicht Philosophie, sondern zu philosophieren.[38]

Damit nicht genug; es finden sich in Kants Notizenwelt eine Unmenge bunt gestreuter Eintragungen wie »literarische Notizen, Excerpte, aber auch Rechnungen und auf Haushalt und sonstige Privatangelegenheiten bezügliche Bemerkungen. Blätter privaten Inhalts sind sehr häufig in den letzten Lebensjahren Kants«, fasst Adickes die Mischung zusammen.[39] Der Ort, an dem Kants Notizen Tag für Tag entstehen, rückt nie gänzlich in akademische Gefilde ab. Und je älter Kant wird, desto mehr nutzt er seine Notizen für Alltägliches.

Auf der 6. Seite von Bogen V (Konvolut VII) notiert Kant einen Satz, den man bereits durch die Wortwahl spontan als den seinen identifiziert: »Es ist im Geiste des Menschen (nicht der Seele) ein Princip der Pflicht als categorischer Imperativ welches schlechthin gebietend das höchste gebietende ist [...].«[40] Am unteren linken Rand trägt er ein, wer ihn besucht und was auf den Tisch kommt (»Prof. Rink u. Jäsche dicke Erbsen m. Schweinefüss«. Auch die Klage über seinen dem Suff immer stärker verfallenden Diener Lampe fehlt nicht (»Des Lampe Zechbrüder«). Die erste Seite von Bogen X (wiederum Konvolut VII) endet mit einer Betrachtung zum Unterschied von Metaphysik und Transzendentalphilosophie. Rechts daneben erfahren wir, die Gäste Rink und Gösche erhielten getrocknetes Obst und Pudding, während Lampe die

Warnung kassiert, dass ihm alle Zulagen zurückgehalten werden, sollte er nicht unverzüglich das Saufen unterlassen.[41]

Kants Freund und Betreuer der letzten Jahren, der Diakon Ehregott Andreas Christoph Wasianski, wird zum Zeugen, wie Kant körperlich und geistig verfällt. Kant merkt es meist noch rechtzeitig, wenn er immer wieder dasselbe erzählt. Vorfälle aus entfernter Vergangenheit empfindet er lebhafter, die Gegenwart nimmt er blasser wahr. Kant weiß sich zu helfen: Er schreibt auf, was er nicht vergessen, aber auch, was er im Gespräch nicht dauernd wiederholen will. Die Unterhaltung mit Gästen und Freunden bereitet er auf Notizen vor. Themen, über die er reden will, schreibt er auf »kleine Zettel, Briefkuverte und abgerissene unförmliche Papierchen«. Sie türmen sich auf, bald ist kaum etwas wiederzufinden. 1802, zwei Jahre vor seinem Tod, will Kant den ganzen Packen verbrennen lassen. Auf Wasianskis Einspruch und Bitte hin darf dieser alles an sich nehmen.[42]

Der fürsorgliche Wasianski schenkt Kant ein kleines Notizbuch. Das benutzt er fleißig und trägt unter anderem seine Alpträume ein; den Ärger mit Diener Lampe natürlich auch, dessen Rauswurf oder ein kurzes Gedicht. Trotzdem wandern Kants Alltagsnotizen regelmäßig auf die Blätter der Konvolute. Die liegen einfach auf seinem Pult. Der alte Kant trägt hier jeden Tag vieles ein und auch das kommt am Rande noch hinzu: Zeitungsnotizen über den Katzentod durch Luftelektrizität, alle möglichen Diskussionsthemen und die vielen praktischen Dinge, die erledigt sein wollen. Die Verbindung von Metaphysik und Küchenzettel hat dem alten Kant später den Ruf eingetragen, ein desorientierter Greis und nicht mehr Herr seiner Sinne oder Feder zu sein.

Völlig zu Unrecht, wie Gerhard Lehmann, Herausgeber der 13 Konvolute des Opus postumum, mit Nachdruck protestiert: »Wir kommen nun auf jene Besonderheiten des nachgelassenen Manuskripts, die schon die ersten Beurteiler als bedenklich empfanden: auf die dem Text eingefügten *persönlichen Bemerkungen* (Allotria) und die *senilen* Stellen (Senilia). [...] Die Gewohnheit Kants, Lose Blätter nicht bloß mit sachlichen, sondern auch mit persönlichen Bemerkungen zu beschreiben, ist vielmehr so wenig »senil«, daß sie sich schon für die Zeit der Ausarbeitung der Kritik der reinen Vernunft nachweisen läßt. [.] Neu ist nur, dass derartiges jetzt auch auf fortlaufenden Manuskriptseiten geschieht.[...]«[43] Das philosophisch bedeutsame Fazit ist: Man muss das *Opus postumum* Kants ernst nehmen und darf es nicht vorschnell als altersbedingte Bruchlandung abtun. Wir werden diesen Faden später erneut aufnehmen.

Die Frage stellt sich, wie es Kant sein Leben lang mit Notizen hält, wozu er sie gebraucht und wie er sie versteht. Fangen wir unsere kleine Untersuchung lange Jahre vor der *Kritik der reinen Vernunft* an. Der junge Privatdozent Immanuel Kant reicht der Königlichen Akademie der Wissenschaften zu Berlin eine hastig verfasste kleine Preisschrift ein mit dem Titel *Untersuchung über die Deutlichkeit der Grundsätze der natürlichen Theologie und der Moral*. Darin erklärt er einen fundamentalen Unterschied: Die *Mathematik* kann auf der Basis sicherer Zeichen operieren. Sie definiert sie, ohne dass sie irgendeinem Objekt oder einer Realerklärung entsprechen müssten. Die *Metaphysik* versteht Kant dagegen »als eine Philosophie über die ersten Gründe unseres Erkenntnisses«.[44] Wie deutlich und sicher kann sie jemals sein? Kant weist die vielen Versuche ab, sich durch die Übernahme mathematischen Denkens Sicherheiten zu erschwindeln. Philosophie und Metaphysik werden sie so nicht erreichen können. Ihre Worte schwanken: »In der Philosophie überhaupt, und der Metaphysik insonderheit, haben die Worte ihre Bedeutung durch den Redegebrauch[...].«[45] Definitionen können ihn einschränken und festlegen, mehr nicht.

Mitten in dieser ernüchternden Diagnose prescht Kant mit einem Vorschlag hervor, den er selbstbewusst als eine »Methode« ankündigt. Sie bringt zwei Elemente zusammen: Erstens: Halte dich an das, was am Gegenstande sicher ist. Zweitens: Arbeite mit Notizen. Da diesen Stellen eine paradigmatische Bedeutung für Kants Schreibpraxis zukommt, seien sie ausdrücklich zitiert:

»Die erste und vornehmste Regel ist diese: daß man ja nicht von Erklärungen anfange, es müsste denn etwa bloß die Worterklärung gesucht werden [...]. Vielmehr suche man in seinem Gegenstande zuerst dasjenige mit Sorgfalt auf, dessen man von ihm unmittelbar gewiß ist, auch ehe man die Definition davon hat [...] auch ohne sich noch auf eine verhoffte Erklärung Staat zu machen [...].

Die zweite Regel ist: daß man die unmittelbare Urteile von dem Gegenstande, in Ansehung desjenigen, was man zuerst in ihm mit Gewißheit antrifft, besonders aufzeichnet, und, nachdem man gewiß ist, daß eine in der andern nicht enthalten sei, sie so wie die Axiomen der Geometrie, als die Grundlage zu allen Folgerungen voranschickt.«[46]

Im Windschatten der zweiten Regel ist Kant immerhin so kulant, nach Bedarf seine erste, noch taufrische Regel wieder außer Kraft zu setzen. Wenn man nämlich nicht von einer unmittelbaren Gewissheit ausgehen kann, dann solle man eben auch von Ungewissem aus beginnen und zusehen, ob das nicht »auf die Spur der gewissen Erkenntnis« führt.[47] Dass Kant hier keine Marginalie anspricht offenbart das lateinische Motto, das er der ganzen Schrift voranstellt: »Aber dem nachspürenden Geist genügen diese wenigen Spuren, durch die du selber das übrige erkennen kannst.«[48]

Hier finden wie Kants frühe Philosophie der Notiz wie in einer Nussschale. Sie geht von einer unmittelbaren Gewissheit aus, meidet vorschnelle Definitionen und kopiert nicht das Vorgehen des Mathematikers. Der »Vorwitz« vorschneller Urteile soll nicht ihre Sache sein.[49] Ist ein unmittelbar sicherer Ausgangspunkt nicht erreichbar, dann lasse man sich mit experimentellem Geist und Interesse an der Selbstaufklärung vom Unsicheren auf das Sichere führen. Dies betreffe auch »dunkle Vorstellungen«, deren man sich nicht oder, wie im Falle von Schlaf und Traum, erst nach dem Erwachen bewusst ist.[50] Wer wisse denn, ob nicht »vielleicht im tiefsten Schlafe die größte Fertigkeit der Seele im vernünftigen Denken möge ausgeübt werden [...]«, wirft Kant gegen alle ein, die hier mit Schnellsch(l)üssen zur Hand gehen.[51]

Kurz, aber intensiv leuchten Gedanken auf, die der Notiz eine gewisse, vielleicht sogar erhebliche Rolle in der Philosophie Kants zusprechen. Kant führt sie in dieser Schrift von 1764 nicht weiter aus. Sein Briefwechsel dieser Jahre spricht hingegen Bände. Kant sucht den Kontakt mit dem Philosophen, Logiker und Mathematiker Johann Heinrich Lambert, der die Zahl Pi in die mathematischen Wissenschaften eingeführt hatte. In seinem Brief vom 31. Dezember 1765 nennt Kant ihn »das erste Genie in Deutschland« auf dem Felde ihrer gemeinsamen Untersuchungen.[52] Lamberts im Vorjahr erschienenes *Neues Organon* geht wie Kant davon aus: »Die Wahrheit muß dem Verstande kenntlich seyn, sowohl weil er dabey anfangen muß, weiter fortzugehen, als auch weil ihm dieſe Kenntniß selbst im Fortgange zur Probe dient, ob er nicht gestrauchelt habe?«[53] Der berühmte Herr Lambert antwortet Kant am 3. Februar 1766 mit mehr als nur einem Höflichkeitsbrief. Er knüpft nahtlos an Kants Notizen-Methode an und lässt den jungen Königsberger Kollegen über sein eigenes Vorgehen wissen: »1. zeichne ich in kurzen Sätzen alles auf, was mir über die Sache einfällt, und zwar so und in der Ordnung, wie es mir einfällt.«[54] Der Einfall mag verworren sein wie ein Traum, als Einfall ist er ein Faktum. Wird er in voreilige Schlüsse eingekleidet, mag alles in die Irre führen. Die simple und nüchterne Notiz bewahrt vor diesen Schnellschüssen, die leicht zu metaphysischen Höhenflügen abheben. Sie macht das Denken für den kritischen Blick nachvollziehbar und kontrollierbar.

Was tut jemand, wenn er etwas notiert? Er hält fest, was dem Gedächtnis schnell wieder entfallen könnte. Kant ist überhaupt nicht der Meinung Platons, »die Kunst zu schreiben hat das Gedächtnis zu Grunde gerichtet.«[55] Sein Lob der Notiz beginnt nicht erst in den Kreisen der Gelehrten. Kant denkt auch an den »gemeinen Mann«. Was der zu tun hat, habe er mit einem Zettel »gemeiniglich besser auf der Schnur, es nach der Reihe zu verrichten und sich darauf zu besinnen: eben darum, weil sich hier keine Vernünftelei einmischt [...].«[56] Die Notiz kann also die Königsberger Handwerker vom arbeitsverhindernden Vernünfteln abhalten. Wird sie auch dem Gelehrten nützlich sein? Durchaus, so beharrt Kant, obwohl der mit der Notiz ein anderes Spiel betreibt.

Hier rutscht Kant ein aufschlussreiches Selbstportrait in die Feder. Dem Gelehrten gingen »viele fremdartige Nebengedanken durch den Kopf«. Durch diese Zerstreuung entweiche ihm dummerweise einiges von seinen Aufträgen oder häuslichen Angelegenheiten, »weil er sie nicht mit genugsamer Aufmerksamkeit aufgefasst hat. Aber, mit der Schreibtafel in der Tasche, sicher zu sein, alles, was man im Kopf zum Aufbewahren niedergelegt hat, ganz genau und ohne Mühe wiederzufinden, ist doch *eine große Bequemlichkeit, und* die Schreibkunst *bleibt immer* eine herrliche Kunst, weil, wenn sie auch nicht zur Mitteilung seines Wissens an andere gebraucht würde, sie doch die Stelle des ausgedehntesten und treuesten Gedächtnisses vertritt, dessen Mangel sie ersetzen kann.«[57] Das Lob der Gedächtniskrücke ist beileibe nicht alles.

Wer notiert, tut es erst einmal für sich. Er gewinnt durch diese Tätigkeit inmitten aller Zerstreuung die eigene Konzentration zurück. Das Notieren gibt ihm die Möglichkeit, keine der selbstgesteckten Aufgaben im Eifer der Einfälle zu vergessen. Der Denker kann sich besser auf den Fluss von Ideen einlassen und ihn über lange Strecken begleiten. Seine philosophischen Gedanken genießen den Schutz des vertraulichen Wortes, schließlich agiert er in seiner häuslichen Privatatmosphäre. Auffällig ist, dass hier jede selbstbewusst beanspruchte Autorenperspektive fehlt. Viele von Kants Notizen bringen Ideen zu Papier, die man originell

Kant und niemand anderem zurechnen muss. Dennoch umgehen es die Notizen, Name und Persönlichkeit des Autors an die erste Stelle zu setzen. Das unterscheidet sie fundamental von der grassierenden Aphorismenliteratur der Zeit, die die Geistesschärfe und stilistische Brillanz ihrer Autoren in alle Welt tragen sollen.

Uns führt Kants Bemerkung auf eine wichtige Unterscheidung. Die Notiz ist für Kant per definitionem kein Buch. Was ein Buch ist, klärt Kant in juristischer Manier in der *Metaphysik der Sitten*: »Ein Buch ist eine Schrift (ob mit der Feder oder durch Typen, auf wenig oder viel Blättern verzeichnet, ist hier gleichgültig), welche eine Rede vorstellt, die jemand durch sichtbare Schriftzeichen an das Publikum hält.«[58] Das Subjekt der Schrift ist der Schriftsteller. In der Schrift ist er natürlich nicht persönlich gegenwärtig, aber das Recht wahrt seine Position auch bei Abwesenheit. Notizen werden in der Regel der Öffentlichkeit nicht publik gemacht, es sei denn, der Autor erkläre sie damit zum Buch. Sie im engeren Kreis zugänglich zu machen bedeutet ein eingeräumtes Privileg. Für Kant ist es ein Freundschaftsbeweis wie der für den Diakon Wasianski, dem der alternde Kant vor der Renovierung seines Zimmers den Packen seiner alter Notizen schenkt.

Die Trennungslinie, die hier gezogen wird, deckt sich nicht mit der Differenz von Privatsphäre und Öffentlichkeit im heute aktuellen Sinn. Die überschreitet Kant manchmal in seinen Schriften in einer uns unvorstellbaren Weise: Er stellt sich seinem Lesepublikum als Hypochonder dar, bedrückt von Herzbeklemmungen, gejagt von Gedanken, die er kaum zur Ruhe bringen kann. Sein Augenleiden beginne, tragisch zu werden und er leide unter schrecklichen Blähungen. Der alternde Kant rezensiert eingehend seine körperlichen Beschwerden. Fern der uns selbstverständlichen Etikette erfahren wir, dass es ihm zeitlebens nicht gut ging und dass es ihm ohne seine aufgeklärte Selbstdisziplin gewiss noch viel schlechter gegangen wäre.[59] In seinen Vorlesungen spüre er manchmal einen spastischen Druck im Kopf; dann verliere er den Faden und müsse sich und seine Zuhörer fragen, wo er eigentlich gerade mit dem Stoff der Stunde sei. Diesem Leiden, das kein Fehler des Geistes oder des Gedächtnisses, sondern der Geistesgegenwart sei, setzt Kant bewusst die Praxis des Notierens entgegen. Philosophische Schriften kurieren diesen Mangel hingegen nicht zuverlässig, »weil man da nicht immer so leicht zurücksehen kann, von wo man ausging.«[60]

Beobachtet sich, wer etwas notiert? »Das Bemerken (animadvertere) ist noch nicht ein Beobachten (observare) seiner selbst«, schreibt Kant in seiner *Anthropologie in pragmatischer Hinsicht.*[61] Diesen Unterschied hält er mit besonderer Deutlichkeit fest. Das Beobachten seiner selbst »ist eine methodische Zusammenstellung der an uns selbst gemachten Wahrnehmungen, welche den Stoff *zum* Tagebuch *eines* Beobachters seiner selbst abgibt, und leichtlich zu Schwärmerei und Wahnsinn hinführt.«[62] Die Warnung ist drastisch: Wer das über Gebühr betreibt, gerate in Gefahr, geniert zu agieren oder affektiert herumzustolzieren. Dieser notierende Selbstbeobachter mache sich zum Schauspieler. Die ängstlich auf sich selber konzentrierte Aufmerksamkeit erkennt Kant als einen pathogenen Faktor. Man glaubt sich zu heilen und wird darüber immer kränker. Man will sich aufklären und dichtet sich schlimmste Chimären an, ohne es zu merken.

Das Thema beschäftigt ihn nicht erst seit Kurzem. In einer gedrängten Passage beweist Kant eine gewisse Vertrautheit mit der zeitgenössischen religiösen und pietistischen Literatur. Kants herbes Verdikt trifft exemplarisch die Autobiographie der Mystikerin Antoinette Bourignon (*La Parole de Dieu ou Sa Vie Intérieure*, verfasst 1662–1664) oder die angstbesetzten Vorstellungen eines Blaise Pascal. Selbst Kants Lieblingsdichter, der Mediziner und Botaniker Albrecht von Haller, ist mit von der schlechten Partie. Der widmete sich der frommen Tagebuchschreiberei, bis ihm Angst und Bange wurde. Hilflos musste er, wie Kant anführt, Hilfe, Schutz und Erklärungen bei einem Theologen erbetteln.[63]

Diese schreibende Seelenerforschung, oft mit pietistischem Hintergrund, rückt Kant weit von der philosophischen Praxis seiner Notizen ab. Natürlich kann sie nicht systematisch sein, wie es ein Buch vermag, das man mit Methode schreibt und sorgsam konzipiert. Das Lebenselement einer Notiz bleibt auch bei Kant immer mit einer gewissen Spontaneität verbunden. Von daher ist sie unplanbar. Niemand hat einen bestimmenden Einfluss darauf, was ihm morgen einfällt oder was er übermorgen entdeckt. Man notiert in der Regel auch nicht das sattsam Bekannte, sondern das, was als neu auffällt und Herausforderungen an das Denken stellt. Das sei nicht damit zu vergleichen, dass man ein bestehendes Werk einfach nur fragmentarisch vorträgt oder in rhapsodische Blütenlesen verwandelt.[64]

Das Finale des Autors Immanuel Kant markiert ein grandioses Notizenwerk, dem die Fachwelt bis heute den schauerlich nekrophilen Namen *Opus postumum* gibt. Es sollte für Kant zum Schlussstein seines ganzen Werkes werden. Doch das geplante Alterswerk entpuppt sich nicht allein als eine Summe; es wird immer wieder zum Neubeginn. Plötzlich stehen Kant Ideen im Sinn, die er seit Jahren aus den Augen verloren hat. Wie viel Zeit bleibt ihm noch, ein Werk zu schreiben, dass alles zusammenfassen und vieles auf den Kopf stellen wird?

Kants Revolutionen dauern immer etwas länger. Zum Ende des Jahres 1773 kündigt er seinem Schüler Marcus Herz an, er habe ein Werk unter der Feder, das eine ganz neue Wissenschaft entwerfe. Ostern kommenden Jahres hoffe er, diese »Transcendentalphilosophie«, welche eigentlich eine »Critik der reinen Vernunft« sei, fertiggestellt zu haben.[65] Sie erschien erst 1781 und bedeutete eine kopernikanische Wende nicht allein für Kants Philosophie. 25 Jahre später – die Kritik der reinen Vernunft, der praktischen Vernunft und der Urteilskraft sind längst erschienen – verschätzt sich Kant erneut gründlich. Der Einfluss der Transzendentalphilosophie auf das Denken der Zeit ist immens, wenn auch nicht immer zu Kants Freude. Kant glaubt, sein »kritisches Geschäft« sei abgeschlossen. Am 19. Oktober 1798 schreibt er Johann Gottfried Kiesewetter, sein »kleines Maas von Kräften« werde ausreichen, eine Lücke in seinem Werk durch eine kleine Schrift zur Naturphilosophie zu schließen.[66]

Die Notizen werden ihn auf einen unerwartet langen Marsch schicken. Jeden Morgen weckt ihn der alte Lampe in aller Früh. Kant sitzt alsbald und für den ganzen Vormittag in seiner Schreibstube. Das Seite um Seite entstehende *Opus postumum* ist keine gefällige Rhapsodie, gewachsen je nach Lust und Schreiblaune. Kant weiß, was er will. Er geht methodisch vor und mit der Ausdauer, die ihm seine schwindenden Kräfte ermöglichen. Nichts wird dem Zufall überlassen. Von bunten Inspirationen und schnell wärmenden Strohfeuern hält Kant nichts. Ein »fragmentarisches Herumtappen« schließt er aus.[67] Die Grundfragen und die Horizonte seiner Arbeit behält er stets genau im Auge.

Kant legt mehrere Konvolute an, zum Teil bearbeitet er sie gleichzeitig. Jedes hat seine besondere Themensetzung. »Das Opus postumum ist fraktal organisiert wie das Weltsystem«, fasst Manfred Geier zusammen.[68] Kant braucht seine Notizen als »schriftliche Denkunterlagen«.[69] Sie bewahren die frischen Gedanken nicht nur auf, sondern sorgen bereits durch das Konvolut, in das die Notizen eingetragen werden, für eine erste Einordnung. Doch bei aller Planung und Methode bleibt wesentlich, dass es sich um »frei erschriebene« Versuche handelt, wie Georg Lehmann, Herausgeber des *Opus postumum*, betont.[70] Kants Notizenwerkstatt bringt Methode und Spontaneität auf ihre Art zusammen.

Bekannte Positionen und Sentenzen seines kritischen Werkes kommen auf den Prüfstand. Oft steigt Kant mit Sätzen ein, die keinen Leser überraschen, der seine kritischen Hauptwerke kennt. Er vergewissert sich. Er wiederholt seinen Ausgangspunkt und bringt sich in Schreibposition. Schritt für Schritt rekapituliert er den vertrauten Strom der Begriffe und der Argumente. Aber etwas ist anders. Von Notiz zu Notiz wird der Abstand zu früheren Positionen deutlicher. Das zuvor als begrenzt gedachte Unternehmen läuft ihm aus dem Ruder. Neue Sichtweisen auf die Natur und ihre Grundkräfte, auf den Körper des Menschen und den Geist tauchen auf und lassen sich nicht abweisen.

Überraschenderweise melden sich auch Gedanken zurück, die in Kants frühem Werk bedeutsam waren, seit der Wende zur Transzendentalphilosophie aber in Misskredit gerieten. Exemplarisch wird das an der Beachtung sichtbar, die der frühe Kant dem menschlichen Körper einräumt. »Es befindet sich in der Vollkommenheit des menschlichen Verstandes keine solche Proportion und Ähnlichkeit, als etwa in dem Bau des menschlichen Körpers«, schreibt er in seiner Frühschrift *Gedanken von der wahren Schätzung der lebendigen Kräfte*.[71] Eine Philosophie, die den Körper an hervorragender Stelle beachtet, sei eine gesündere Philosophie und könne getrost darauf verzichten, aufgeputzte Chimären zu verkaufen. Die Wende zur Transzendentalphilosophie lässt an der Grundlegung der Erkenntnis in der Leiblichkeit des Menschen kein gutes Haar. Kants abweisende Worte sind deutlich: der Verstand schöpft seine Gesetze a priori nicht aus der Natur, er schreibt sie der Natur vor.[72]

Im *Opus postumum* rückt der Körper als Bedingung der Möglichkeit jeder Erfahrung erneut in eine zentrale Position. Fast scheint es, als tauchten die Geister der Vergangenheit auf und forderten von den Erben, die sie einstmals vom Thron gestoßen hatten, ihre alten Rechte ein. Tatsächlich gewinnt der Körper in Kants *Opus postumum* einige Bedeutung im Rahmen einer völlig auf den Kopf gestellten Transzendentalphilosophie zurück. Es wird geradezu zum höchsten Standpunkt von Kants Philosophie, den menschlichen Körper und die bewegenden Kräfte der Natur zusammen zu denken. Kant lässt allerdings keinen Zweifel daran, dass es sich wesentlich darum handelt, seine vernünftigen Formen und Zwecke a priori zu bestimmen. Der Marburger Philosoph Burkhard Tuschling, über Jahrzehnte mit der Erforschung von Kants Nachlass vertraut, fasste dessen Grundzüge in drei Phasen zusammen: In der ersten ab 1796 entwickelt Kant eine neue Konzeption der Materie als Idee zu einer neuen Metaphysik der Natur. Ab 1799 konzipiert er in einer zweiten Phase die Metaphysik der Natur als Transzendentalphilosophie und bricht mit Prinzipien der Kritik der reinen Vernunft. In der dritten Phase (1799–1803/4) »wird die Transzendentalphilosophie *Spinozismus*: Das Ich wird Substanz-Subjekt, Causa sui.«[73]

Immer wieder einen Anfang suchen, immer wieder abbrechen zu können, um nicht selber an der langen Leine geführt zu werden, auch dazu dienen Kants Notizen. Ihre Bandbreite ist enorm. Einige beweisen in aller Kürze Witz und Humor: »Die Physik hats nicht.«[74] Andere kommen wie Bonmots daher: »Warum fallen nicht die N ä g e l ebenso gut wie die Z ä h n e aus?«[75] Einige würde man in dieser sprachlichen Zuspitzung kaum als Sätze Kants vermuten: »Die Welt ist ein Thier: aber die Seele desselben ist nicht Gott.«[76] Auch scheinbar naive und kindlich anmutende Fragen sind vertreten: »Warum fühlen wir nicht die Objecte des Sehens als im inneren des Auges auf der Netzhaut gesehene Eindrücke?«[77] Dann stehen auf dem Bogen immer wieder erschütternden Sätze und Blicke in das Unheil aller Tage: »Der Zustand eines seine Lage kennenden Menschen sich immer in Gefahr zu wissen ist eine von den empfindlichsten nöthen dafür man es lieber beschließt kurz und gut sich in das Bedrohte zu stürzen.«[78]

Kants Notizen sammeln nicht einfach, was gelegentliche Stimmungen, Gedanken, Erfahrungen und die immer regere wissenschaftliche Publizistik an Neuem bieten. Er betont, *seine* Philosophie könne nicht aus empirischen Erfahrungen »zusammengewebt« werden.[79] Viele seiner Notizen erreichen in ihrer Kürze eine Stufe der Verdichtung und Komplexität, die sie kaum noch lesbar erscheinen lässt. Einige wirken wie komprimierte Formeln. Einige besondere Notizen entwerfen einen Überblick über die Philosophie, die Kant vorschwebt. Hier und jetzt will er sie in Kurzform vor Augen stellen. Zum Problem wird schlichtweg ihr Mangel an Kommunizierbarkeit.

An einem Beispiele sei es verdeutlicht: »Das Subject afficirt sich selbst und wird ihm selbst Gegenstand in der Erscheinung in der Zusammensetzung der bewegenden Kräfte zu Begründung der Erfahrung als Bestimmung eines Objects als durchgängig bestimmten (existierenden) Dinges also ist es nicht empirische Anschauung noch weniger empirischer Begrif der aus Wahrnehmungen erzeugt wird sondern ein Act synthetischer Erkentnis a priori (transcendental) welcher subjectiv Erfahrung möglich macht wodurch das zusammensetzende Subject sich selbst zum Object wird aber nur in der Erscheinung nach dem formalen Princip das Aggregat der Wahrnehmungen als empirischer Vorstellungen mit Bewusstseyn zu einem subjectiven System der Verknüpfung derselben in der Erfahrung welche vom Sinnenobject nach dem Grundsatz der Identität nur Eine seyn kann.«[80] Tatsächlich gelingt es Kant in Notizen wie der eben zitierten, den Inhalt des ihm vorschwebenden Werkes detailliert und systematisch auf eben den Punkt zu bringen, an dem er gerade denkt.

Verstehen kann man diese Notiz nur im Netzwerk der anderen Notizen, wobei die Kenntnis von Kants Philosophie stillschweigend vorausgesetzt ist. So, wie sie da steht, wirkt sie wie ein überfrachtetes Konglomerat, das vieles aneinanderreiht und in der Summe kaum noch verständlich ist. Oder wie eine Arche Noah, die Kants ganzes Projekt auf kleinstem Raum aufnimmt. Die Arche navigiert in unruhiger See; an Bord scheint noch irgendeine Hoffnung zu bestehen, festen Boden unter den Füßen zu bekommen und zu erleben, dass die Insassen der Arche reiche Nachkommenschaft zeugen werden.

Für das Lesepublikum ist Kants *Opus postumum* nicht geschrieben, wiewohl man einigen Passagen die Sorgfalt der Publikationsabsicht ansieht. Die Position des eigentlich nicht vorgesehenen »Lesers« gegenüber diesem »Noch-Nicht-Werk« ist eine besondere. Er folgt dem Autor nicht durch einen Parcours systematischer Analysen, Begründungen oder Folgerungen. Eher scheint es, als treten der geduldige oder der nur durchblätternde Leser in einen begehbaren Raum. Das Auge wandert von Text zu Text. Keiner ist so lang, so ausführlich oder besitzergreifend, dass er anderen den Platz streitig macht. Die Perspektiven wechseln ständig. Vieles hebt an, vieles bricht ab, dazwischen heitern Alltägliches und Diener Lampe auf. Man wird zum teilnehmenden Leser. Der muss selber die Fäden entdecken und weiter spinnen, Zusammenhänge konstruieren, Fragen im Kopf behalten und nachvollziehen, wie Kant in jeder Notiz neu anhebt und was er sucht. Kant hat ihm Rätselspiele hinterlassen. Oft sind sie auflösbar. So wird der mitdenkende Leser zum Mitarbeiter Kants. Seine Gedanken entwickeln sich in Flüssen und in Rückflüssen. Sie sammeln sich auf Inseln von Notizen, sie bündeln sich mit anderen und urplötzlich stehen sie wieder nur für sich allein da.

Die selbstgesteckten Ziele erreicht Kant nicht. Er weiß sich trotzdem durch Disziplin zu helfen und lässt die Feder nicht sinken. Frische Einfälle beleben ihn. Besteht der Fortschritt nicht geradezu darin, den nächsten Schritt nicht zu scheuen und immer wieder mutig zu beginnen? Kants recht kurzes Konvolut Nr. XIII, gewidmet auch dem Frieden in der Welt, schließt mit dem für ihn vielleicht programmatischen Satz ab, »daß es immer in diesem Fortschritte gewesen ist wenn wir mit der Geschichte unserer Gattung über den Anfang der Schreibkunst betrachtlich hinaus langen könnten: Wenn gleich ein neuerer Schritt oder Versuch zum Fortschreiten glänzender als alle vorige in die Augen fällt.«[81]

Fünftes Kapitel

Entdeckungen der Notiz: Welten, ganz fern und nah

Das 19. Jahrhundert ist die Epoche, in der Notizen Welten entdecken. Sie entführen den späteren Leser in die unbekannten Winkel der Welt oder offenbaren soeben erst gelüftete Geheimnisse des Seelenlebens. Sie nehmen die Zukunft vorweg und siedeln die Utopien im Heute an. Den Frühromantikern geraten sie zur kristallinen Formen kreativer Lavaschübe, die die Tore zur unbewussten Unterwelt oder den lichtdurchfluteten Himmeln öffnen. Sie bieten sogar jedem halbwegs Talentierten, wie Ludwig Börne schreibt, gute Chancen, ein »Originalschriftsteller« zu werden.

Notizbücher werden zu sporadisch oder methodisch geführten Lebensbegleitern. Der Notierende muss sich nicht weit von seiner alltäglichen Lebenswelt entfernen. Wer sich und diese nur offenen Auges beobachtet, findet sich urplötzlich in einem Niemandsland wieder, in dem andere Ordnungen gelten. »Was ich in der Frühe denke, verbindet sich nicht mit meinen Gedanken vom Tag vorher, ja nicht einmal das zu einer Stunde Gedachte mit dem der folgenden«, vertraut Maine de Biran seinem Tagebuch an.[1] Das Notieren wird zum Moment der Entdeckung. Maine de Biran vergleicht es mit den Experimenten der Naturforscher. Alle Menschen sollten ihre Ideen, Gefühle und Lebenserfahrungen aufschreiben. Sie werden schnell feststellen, ihr Ich sei weder Herr der eigenen Gedanken, und ihre stolzen Lebensregeln regelten alles andere als ihr Leben. Am 25. Dezember 1795 formuliert er im Tagebuch die befremdliche Erfahrung, dass das Notieren den Notierenden förmlich aufspalte. Diesen Weg solle man mutig weitergehen, wenn man sich selbst wirklich erkennen will: »Hätte man auf diese Weise mehrere Gedächtnisse von Beobachtern seiner selbst, welches Licht fiele auf die Wissenschaft vom Menschen!«[2]

Notizen füttern im 19. Jahrhundert die Tage- und Logbücher von psychonautischen Abenteuern, sie begleiten stille wie eruptive Denkwege. Dem späteren Leser bieten sie, zumindest geben sie das äußerst glaubhaft vor, authentische Informationen aus erster Hand. Der steigt zum sekundären Augenzeugen auf; sein Lesesessel wird zum Begegnungsort mit einer neuen Welt.

Eine weitverzweigte Dialektik durchzieht die Notizen des 19. Jahrhunderts: Es ist die Dialektik von Nah und Fern. Das einstmals unmittelbar Notierte wird zum Fragment einer fremden und weithin unbekannten Welt. Sie rückt dem Leser in der heimeligen Stube nahe; die ferne Welt beginnt für ihn gleich nebenan. »Die Erdkarte hört auf, ein unbeschriebenes Blatt zu sein, sie wird ein Gemälde voll der verschiedenartigsten und belebtesten Bilder«, resümiert Charles Darwin am *Ende seiner Reise eines Naturforschers um die Welt* – eine für das generelle Lesepublikum modifizierte Fassung seines Forschungstagebuchs an Bord der *Beagle*.[3] Darwins Buch ist ein Bestseller des ausgehenden 19. Jahrhunderts.

Zu dessen Beginn macht sich Johann Gottfried Seume auf. Er geht nach Syrakus. Notizhefte sind seine Begleiter. Seume sichtet nicht wie Johann Joachim Winckelmann die archäologischen und kunstgeschichtlichen Wunderlandschaften Italiens. Seumes Zeitgenossen fühlen sich ja geradezu verpflichtet, Bücher der Musterreisenden vor Antritt ihrer eigenen Italienreise gelesen zu haben. Der Wanderer Seume winkt ab. Er will selber gehen, sehen, schreiben und kein Konkurrenzwerk auf den Stapel der Italien-Literatur legen. Er notiert, was er sieht und erlebt, was er erfährt und denkt. Ecken dürfen eckig, Kanten kantig bleiben. Seumes unbefangene Aufschriebe empfehlen ihn heute als einen der frühesten Reisejournalisten, der einen teilnehmenden Blick für fremde Alltagswelten aufbringt. Er vermittelt ein plastisches Bild der Natur und der Landschaften wie auch der Menschen, ihrer wechselnden Gebräuche und Charakterzüge. Die Notizen bringen gern Küche, Kirche und Kindereien zusammen.

Seume weiß, was er tut und was er lässt. Die innere Achse der Notizen ist seine Reise selbst. Diesen Standpunkt, oder besser diese Kette von Gehpunkten, nimmt er sich heraus: Wer Notizen schreibt, kann etwas bezeugen. Die Wahrheit lässt sich im Augenblick einfach hinschreiben. Was die Aufschriebe im Kreuzfeuer der Kritik letztlich wert sein werden, will Seume weder entscheiden noch überhaupt wissen. Eine generelle Abstinenz von der Geistes- und Kulturszene wird man dem habilitierten Magister Seume nicht vorwerfen können. Er will nur einfach kein »ordentlicher, systematischer Reisender« sein.[4] Dem Leser mag er weder Bildungs-Konserven auftischen noch sensationelle Entdeckungen: »Vielleicht erfährst Du hier wenig oder nichts Neues. Die Vernünftigen wissen das alles längst. [...] Ich stehe für alles, was ich gesehen habe, insofern ich meinen Ansichten und Einsichten trauen darf.«[5] So liefert Seume seine Notizen und Reflexionen von Tag zu Tag. Er bittet den Leser, auch nicht mehr zu erwarten: »Nimm also mit Fragmenten vorlieb, aus denen am Ende doch unser ganzes Leben besteht.«[6]

Unentdeckte Weiten schlummern im Vertrauten, selbst die gute alte Vernunft ist nicht immer ganz vernünftig. Notizen stellen die kleinste Form großer Entdeckungsreisen vor, in der großen weiten Welt wie im verborgenen Inneren des Menschen. In unscheinbaren Aufschrieben laufen sich Gedanken warm und erkunden unwegsames Terrain. Sie probieren aus, wie weit sie gehen können. Es sind ja nur Notizen, die man ohne Ansehensverlust heimlich entsorgen könnte, sollte man sich verlaufen oder verstiegen haben. Was lässt sich sagen, was wird verschwiegen? Verbergen und Offenbaren werden im Umkreis der Notiz zur bedeutenden Frage.

Die Notizen emanzipieren sich vom Zwang, allesamt friedlich in ein anvisiertes Buch passen zu müssen – wofür man etwaige Widersprüche einfach bloß wie raue Kanten abschleifen müsste. Dagegen pochen Notizen auf ihr Rechte als Unikat, ausgewiesen durch die unwiederholbare Konstellation ihrer Situation, ihres Ortes und ihres Moments. Sie erringen dem sorgsam konzipierten und ausgeführten Werk gegenüber eine eigenwillige Souveränität. Als ein banaler Zwischenstopp auf dem Weg zum Buch wollen sie nicht fraglos verstanden werden. Ebenso wenig als eine Sichtweise auf Zeit, die beim Erreichen des nächsten Etappenzieles obsolet geworden ist. So gerät die traditionelle Arbeitsteilung zwischen dem Ganzen eines Werkes und den separaten Passstücken der vorbereitenden Notizen ins Wanken. Während Immanuel Kant in Königsberg gegen seine schwindenden Kräfte anschreibt und bis zuletzt hofft, aus seinen Konvoluten den einheitlichen Schlussstein seines Werkes machen zu können, gehen die philosophierenden Dichter der Frühromantik andere Wege. In den letzten Tagen des 18. Jahrhunderts sprechen sie der Notiz, dem Fragment und dem Aphorismus eine unerhörte Stellung und Würde zu.

Wer schnell in einem unwiederholbaren Augenblick notiert, der bohrt nicht nach und ist mit manchem Aufschrieb glücklich, ohne dessen Potenzial in alle Richtungen auszuschöpfen. So weiß der Autor von Notizen nicht immer genau, was er eigentlich hinschreibt oder welche Zukunft in seinen Worten schlummern mag. Wie sollte er auch?, würde der philosophierende Dichter und Naturwissenschaftler Novalis zurückfragen. Denn »jede zur Besinnung gebrachte Eigenschaft – Handlungsweise unsers Geistes ist im eigentlichsten Sinn eine neuentdeckte Welt.«[7] Man kennt sich, soeben erst an Land gegangen, noch nicht aus und muss sich erst orientieren. Doch liegt dieser Erdteil vielleicht gar nicht in der Ferne wie die letzten unerforschten Regionen des Globus. Denn alles kann in eine unerwarteten Bewegung einmünden: »Alle Zufälle unsers Lebens sind Materialien, aus denen wir machen können, was wir wollen. Wer viel Geist hat, macht viel aus seinem Leben. Jede Bekanntschaft, jeder Vorfall, wäre für den durchaus Geistigen erstes Glied einer unendlichen Reihe, Anfang eines unendlichen Romans.«[8]

Der junge Geologie- und Bergbaustudent Friedrich von Hardenberg schreibt die Sätze in eine seiner Notizensammlungen. Das Konvolut tauft er auf den Namen *Blüthenstaub*. Es erscheint im ersten Heft der Zeitschrift *Athenäum*, und der Autor gibt sich fortan den Namen *Novalis*. 1798 läutet er im Verein mit August Wilhelm und Friedrich Schlegel geradezu einen Epochenumbruch im Verständnis der Notiz ein. Vordem galt sie weithin als pragmatische Zuarbeiterin zu einem in Entstehung befindlichen Werk, als Experimentierfeld für Worte und Passagen – sprich als ein reines Provisorium mit der Option seiner baldigen Aufhebung. Nun gewinnt sie eine mehr als gleichwertige Position.

Sind die abgeschlossenen Werke denn wirklich wie Magnetfelder, die eine Unmenge vorher notierter Gedanken wie Eisenspäne anziehen und nach einem ansehnlichen Muster ausrichten? Oder bleibt das Fragment selbständig, indem es den Werken wohl Leben einhaucht, das seinige aber nie völlig an sie abtritt? Novalis nennt Fragmente »litterairische Sämereyen«.[9] Nach pedantischem Plan wächst hier nichts, und gerade das Beste müsste verkümmern. Jede Art von »Formularwesen« ist diesen vitalen Fragmenten so fremd wie das Ansinnen, gute Ideen als Eigentum zu reklamieren und sie sich patentieren zu lassen: »Wer Fragmente dieser Art beym Worte halten will der mag ein ehrenvester Mann seyn – nur soll er sich nicht für einen Dichter ausgeben. Muß man denn immer bedächtig seyn? Wer zu alt zum schwärmen ist, vermeide doch jugendliche Zusammenkünfte. Jetzt sind litterairische Saturnalien – Je bunteres Leben, desto besser.«[10]

Würde man die Augenblicke und Wege dieser Saturnalien notieren, müsste eine geheimnisvolle Wunder- und Chiffrenschrift zu Tage treten.[11] Konjunktionen des Zufalls verdichten sich zu Momentgestalten. Sie finden Worte, aber man versteht sie niemals in Gänze. »Unser Geist ist ein Verbindungsglied des *völlig Ungleichen*« – ein Geist, der für Novalis nichts in feste Formen zu bringen vermag.[12] Käme die Philosophie an ihr Ziel, verstünde sie solche Gedankenbewegungen wirklich und definitiv, dann gäbe es sie gar nicht. »Die Philosophie ist eigentlich Heimweh – *Trieb überall zu Hause zu* seyn«, schreibt Novalis in sein *allgemeines Brouillon*.[13] Wer als Besitzer endgültiger Ansichten schon zu Hause ist, braucht kein Heimweh und folglich auch keine Philosophie. Philosophie bringt das ferne Ziel gefährlich nahe, erreicht es aber nicht.

Fragmenten gelinge es sehr wohl, die Einheit des Disparaten darzustellen. Das ist Novalis, der intensiv Notizen schreibt, als hätte sich ein Zauberstab für einen Moment auf die Feder gesenkt. Kein noch so geschickter Autor könnte sie mutwillig in diesen Tanz bringen, bliebe ihm die inspirierende Berührung mit der »geistigen Atmosphäre« verschlossen. Die wehe, wo *ihr* Geist will und biete ihre Gemeinschaft an – aber nur auf kurze Zeit. Konservierbar ist sie nicht. So entsteht das Paradox, dass der Moment einer Notiz wohl eine absolute Einheit stiften kann, dass diese aber bald zerstäubt wie Blütenpollen im Wind. Beides wird zur Domäne des Fragments. Seine Schwingungsbreite reicht von der allumfassenden Einheit alles Widerstrebenden bis hin zur blanken Vereinzelung.

Novalis beklagt, der Sinn der Welt sei nicht mehr unmittelbar lesbar. Bloße Buchstaben hätten ihn ersetzt und dadurch den lebendigen Geist zum »Formularwesen« erniedrigt. Ein derartiger Absturz lässt sich durch kein Herumbasteln an den eigenen Notizen verhindern oder rückgängig machen. Ausstreichen, Glätten, kommodes Umformulieren und plakatives Umstellen machen aus Aufschrieben eine Art von Spekulationsmasse. Der Autor liest seine eigenen Notizen in ängstlicher oder in selbstherrlicher Bastellaune. Damit wird er unversehens zum vorgreifenden und stellvertretenden Leser.[14] Eine gute Kommunikation zwischen einer Notiz, dem Autor und dem Leser stellt sich Novalis anders vor. Er fragt ganz praktisch: Warum schreiben wir nicht gleich in Gemeinschaft?

Die Einladung der Gebrüder Schlegel, dem *Athenäum* Texte zuzuliefern, beantwortet Novalis mit der Sendung umfangreicher Konvolute wie dem *Blüthenstaub*. In seiner Novalis-Biographie stellt Wolfgang

Hädecke heraus, dass Novalis dem *Athenäum* keine ungeschliffenen Fundstücke zuliefert. Die Texte unterscheiden sich deutlich von früheren Notizen: »Die Kollektion [Blütenstaub, R.O.] enthält 114, in späteren Ausgaben nummerierte Einzel-Fragmente unterschiedlicher Länge; die kürzesten, im strengen Sinne aphoristischen Stücke bestehen mindestens aus einem kompletten Hauptsatz, Wortbrocken, Satzbruchstücke, Einzelwörter, wie sie in Hardenbergs Aufzeichnungen seit den Fichte-Studien in Mengen vorkommen, gibt es hier nicht, woran sich zeigt, dass an diesen im poetisch-philosophischen Verstande kompletten Fragmenten gearbeitet worden ist.«[15] Friedrich Schlegel richtet die Texte für den Druck ein. Er ist so frei, einige der Aphorismen von Novalis für seine eigenen Beiträge abzuzweigen, dem *Blüthenstaub* spendet er vier seiner eigenen Texte retour.

Auch die Gebrüder Schlegel sind überzeugt, dass Theorie und Praxis der Schreib- und Dichtkunst in einer neuen Gestalt zusammenfinden müssen. Ein Roman sollte zugleich eine Theorie des Romans enthalten. Warum sollte dann ein Fragment nicht das Wesen des Fragments zum Thema machen? Friedrich Schlegel zielt auf kein System ab, in dem alles ableitbar oder an den Mustern der Gattung demonstrierbar ist. Er nobilitiert geradezu, was dem Fragment seit jeher angelastet wird: dass es sprunghaft sei; dass es eine einzige Perspektive auf Kosten anderer vorrücke; dass es in der Hitze der Inspiration Strohfeuer entfache, die im nächsten Moment nur noch Asche sind.

In seinem skandalträchtigen Roman *Lucinde* – er ist eine Collage kleiner Essays und Dialoge, Notizen in Form von Tagebüchern, kurzen Reflexionen und Aphorismen – schreibt Friedrich Schlegel eine solche Theorie. Sie betont eine elektrisierende Form der Geistesgegenwart: »Ich bin oft darüber erstaunt: jeder Gedanke und was sonst gebildet in uns ist, scheint in sich selbst vollendet, einzeln und unteilbar wie eine Person; eines verdrängt das andre, und was eben ganz nah und gegenwärtig war, sinkt bald in Dunkel zurück. Und dann gibt es doch wieder Augenblicke plötzlicher, allgemeiner Klarheit, wo mehrere solcher Geister der innern Welt durch wunderbare Vermählung völlig in Eins verschmelzen, und manches schon vergessene Stück unsers Ich in neuem Lichte strahlt und auch die Nacht der Zukunft mit seinem hellen Scheine öffnet.«[16]

Hier denkt kein Ideen-Dompteur. Es denkt in ihm und beide denken zusammen. Wie eine Schaumkrone auf dem »Weltstrome der Zeit«

schwebe der ewige Geist im Augenblick, erfahren die Leser des Romans.[17] Abseits stehen, den Fluss unbetroffen beobachten, Zeit gewinnen und Einsichten vertagen – das kann man nicht. Denn der Geist wird zu dem, was er tut. Er ist der wahre Proteus, ein unermüdlicher Verwandlungskünstler. Hier und da schaut er sogar in die Zukunft. Er fügt zusammen und löst auf. Ordnung zaubert er in das Chaos und lässt sie dann zergehen wie den Sandhaufen im Wind. Alles komme auf den Moment an, erklärt Schlegel in einer Vorlesung zur »*Transcendentalphilosohie*«. Als hätte sich der Gott eines Leibniz, der als Zentralmonade des Universums einzig Klarheit über alles gewinnen kann, bei Schlegel in einen Augenblick, in eine vorüberwehende Perspektive, in ein fragiles Detail eingewickelt. Einen Moment später hat er sich entzogen, hinterlässt aber vage Erinnerungen und Ahnungen.

In Schlegels Sinn lässt sich jeder darauf ein, der wirklich philosophiert. Es gibt kein Netz von Argumenten und Traditionen, das tragfähig ist. Niemand kann für einen anderen denken oder ihm mit Sinn aushelfen. »*Die Philosophie ist ein Experiment,* und daher muß jeder, der philosophieren will, immer wieder von vorne anfangen«, erklärt Schlegel in seiner Vorlesung.[18] »Aus unserer Ansicht geht auch die Wichtigkeit des Augenblicks und überhaupt der Gegenwart hervor.«[19] Notiz und Fragment sind die Kinder des Augenblicks.

Bestellen sie ihren Kleingarten, dann lassen sie ironisch die Netze aller Verbindungen in die ganze Welt zutage treten. Einfachste Striche fangen komplexe Wirklichkeiten ein. Wer sie zu setzen versteht, tritt in das Spiel ein. In den *Athenäums-Fragmenten* sagt Friedrich Schlegel, was der Philosoph seinem Geschmack nach tun sollte: »Wer nicht philosophische Welten mit dem Crayon skizzieren, jeden Gedanken, der Physiognomie hat, mit ein paar Federstrichen charakterisieren kann, für den wird die Philosophie nie Kunst, und also auch nie Wissenschaft werden.«[20] Das eben ist die Tugend der Notiz: Sie skizziert im Moment.

Die ganze Geschichte beginnt mit dem ersten Strich und kommt ohne ihn eben nicht zustande. Die skizzierende Notiz malt nichts einfach ab. Alles kann sie in einem einzigen Augenblick drehen und umkehren, das hat sie mit dem Witz gemein. Sie bleibt eigenwillig und unverfügbar. Schöpferisch ist sie, weil sie Kunst ist: »Ein Fragment muss gleich einem kleinen Kunstwerk von der umgebenden Welt ganz abgesondert und in sich selbst vollendet sein wie ein Igel.«[21] Hätte es der Igel im Leben friedlich und schön, bräuchte er keine Stacheln. Er hat aber welche.

Dem Fragment stehen sie nach Schlegel auch nicht schlecht. Es muss sich in einer unverständigen Welt behaupten, hier mit defensiven Stacheln, dort mit offensivem Mut. Manchmal kommen weitere Notizen und Fragmente zu Hilfe. Dann spricht Schlegel davon, dass der letzte Grund kein Beweis, sondern nur »ein Wechselerweis« sein kann. Selbst Rhapsodien bilden insgeheim Systeme aus, die man entdecken, nicht aber im Voraus bestimmen kann.[22]

Nicht jeder, der die kreative Arbeit mit Notizen schätzt, teilt die Ansicht, sie seien prädestiniert für das Wetterleuchten des höchsten Sinns. Jean Paul zeigt auf seine amüsante Weise, wie sich dieses Spiel ganz anders betreiben lässt. Man schreibe etwas ganz Alltägliches auf. Das macht Spaß oder zumindest etwas neugierig. Man glaubt, seine Gedanken oder gar sich selbst auf dem Papier etwas objektiver zu sehen. Und dann erkennt man sich nicht so recht wieder. Was ist da bloß passiert?

Selbst unprätentiöse Notizen, die uns nur einen Tag begleiten, betreiben eine merkwürdige Metamorphose: »Man nehme den Lebentag eines Menschen ganz treu, ohne Farbenmuscheln, nur mit dem Dintenfasse zu Protokoll und lasse ihn den Tag wieder lesen: so wird er ihn billigen und sich wie von lauen linden Wellen umkräuselt verspüren. Sogar einen fremden Lebentag heißet er eben darum gut im Gedicht. Keinen wirklichen Charakter kann der Dichter – auch der komische – aus der Natur annehmen, ohne ihn, wie der Jüngste Tag die Lebendigen, zu verwandeln für Himmel und Hölle.«[23] Gut ist, wenn man darüber lachen kann oder Anlässe zum Nachdenken findet. Äußerst unangenehm wird es, wenn uns die eigenen Notizen den Boden unter den Füßen wegziehen. Da schreibt der ach so Selbstsichere plötzlich von unkontrollierbaren Ängsten. Dem Liebling der Musen fällt gerade nichts ein, der Bogen bleibt weiß bis auf das Bekenntnis, dass dies wohl ein schlechter Tag gewesen sein muss. Das löchrige Gewissen ist geduldig, das Papier weniger. Steht erst einmal etwas darauf, dann lässt das Papier Fünfe nicht gerade sein.

Verlockung und Wagnis liegen hier eng beieinander. Ludwig Börne, Miterfinder des politischen Feuilletons und glühender Verehrer von Jean Paul, fragt sich ganz handfest, wie man es wohl anstellen soll, ein richtiger Schriftsteller zu werden. Einer, der nicht dem Massengeschmack das Immergleiche zuliefert, sondern der eigene Ideen und einen eigenen Stil hat – ohne gleich ein romantisches Genie zu sein. Börnes Antwort ist im Essay *Die Kunst, in drei Tagen ein Originalschriftsteller zu werden* nachzulesen. Sie lässt sich in einer einzigen Maxime zusammenfassen: Notiere ohne alle Rücksicht und lückenlos!

Kompliziert klingt das nicht, ist es aber. Was soll daran so schwer sein? Jeder kommt mit schönen, guten, mit profundem Gedanken zur Welt. Sie sind ihm greifbar nahe und lassen sich doch nicht einfangen, weil sie von all dem Plunder verdeckt sind, den Gesellschaft und Erziehung in jedem abladen. Hilft der Weg in die Einsamkeit, das Verschüttete wieder hochzuholen? Die Einsamkeit ist ebenso sozial geworden wie die verstopften Märkte der Waren und Meinungen. Sie ist mit Büchern und Allerweltsideen überfüllt. Man müsste alles vergessen und sich dumm machen können, um ganz neu anzufangen. Erst dann beginne die Einsamkeit des Denkenden. Unter einer Million Menschen mag es tausend Denker geben, aber bestenfalls einen *Selbst*denker. »Eine schimpfliche Feigheit, zu denken, hält uns alle zurück. Drückender als die Zensur der Regierungen ist die Zensur, welche die öffentliche Meinung über unsere Geisteswerke ausübt. Nicht an Geist, an Charakter mangelt es den meisten Schriftstellern, um besser zu sein, als sie sind.«[24]

Notizen in Börnes Sinn zu schreiben bezieht eine Position. Bringt sie die laut verkündeten Entscheidung zur Aufrichtigkeit ins Spiel? Solch theatralische Geste ist unnötig und schädlich, denn das Gute liegt so nah. Börne kann es seinen Lesern des Jahre 1823 wie ein Rezept schmackhaft machen: »Nehmt einige Bogen Papier und schreibt drei Tage hintereinander ohne Falsch und Heuchelei alles nieder, was euch durch den Kopf geht. Schreibt, was ihr denkt von euch selbst, von euern Weibern, von dem Türkenkrieg, von Goethe, von Fonks Kriminalprozess, vom Jüngsten Gerichte, von euern Vorgesetzten – und nach Verlauf der drei Tage werdet ihr vor Verwunderung, was ihr für neue, unerhörte Gedanken gehabt, ganz außer euch kommen. Das ist die Kunst, in drei Tagen ein Originalschriftsteller zu werden!«[25] Sie verlässt sich allein auf die Tugenden des Notizenschreibens.

Die Notizen und das Eine: Arthur Schopenhauer

Gleich zu Beginn seines Hauptwerkes *Die Welt als Wille und Vorstellung* will Arthur Schopenhauer klären, wie die Menschen zu wirklich einschneidenden Erkenntnissen kommen. Die verdanken sie nicht etwa der Vernunft, die in die Baupläne des Universums zu schauen vermag oder einen geheimen Zugang zum Kämmerlein fundamentaler Erkenntnisse hätte. Ganz im Gegenteil, der Mensch, der sich so viel auf seinen Geistesadel einbildet, ist meistens dümmer als die Tiere. Die haben Verstand genug und erkennen ganz unmittelbar, wenn ihnen ein Feind ans Leder will oder wie ihre Witterung den Weg zur Nahrung zeigt. Kluge Menschen machen es im Prinzip nicht anders, auch wenn alles komplizierter klingt. Dr. Hook entdeckt die Gravitationsgesetze, Lavoisier den Sauerstoff, Goethe die Entstehung physischer Farben. Solche Geniestreiche kommen, laut Schopenhauer, ganz einfach zustande: »Jede Naturkraft und Naturgesetz, jeder Fall, in welchem sie sich äußern, muß zuerst vom Verstande unmittelbar erkannt, intuitiv aufgefaßt werden, ehe er *in abstracto* für die Vernunft ins reflektirte Bewußtseyn treten kann.«[26]

Für Schopenhauer sind die großen Erkenntnisse und Entdeckungen auf einen unkorrumpierten, unprätentiösen Verstand angewiesen. Es geht ihm um eine unmittelbare Einsicht. Die ist das »Werk des Augenblicks, ein *apperçu*, ein Einfall, nicht das Produkt langer Schlußketten *in abstracto*«.[27] Vernunft brauche man selbstredend auch, um alles zu deuten und anderen erklären zu können. Doch gelte es, die richtige Reihenfolge einzuhalten. Schopenhauer denkt an den Moment, in dem man etwas klar sieht oder einen Einfall hat. Daraufhin setze eine Art von Zwischenstück ein. Das anschaulich Präsente finde in den Worten eine Form, in der es für die Reflexion geeignet und der Vernunft für alle möglichen Abstraktionen übermittelt werden kann. Seine zentrale Stellung sollte es aber niemals einbüßen. Was immer der Fortgang der Reflexion daraus macht, kann die Originalität dieses einen Moments wohl beerben, nie aber ersetzen oder überflüssig machen. Gehe alles mit rechten Dingen zu, werde die ursprüngliche Auffassung immer wieder als Solitär hervorstechen.

Philosophen bemühen sich, widerspruchsfreie Texte zu schreiben. Sie sollen wie aus einem Guss wirken. Schopenhauer ist nicht grundsätzlich dagegen, nur wird seiner Lesart nach zu viel Füllstoff benutzt, weil zu wenige wirklich selbsttragende Elemente zur Verfügung stehen. In eines seiner Manuskriptbücher trägt er ein: »Es giebt Gedanken, die an und für sich selbst und allein nicht werth wären, hingeschrieben zu werden, die aber der Zusammenhang nöthig machte: aus solchem Cement besteht wenigstens die Hälfte fast jedes Buches. – Kann man hingegen seinen Text zusammensetzen aus lauter Gedanken die schon einzig und allein ihrer selbst wegen werth waren aufgeschrieben zu werden, und es wurden, und jetzt im Verein wirken, so daß das Werthvolle zugleich das Nothwendige und umgekehrt sei, analog der organismen Natur [...], dann giebts ein Wunder, wie eine aus geschmolzenen Steinen gegossene Mauer.«[28]

Schopenhauer wird nicht müde hervorzuheben, dass nur die eigenen »Grundgedanken« Wahrheit und Leben hätten. Nur die verstünden wir wirklich. Sie sind evident, weil man einen unmittelbaren Zugang zu ihnen hat, ganz im Unterschied zu angelesenen oder fremden Gedanken, mit denen wir so schön vor dem Spiegel und in Gesellschaft posieren. Sie dienen bestenfalls als Maske und laden ein, im falschen Stück mitzuspielen. Der Selbstdenker weiß hingegen, was er wirklich denkt und was er sagt. Er kann für alles einstehen, weil er aus unmittelbarer Anschauung redet. Doch auch er wird immer wieder wie der Ochs vorm Berg stehen: »Es ist nämlich mit Gedanken, wie mit Menschen: man kann nicht immer, nach Belieben, sie rufen lassen; sondern muß abwarten, daß sie kommen.«[29]

Gut, wenn man dann Heft und Stift zur Hand hat! So wird aus der heftigen Liaison eines Augenblicks womöglich eine Affaire mit Aussicht auf Zukunft. »Wir meinen, diesen Gedanken werden wir nie vergessen und diese Geliebte könne uns nie gleichgültig werden, Allein aus den Augen, aus dem Sinn! Der schönste Gedanke läuft Gefahr, unwiederbringlich vergessen zu werden, wenn er nicht aufgeschrieben, und die Geliebte, von uns geflohen zu werden, wenn sie nicht angetraut worden.«[30] So spricht der eingefleischte Junggeselle Schopenhauer, unterwegs im Revier seiner eigenen Gedanken. Etwas Jagdinstinkt braucht der Philosoph schon.

Schopenhauer führt zeitlebens Notizhefte. Von 1818 bis in sein Sterbejahr 1860 werden es zehn Manuskriptbücher. Hier finden sich ein frühes Reisebuch und das sogenannte »Cholerabuch«, das auf der Flucht vor der grassierenden Seuche entsteht. Die letzten drei Notizhefte versammeln philosophische Aufschriebe aus den Jahren 1832–1837, sie tragen den Titel »Pandectae« (Allumfassendes); ein weiteres nennt er »Spicilegia« (1837–1852, Ährenlese). Den Abschluss bilden seine Altersnotizen, die »Senilia« (1852 bis zu Schopenhauers Tod 1860).[31]

Mit Bienenfleiß sammelt Schopenhauer Ideen und Inspirationen wie den Honig für sein Werk. Er trägt kontinuierlich und sehr verlässlich seine Notizen ein, was durchaus daran erinnert, dass der Siebzehnjährige eine Hamburger Kaufmannslehre begann und entsprechende

Bücher zu führen wusste. Dennoch sehen viele Bögen kaum nach einer ordentlichen Seite aus dem Kontor aus. Nicht selten geht es wild durcheinander. Für die vielfach verschachtelten Zusätze, Streichungen und Umgruppierungen, die einzelne Seiten zum Hindernisparcours für jedes lesende Auge machen, erfindet Schopenhauer ein ausgeklügeltes System von Zeichen und Randzusätzen. Sie wirken im Durcheinander der Textpassagen wie Verkehrsschilder.

Der heutige Leser der nachgelassenen Notizen erlebt, wann und in welchen Kontexten Schopenhauers Gedanken und Formulierungen entstehen. Er kann nachvollziehen, wie der Autor Lücken in Argumentationsketten schließen will, wie er Belege sucht und wo er sie findet. Schopenhauer entwirft, testet, verwirft und findet endlich die Formulierung oder die Passage, die er stehen lässt. Übernimmt er einen dieser Texte für sein Werk, so vermerkt das darunter gesetzter Wort »notirt« die glückliche Karriere. Die Notizen sind allerdings nicht nur der Archivkeller, aus dem das Werk bestückt wird. Sie lassen Versuchsballons steigen und mischen Lebenserfahrungen und das eine oder andere Herzeleid in den philosophierenden Text.[32] Man könnte Schopenhauers Leben mit dem notierenden Stift geradezu eine philosophische Lebensform nennen. Man lernt ihn auch persönlich etwas kennen – in gewissem Umfang. Denn Schopenhauer schreibt sich Ärger von der Seele. Er führt lautstark imaginäre Prozesse gegen andere Denker und »Skribler«.

Manchmal wird in den Notizen der heiße Dampf abgelassen, vor dem das publizierte Werk bewahrt bleiben soll. Im Manuskript lesen wir einen von Schopenhauers oft geäußerten Gedanken mit einem drastischen Finale: »Nur die *eigenen Gedanken* haben Wahrheit und Leben; denn nur die eigenen Gedanken versteht man ganz. Fremde, gelesene Gedanken sind geschissene Scheiße.«[33] Der Eintrag wandert, wie viele andere aus den *Spicilegia*, in Schopenhauers *Parerga und Paralipomena*. Philosophisch verändert sich wenig, stilistisch viel: »Im Grunde haben nur die eigenen Grundgedanken Wahrheit und Leben; denn nur sie versteht man recht eigentlich und ganz. Fremde, gelesene Gedanken sind die Ueberbleibsel eines fremden Mahles, die abgelegten Kleider eines fremden Gastes.«[34] So klingt es netter.

In Schopenhauers Werken findet sich trotz vorsichtiger Abmilderung Ärger genug; Friedrich Nietzsche attestiert ihnen geradewegs die »Geschwätzigkeit des Zorns«.[35] Die Notizen sind in der Regel die erheblich agileren und dramatischeren Vorgänger. Ärger wird hier zuhauf eingetragen, Missmut, Enttäuschungen oder alle möglichen Gifteleien gegen Gott oder gegen die – vor allem philosophische – Welt. Schopenhauer vertraut den Aufschrieben manchen Schmutz und Schund an. Da wird viel abgelegt in der Hoffnung, der Ärger verfliege in der trockenen Atmosphäre der Papiere. Das Rezept, sich etwas von der Seele zu schreiben, ist alt, funktioniert bei Schopenhauer allerdings nicht immer zuverlässig. Es gibt Reizthemen, die seine Kladden förmlich anschwellen lassen. Wiederkehrende Formulierungen wirken wie Bernstein, in die Schopenhauer sein Unglück, seine Wut und die Enttäuschung aufgrund der empfundenen Ungerechtigkeit und Zurückweisung eingegossen hat. Die Erwartung, sie damit aus dem Kopf und dem rebellierenden Magen zu bringen, dürfte trügerisch gewesen sein.

In gewissem Sinne ist Schopenhauer selbst in seinen Schimpf- und Jammertiraden außerordentlich konsequent. Er macht reinen Tisch. »Etwas aufschreiben heißt es der Vergessenheit übergeben«, so steht es in seinem Notizheft *Spicilegia*.[36] Das ist keine Reprise einer Einsicht Platons, sondern ein ganz praktisches Programm für den Notizenschreiber Schopenhauer. Um das Jahr 1823 lässt er in seinem Heft EIS AUTON seine Missgeschicke Revue passieren: Die verhinderte akademische Karriere wurmt ihn, ein Gerichtsprozess kostet ihn Nerven, eine unglückliche Liebe setzt ihm zu und dann inhaftiert ihn auch noch eine Krankheit zuhause. Seine Lösung mit der Feder in der Hand ist einfach. Es liege eine Verwechselung vor. Er sei das gar nicht. Er halte sich dummerweise durch einen bedauerlichen Missgriff, durch ein Fehlurteil für den Betroffenen. »Das Alles bin ich nicht gewesen, das Alles ist fremder Stoff, aus dem höchstens der Rock gemacht gewesen ist, den ich eine Weile getragen und dann gegen einen andern abgelegt habe. Wer also bin ich denn? Der, welcher die Welt als Wille und Vorstellung geschrieben und vom großen Problem des Daseins eine Lösung gegeben ... Der bin ich, und was könnte den anfechten in den Jahren, die er noch zu athmen hat?«[37]

In den Notizen strickt Schopenhauer an seinem Selbstbild. Er weist Anfechtungen ab und rechnet sich, trotz aller Missachtung und dem lang anhaltenden Desinteresse des Publikums, das Verdienst zu, ein entscheidendes philosophisches Werk vorgelegt zu haben. Schreibend will er sich an den guten Rat halten, den er in seinen *Aphorismen zur Lebensweisheit* aller Welt gibt. Man solle die Phantasie zügeln und ihr keinesfalls gestatten, »ehemals erlittenes Unrecht, Schaden, Verlust,

Beleidigungen, Zurücksetzungen, Kränkungen u. dgl. uns wieder zu vergegenwärtigen und auszumalen; weil wir dadurch den längst schlummernden Unwillen, Zorn und alle gehässigen Leidenschaften wieder aufregen, wodurch unser Gemüt verunreinigt wird.«[38] Das Notieren soll der Ausgewogenheit dienen und manchen Blitz ableiten. Schopenhauer will, dass der Zorn den Zornigen nicht auffrisst. Ganz ohne ihn komme sein Denken aber auch nicht recht in Gang: »Wer ohne Galle ist, ist ohne Verstand.«[39]

In der Regel ist man geneigt, eher das Neue als ständig das Altbekannte von Neuem zu notieren. Das ist bei Schopenhauer nicht anders. Dennoch strotzen seine Notizhefte vor Wiederholungen. Liegt es am löchrigen Gedächtnis oder werden Obsessionen sichtbar? Schopenhauers einsame Feldzüge gegen die modischen Sprachverhunzer, Wortabschneider und Sinnverdreher hat eine Flut von Notizen hervorgebracht. Bis in seine *Senilia* türmt Schopenhauer aktuelle Beispiele auf. Das Alte scheint neu, weil es der Ärger schön frisch aufkocht. Eine Stelle im zweiten Band der *Welt als Wille und Vorstellung* zeigt, dass es Schopenhauer durchaus um Wichtiges geht. Er ist ja selbst nicht nur ein glänzender Stilist, sondern vertritt vor allem den Anspruch des präzisen Denkens. Das habe sich kurz zu fassen. Eben dies gelänge den vielen Modeschriftstellern überhaupt nicht. Stattdessen böten sie Surrogate der Kürze an. »Die Skribler, in jeder Gattung, haben nämlich so etwas vernommen von Kürze des Ausdrucks, wissen jedoch nicht, dass diese besteht in sorgfältigem Weglassen alles Überflüssigen, wozu denn freilich ihre ganze Schreiberei gehört; sondern vermeinen es dadurch zu erzwingen, dass sie die Worte beschneiden, wie die Gauner die Münzen, und jede Silbe, die ihnen überflüssig scheint, weil sie den Werth derselben nicht fühlen, ohne Weiteres abknappen.«[40]

Der Fehler dieser Autoren sei ihre Weitschweifigkeit. Manche schrieben uferlos und schwätzten ohne Grund und Ziel daher. Greift ein Schopenhauer zur Feder, so immer *con amore*, wie er am 14. Juni 1843 seinem Verleger Brockhaus mitteilt. Er schreibe langsam und stets nur in den drei ersten Morgenstunden – »weil dann der Kopf seine größte Energie und Klarheit hat.«[41] Schopenhauer schätzt und braucht diese Konzentration, weil der Mensch nur einen Gedanken zur selben Zeit wirklich denken könne.[42] Zu viele Worte verhüllten die Wahrheit, die nackt am schönsten sei und nur so einen tiefsten Eindruck mache.[43] Viele Worte zu verlieren vergleicht Schopenhauer mit einem Dominospiel. Da stünde kein Stein fest und man warte nur auf den fatalen Anstoß, der alles umwirft.[44]

Das Gegenteil ist ein konzentrierter und prägnanter Stil, der gut zur Arbeit an und mit Notizen passt. Sie leben von der Kürze. Konkretes ist anschaulich präsent, Ideen sind gegenwärtig. Notizen schreibt man im Hier und Jetzt, sie sind frisch. Mit ihnen setzt jedoch eine entscheidende Weichenstellung ein, denn die Notiz ist ein Übergangsraum zum Wort. Die Transformation, die hier geschieht, präsentiert Schopenhauer im Rahmen einer umfassenden Gewinn- und Verlustrechnung.

Fangen wir mit dem Verlust an, der nach Schopenhauers Überzeugung fortan kaum mehr zu kompensieren ist: »Das eigentliche Leben eines Gedankens dauert nur bis er an den Gränzpunkt der Worte angelangt ist: da petrificirt er, ist fortan todt, aber unverwüstlich, gleich den versteinerten Thieren und Pflanzen der Vorwelt. [...] Sobald nämlich unser Denken Worte gefunden hat, ist es schon nicht mehr innig, noch im tiefsten Grunde ernst. Wo es anfängt, für Andere dazuseyn, hört es auf, in uns zu leben; wie das Kind sich von der Mutter ablöst.«[45]

Diese verlustträchtige Ablösung prägt die Notiz. Was hat jemand davon, aus seinen Gedanken Steine zu machen und Innigkeiten auf Jedermanns-Plätze zu werfen? Schopenhauer, der fleißige Notizenschreiber, findet augenscheinlich Gründe genug, sich intensiv darauf einzulassen. Ohne Stock geht man leicht und beschwingt. Bis das Alter kommt, wo er dann doch sinnvolle Dienste leistet. Manchmal benötige man halt die Feder wie man einen Spazierstock brauche, und sei es nur, um das löchrig werdende Gedächtnis zu stützen.[46] Zudem traut Schopenhauer dem Kopf zeitlebens nicht zu, alles Wissen präsent und frisch zu halten. Wer darauf verzichtet, zur Feder zu greifen, gibt es aus der Hand: »Das *menschliche Wissen*, jeder Art, existirt zum allergrößten Theil nur auf dem Papier, auf welchem es niedergelegt ist: bloß ein gar kleiner Theil desselben ist, zu jeder Zeit, in Köpfen wirklich lebendig.«[47]

Die Notiz bedeutet für Schopenhauer einen stummer Dialog mit sich und seiner Welt, mit der ihn antreibenden Idee und dem Werk als Ganzem. Die Betonung liegt auf der »Innigkeit«. Schopenhauer bringt sie nicht einfach gegen die offene Kommunikation mit anderen in Stellung. Ganz im Gegenteil ist er davon überzeugt, dieser innere Dialog sei für die wahre philosophische Kommunikation mit anderen konstitutiv und unersetzbar: »Nur das, was einer *für sich selbst* geschrieben hat, ist wirklich für Andre da: dann aber bleibt es: – nicht das, was ursprünglich auf Andre berechnet war.«[48] Wer so kommuniziert, fischt nicht mit langem Schleppnetz in jedem Teich und schaut erst hinterher, was ihm der Zufall beschert hat. Er stellt höhere Ansprüche an sich, als er anderen jemals zugestanden hätte.

Schopenhauer hält nichts vom planlosen Dauernotieren auf gut Glück. Seine Notizen haben einen eigenen Stil und ein Gravitationszentrum. Alles steht unter dem Motto: *multum, non multa.* Vieles, aber nicht vielerlei: Das ist die präzise formulierte Maxime. Am 11. November 1815 schreibt der 27-jährige Denker aus Dresden an Goethe: »Jedes Werk hat seinen Ursprung in einem einzigen glücklichen Einfall, und dieser gibt die Wollust der Konzeption: die Geburt aber, die Ausführung, ist, wenigstens bei mir, nicht ohne Pein: denn alsdann stehe ich vor meinem eignen Geist: wie ein unerbittlicher Richter vor einem Gefangenen, der auf der Folter liegt, und lasse ihn antworten, bis nichts mehr zu fragen übrig ist.«[49] Drei Jahre später lesen wir in der Vorrede seines druckfrischen Hauptwerks Die Welt als Wille und Vorstellung: »Was durch dasselbe mitgeteilt werden soll, ist ein einziger Gedanke. Dennoch konnte ich, aller Bemühungen ungeachtet, keinen kürzeren Weg ihn mitzuteilen finden, als dieses ganze Buch.«[50] Bis in die Altersnotizen bleibt Schopenhauer dabei: »Sollte ich eine Gesammt-Ausgabe meiner Werke erleben; so soll das Motto des Haupt-Titels seyn: *non multa.*«[51]

Diese Bekenntnisse stecken das Arbeitsfeld der Notizen ab. Sie sind Zeuge der Geburt von Ideen und deren Taufpaten. Die Notizen stehen zwischen der Gewissheit der philosophischen Position und der Suche nach unterstützenden Belegen, Quellen und Argumenten. Nicht selten erprobt Schopenhauer taktisch, mit Lust und Stil, was er in seine publizierten Werke übernehmen will. Unmissverständlich legt er Wert darauf, dass Unterschiedlichstes (multa), stamme es auch aus verschiedenen Bereichen, in seiner Philosophie wie aus einem Guss sei. »Meine Werke bestehn aus lauter Aufsätzen, wie dieser, wo Ein Gedanke mich erfüllte und ich ihn seiner selbst wegen, durch Aufschreiben fixiren wollte: – daraus sind sie zusammengesetzt, mit wenig Kalk und Mörtel: darum sind sie nicht schaal und langweilig, wie die der Leute, die sich hinsetzen und nun, nach einem gefaßten Plan, Seite nach Seite ein Buch schreiben.«[52]

Kein »Cement«, kein »Mörtel«, sondern die Bewegung des Gedankens selbst soll den Text organisieren. Schopenhauer will sie ganz frisch präsentieren, so, als hätte er alles gerade erst notiert.

Der Spion im Dienst der Selbsterkenntnis: Sören Kierkegaard

Wer Notizen schreibt, hat es manchmal recht eilig. Nichts soll vergessen werden, nur drängt die Zeit. Kaum dass das erste Wort auf dem Papier steht, pochen weitere Wahrnehmungen und Gedanken auf Beachtung. Man wird gestört und gejagt. Die Warteschlange des zu Notierenden darf nicht zu lang werden, man verliert schnell den Faden. Dann verknoten sich Anfang und Ende, die Worte springen umher, und wer weiß dann noch ganz genau, was er gerade eigentlich hinschreiben wollte? Man hilft sich mit hastig dahingekritzelten Zeilen. Worte stehen plötzlich oder nach schneller Suche da. Verweile doch, murmelt der Schreibende zum Moment, wenigstens so lange, bin ich den kurzen Text halbwegs zu Papier gebracht oder die richtigen Worte gefunden habe. Er will die Zeit für einen Augenblick anhalten. Sie lässt sich nicht beeindrucken und macht weiter auf Tempo, beobachtet Sören Kierkegaard.

»Ein Gedanke löst den andern ab; sowie er gedacht ist, und ich will ihn niederschreiben, so ist da ein neuer – halt ihn, greif ihn – Wahnwitz – Irrsinn!«, trägt der junge Autor in sein Tagebuch von 1837 ein.[53] Dann bricht seine Notiz ab. Das Thema muss ihn stark beschäftigt haben. Kurz darauf erfahren wir von Widerständen, die ihm das Notieren zu einer geradezu unguten Angelegenheit machen. Kierkegaard glaubt, das ginge auf das Konto der Zeit, die ihn in ein Karussell setze, das sich einfach so schnell drehe, dass ihm schwindelig wird. Bis er entdeckt, er selbst sei es doch, der zu schnell mit dem Denken und Schreiben ist. Die Notiz gebe ja nur einen einzelnen Blick, eine noch nicht abgewogenen Idee oder einer Spur, der man nicht bis ans Ende nachgegangen ist. Kierkegaard will aber gleich zu Beginn schon mit allem fertig sein.

Denn Kierkegaard will Schriftsteller werden. Da bieten sich Notizen ganz praktisch als Geburtshelfer an. So lernt man zu schreiben. Allerdings verweigern sie Kierkegaard ihre Hilfe auf eine fast intrigante Weise. Im Tagebuch untersucht er die quälende Unlust, überhaupt etwas aufzuzeichnen und kommt zu einer handfesten Diagnose samt Eigentherapie: »Der Grund war da offenbar der, dass ich in jedem einzelnen Fall mir eine publizistische Möglichkeit dachte, die vielleicht eine weitläufigere Entwicklung erforderte, die mir ungelegen sein möchte, und unter der Ermattung durch eine solche abstrakte Möglichkeit (ein gewisser literarischer Schluchzer und Übelkeit) verdunstete das Aroma des Einfalls und der Stimmung. Statt dessen meine ich, dass es gut sein wird, durch häufigere Aufzeichnungen die Gedanken heraustreten zu lassen mit der Nabelschnur der ersten Stimmung, und soweit wie möglich jede Rücksicht zu vergessen auf ihre mögliche Verwendung [...].«[54]

Der angehende Autor Kierkegaard muss das Provisorium der »Notiz« vom Druck befreien, in Büchern, die nicht einmal in der Konzeption fertig sind, schon ihren Platz finden zu müssen. Auf diese Weise würden sie in ein wüstes Spiel geraten und einbüßen, was sie ins Leben ruft: Den rohen Gedanken eines Augenblicks, die Nabelschnur einer besonderen Stimmung oder die Atmosphäre einer Welt, die sich in ihnen verdichten. Kierkegaard bohrt weiter. Warum schielt er bloß so ungeduldig auf das Werk und verliert darüber, was ihm seine Notizen in die Hand geben? Die Antwort, so spürt er, sei eine Frage der Selbsterkenntnis.

Wann schlägt die Stunde der Selbsterkenntnis? In der eiligen Notiz oder in der langen Nachgeschichte, in der man einordnen und reflektieren kann, was einem die Notiz zugetragen hat? Ob man von den Notizen die »Geschmeidigkeit im Schreiben« lernen und die Selbsterkenntnis einfach auf einen späteren Moment vertagen könnte?[55] Die anvisierte Schreibschule mit der aufgeschobenen Selbsterkenntnis kommt einfach nicht in Gang. »Der anscheinende Reichtum an Einfällen und Ideen, den man in der abstrakten Möglichkeit fühlt, ist ebenso unbehaglich und ruft eine Unruhe hervor ähnlich der, unter welcher die Kühe leiden, wenn sie nicht zur rechten Zeit gemolken werden.«[56]

Die Übung macht den Meister Kierkegaard. Er steigt aus der Atemlosigkeit aus und verordnet sich eine Haltung, von der er sich eine meditative Gelassenheit verspricht: »Man müsste sagen können: ein *Gedankenzug*, gleichwie man sagt: ein Atemzug.«[57] Kierkegaard sucht das Schweigen, er will Ruhe und eine kontemplative Innerlichkeit für seine Ideenküche schaffen. In seiner Dissertation *Über den Begriff der Ironie* erfindet er sogar einen eigensinnigen Sokrates. Der rede so viel, weil er eigentlich schweigen möchte. Darin verberge sich seine eigentliche Ironie. »Das Individuum strebt nämlich fortwährend vom Referat und durchs Referat zurück zu der anschauenden Ruhe, die allein von Persönlichkeit gewährt wird [...].«[58] Ist das die Haltung, die Kierkegaard sich zu eigen machen kann?

Natürlich lässt sich schlecht schweigen, wenn in seinem Kopf alles Mögliche diesen Lärm macht und ständig einen Kitzel erzeugt, zur Feder greifen zu wollen. Kierkegaard will ja Schriftsteller werden, auch wenn er es nun mit der Stille hält. Seine Situation ist ironisch genug. Kierkegaard weiß Rat für sich und andere angehende Schriftsteller: Denk nicht zu viel, schreib spontan, erspare dir aufwändige und lähmende Selbstkritik und quäle dich nicht mit dem Redigieren herum. Schreib munter, ungefiltert und vertage, was sich jetzt nicht aufschreiben lässt, einfach auf später; irgendwann kommt Zeit und Erleuchtung: »Man schreibt seine eigenen Betrachtungen nachlässig hin, man lässt sie drucken, bei den verschiedenen Korrekturen werden einem dann nach und nach eine Menge guter Einfälle kommen. Fasst darum Mut, ihr, die ihr euch noch nicht erkühnt habt, etwas drucken zu lassen, auch Druckfehler sind nicht zu verachten, und mit Hilfe von Druckfehlern witzig zu werden, darf als eine rechtschaffene Art gelten, wie man es wird.«[59]

Macht Kierkegaard da den Bock zum Gärtner? Das Kaleidoskop der Einfälle dreht sich und jede gute Idee kann das Tempo nochmals steigern. Sören Kierkegaard, soeben erst zum Magister promoviert, macht seine Beziehung zu der jungen Regine Olsen zum berühmtesten Entlobungsfall der Weltliteratur. Liebe, Schuld und Sühne, die Ehe und das ewige Junggesellentum sind Thema in seinem *Tagebuch des Verführers*. Dessen fiktiver Autor braucht philosophischen Beistand fürs Schreiben.

Er findet ihn à la Ludwig Börne: »Ein alter Philosoph hat gesagt, wenn man alles, was man erlebt, genau aufschreibe, so sei man, ehe man sich's versehe, schon ein Philosoph.«[60] Was macht er mit dem Rat, was wird er schreiben? »Ich habe also daran gedacht, Materialien zu sammeln, zu einer Schrift mit dem Titel: Beiträge zur Theorie des Kusses, allen zärtlich Liebenden gewidmet.«[61] Das Werk sei glücklicherweise über »einzelne Winke« nicht hinaus gediehen. Immerhin läge die Rubrizierung in den tangierenden, den kohärierendem und den Kuss *en passant* vor wie auch die angebliche Beobachtung, erfahrene Eheleute wischten sich in Ermangelung einer Serviette auf diese Weise gegenseitig den Mund ab, während in einer Mädchenschule bei extremen Altersunterschieden der Terminus »einen Justizrat küssen« geprägt wurde.«[62] Es braucht keinen übel gelaunten Interpreten, um auf die Idee zu kommen, diese notierten »Winke« bergen auch spätpubertäre Allüren, die souverän über vieles hinwegschreiben, was dem Autor Angst einjagen könnte.

Die »Mischung aus Sinnlichkeit und Pedanterie« regte bereits Georg Brandes auf, einen der frühen Interpreten Kierkegaards.[63] Es spricht Bände, dass unser Kuss-Passus auf den Rat zustande kommt, der das wahllose Notieren nahe legt. Kierkegaards »Verführer« schreibt aus guten Gründen anders. Für Brandes ist der Stil des Tagebuches bemerkenswert und vom Inhalt untrennbar. »Der Stil hier trägt den Charakter, daß er selten eigentlich gesprochen ist wie die kurze Replik, und selten eigentlich geschrieben ist wie ein Buch; es ist ein Stil zwischen beiden, ungefähr wie der Briefstil, der Etwas von der Vertraulichkeit und dem Nachdruck der mündlichen Unterhaltung, Etwas von dem Periodenbau und der Berechnung der Buchsprache hat. Es ist daher ein einer Virtuosen-Stil, der mit der Sprache spielt, Kunststücke mit den Worten treibt, sie in einen Knoten schlingt oder zu einer Schleife verknüpft.«[64] Dieser Stil geht eindeutig über ein Häkelstübchen beliebiger Worte hinaus.

Kierkegaard hat aus den Erfahrungen mit der dahinjagenden Notiz gelernt: »Damals verschlug es mir die Gedanken nicht weniger als die Worte, wie es so zu gehen pflegt. Man wird von einem Eindruck überwältigt, bis die Reflexion wieder loskommt und, mannigfaltig und schnell in ihren Bewegungen, den unbekannten Fremdling beschwatzt und sich bei ihm einschmeichelt. Je mehr die Reflexion entwickelt ist, um so geschwinder weiß sie sich zu fassen, sie wird, wie ein Paßschreiber für ausländische Reisende, mit dem Anblick der abenteuerlichsten Gestalten so vertraut, dass sie sich nicht leicht verblüffen lässt.«[65] Der Autor Kierkegaard kann wie der Zollbeamte in einer Bretterbude sitzen und dem Strom vorbeiflanierender Merkwürdigkeiten zusehen.

Er hat seinen ruhigen Beobachtungspunkt bezogen, was sollte ihn da noch überraschen? Seine Worte wirken abgeklärter; sie reißen ihn nicht in chaotische Strudel mit. Das hat, wie Kierkegaard erklärt, seinen philosophischen Grund: »In der Sprache liegt die Reflexion, und darum kann die Sprache das Unmittelbare nicht aussagen. Die Reflexion tötet das Unmittelbare [...], aber diese scheinbare Armut der Sprache ist gerade ihr Reichtum. Das Unmittelbare ist nämlich das Unbestimmbare, und darum kann die Sprache es nicht auffassen; dass es aber das Unbestimmbare ist, ist nicht seine Vollkommenheit, sondern ein Mangel an ihm.«[66] Der »Paßschreiber« kennt die Welt, weil sie an ihm vorbeizieht – nicht aber, weil er selber im Strom der Vorbeiziehenden mitmischt. Die Worte lernen, auf Distanz zu gehen; nichts Unmittelbares wirft sie mehr in tausend Driften.

Wenn die Sprache das Unmittelbare nicht aussagen kann, so wäre dies ein starker Einwand dagegen, eine Notiz drücke eine konkrete Wahrnehmung, eine leibhaftige Erfahrung oder einen taufrischen Einfall direkt und ohne Umschweife aus. Die Notiz könne überhaupt Distanz zu eingeschmuggelten Mehrdeutigkeiten halten, komplizierte Begründungen ausschließen und sie behaupte eine Art von reflexionsfreier Zone. Für Kierkegaard steckt in jedem Wort eine Reflexion wie das Wasser im Eis.

Helfen diese Gedanken, auf dass Kierkegaard seine Ruhe findet? Es braucht nur eine dialektische Sekunde, und das Feste wird wieder flüssig. Den Schneeball hält man nicht lange in der Hand; schon läuft Kierkegaard das Wasser durch die Finger. »Du schwebst beständig über Dir selbst, und mag jeder Schritt auch noch so entscheidend sein, so behältst Du in Dir dennoch eine Interpretationsmöglichkeit, die mit einem Wort alles verändern kann.«[67] Es ist und bleibt vertrackt: Jedes Wort pendelt zwischen der Unmittelbarkeit und der Reflexion hin und her. Und schon das nächste Wort setzt alles wieder auf ein neues Spielfeld.

Keine Notiz entkommt dieser dialektischen Bewegung. Sie bleibt nicht, was sie ist und löst möglicherweise einen Flächenbrand an Konsequenzen oder eine Inflation hinzuströmender Gedanken aus. Was erwartet den, der eine Idee hat und eine Perspektive sucht, sie zu Papier zu bringen? »[...] im ersten Schauer der Ahnung hat meine Seele sofort alle Konsequenzen durchlaufen, deren wirkliches Eintreten oft lange Zeit in Anspruch nimmt. Die Konzentration der Ahnung vergisst man nie.«[68] Der Autor braucht eine Position, die ihm das Denken und das Schreiben zugleich ermöglicht. Je distanzierter er beobachtet, desto weniger greift er in das innere oder äußere Geschehen ein. So hofft er letztlich zu verhindern, dass er selber zu dessen Spielball wird. Das gelinge nicht von Beginn an, auf Dauer und mit Übung aber doch: »So muss indessen, meine ich, ein Beobachter gebaut sein [...]. Der erste Moment muss ihn so völlig überwältigen, dass er die Besinnung verlieren möchte; indem er aber erbleichend dahinsinkt nimmt er die Idee in sich auf, und nun tritt er in den Rapport zur Wirklichkeit, worin ihm aus dieser die Idee entgegentritt.«[69]

Wer vom ersten Moment so überwältigt wird, der dürfte Schwierigkeiten haben, zeitgleich etwas Verlässliches zu notieren. Seine Notiz müsste das beinahe unmögliche Kunststück zustande bringen, den Rapport von Idee und Wirklichkeit im ersten Augenblick festzuhalten. Schauen wir uns an, wie Kierkegaards »Beobachter« vorgeht und wie er dieses Problem meistern will. Immerhin betritt mit dem »Beobachter« eine literarische Zentralfigur sein Werk, die er auch unter den Bezeichnungen als »Spion«, »Polizeispion« oder »Spion im Dienste des Höchsten« agieren lässt. Die genannten Berufsgruppen fertigen doch Notizen in Masse an, das ist ihre banale alltägliche Berufspflicht. Können diese professionell versierten Figuren Kierkegaard helfen?

Wer ist und was macht der Beobachter, den Kierkegaards Schrift *Die Wiederholung* auftreten lässt? Er ist der junge Mann, von dem die ganze Geschichte handelt; ein berufsbedingter Unsympathling, der, wie zu erwarten ist, andere beobachtet. Es macht ihm wenig Spaß: »Beobachter zu sein ist gar ein oft trauriges Geschäft; es ist der melancholische Beruf des Geheimpolizisten. In der Tat ist der Beobachter der das Beobachten als seinen Beruf erkennt ein Polizeispion in höherem Auftrag. Der Triumph seiner Kunst ist ja, das Verborgene ans Tageslicht zu bringen.«[70] Was notiert wohl dieser Spion, schreibt er auch schön mit? Mitnichten; er sinniert über die Attraktivität eines Mannes und dessen Beziehung zu einem Mädchen, die er beide beobachtet. Seine Phantasie gerät in Bewegung, seine Sympathie ergreift Partei. So kommt ein Roman in Gang, verfasst von einem angeblichen Spion, aber keine belastbaren Notizen, verfasst für die nüchternen Belange von Justiz oder Polizei. Wir treten Kierkegaard gewiss nicht zu nahe mit dem Fazit: Dein Spion ist nun wahrlich keiner.

Kierkegaard lässt in seinen Schriften viele dieser Beobachter auftreten. Der Spion ist der Fremde. Wen immer er beobachtet, den macht er selber zu einem Fremden. Der Spion muss und der Beobachtete will unerkannt bleiben. Diesen Gefallen tut der Autor Kierkegaard beiden nicht. In seinem *Entweder-Oder* liest der Gerichtsrat Wilhelm dem namenlosen Ästheten, dessen aufgefundene Notizen den 1. Teil des Werkes ausmachen, die Leviten: »Du, der du immer so groß damit tust, ein Beobachter zu sein, Du musst es Dir gefallenlassen, dass Du zum Entgelt selbst Gegenstand der Beobachtung wirst. [...] Es liegt etwas Verräterisches darin, bloß Beobachter sein zu wollen.«[71]

Das war durchaus persönlich gemeint. Kierkegaards Tagebuch des Jahres 1846 verrät uns, dass er selbst einige der Qualitäten dieses spionierenden Beobachters kultiviert und täglich nutzt. »Und doch befriedigte es meine Seele und meine ironische Beobachtung so außerordentlich, so auf den Straßen herumzulaufen und nichts zu sein, während Gedanken und Ideen in mir arbeiteten; so ein Tagedieb zu sein, während ich unbedingt der Fleißigste von allen Jüngeren war; so leichtsinnig zu sein und »ohne Ernst« [...].«[72] Das darf man sich ganz konkret so vorstellen, versichert uns Joakim Garff, Autor der bis heute umfangreichsten Kierkegaard-Biographie, und macht uns auf ein Detail von Kierkegaards Schuhwerk aufmerksam: »Er brauchte nämlich eine besondere Art Stiefel mit Korkeinlagen, die ganz sicher seine schwächlichen Beine haben schonen sollen, die aber auch sehr gut zu dem selbsternannten »Polizeispion« passten, der lautlos federnd in seiner Stadt herumstrich. [...] Nur wenige Schriftsteller haben wie er die Kopenhagener Straßen und Gassen und Gässchen in ihr literarisches Schaffen aufgenommen.«[73]

Kierkegaard ist stadtbekannt, auch er kennt halb Kopenhagen. Man schätzt den Magister, man scherzt mit ihm, auch wenn der Streit mit dem Satireblatt *Corsaren* das Klima ab 1846 etwas vergiftet. Er ist freundlich, offen und bleibt dennoch im Verborgenen. Das innerliche Inkognito braucht er für seine schweifende Beobachtung. Sie regen das vielschichtige Echo seiner Gedanken an. Darum geht es dem wachsamem Spaziergänger. Ein Aphorismus seines *Entweder-Oder* bekennt gerade heraus: »Ich habe nur einen Freund, es ist das Echo; und warum ist es mein Freund? Weil ich meine Trauer liebe, und die nimmt es mir nicht. Ich habe nur eine Vertraute, es ist die Stille der Nacht; und warum ist sie meine Vertraute? Weil sie schweigt.«[74]

Kierkegaard nimmt seine Beobachterposition ein. Wahrnehmungen finden Beachtung und Artikulation, die Kierkegaards Zeitgenossen zu entgehen scheinen. Sie bringen Alltägliches zum Sprechen, bis in seine dialektischen Gedankengänge wird das vielschichtige Echo reichen. Damit ist sein Zweifel noch nicht verschwunden. Verpufft nicht jede Wirklichkeit zu gewichtslosen Wölkchen, wenn sie allein in der Atmosphäre der Innerlichkeit ihr Echo und in Aufschrieben ihren Ausdruck findet? Kierkegaard beantwortet diese Frage ganz praktisch. Bis heute bewahren viele Texte die Blicke dieses »Spions« in beispielloser Konkretion und Lebendigkeit. Auf die immense Produktivität der notierenden Tätigkeit weist Joakim Garff hin. Kierkegaard »wird häufiger und mit etwas leichterer Feder schreiben, impressionistischer, so dass er den Einfall wie im Fluge fangen, den aromatischen Augenblick, das Licht, die Laute, das Leben festhalten kann. Darin übt er sich in den 26 sehr verschiedenen Protokollen und schmalen Büchern, die er von 1836 bis 1846 benützt.«[75] Auch Kierkegaards umfangreiche Tagebücher werden zum »Experimentarium«.

Nicht allein andere Menschen beobachtet dieser »Spion«; er wird sich selbst zum wichtigsten Fall. Dieser Beobachter des Beobachters macht sich über Kierkegaards schriftstellerische Tätigkeit her. Er ist der erste Leser. Sein probates Mittel, Kierkegaard Distanz zu sichern, ist, ihn einfach von der Titelseite zu streichen. In der Regel badet ein Autor in einem gewissen Stolz, wenn sein Name auf dem Titel prangt. Auch für den Leser ist dies nicht ganz unwichtig, besiegelt doch die Nennung des Autors immerhin eine Art von Pakt. Der Name fungiert dann wie die Unterschrift unter einen Vertrag, in dem der Autor zusichert, einzustehen für das, was er geschrieben hat. Damit versichert er dem Leser implizit, ihn nicht an der Nase herumzuführen.[76] Diesen Pakt kündigt Kierkegaard gründlich auf. Sein Name erscheint nicht auf den Erstausgaben seiner wichtigsten philosophischen Werke.

Warum nur glaubt dieser ungemein talentierte Herr Kierkegaard, sich hinter Pseudonymen mit merkwürdigen Kunstnamen verstecken zu müssen? Seine Antwort, aufgrund der persönlicher Inhalte und des identifizierbaren Personals seiner Bücher wolle er sich nicht zum Gespött in der »Kleinstadt Dänemark« machen, überzeugt schon damals niemanden. Gerade dies ist bekanntlich passiert und Kierkegaards Versteckspiel heizt die Lächerlichkeit nur zusätzlich an. Das hält ihn keineswegs davon ab, weiterzumachen, als hätte nicht der Herr Kierkegaard etwas geschrieben, sondern pseudonyme Herausgeber hätten bloß Kladden, Zettel- und Notizenberge aus fremder Feder veröffentlicht.

Kierkegaards publizistisches Universum bevölkern Pseudonyme wie Victor Eremita (Entweder-Oder), Johannes de Silentio (Furcht und Zittern), Constantin Constantius (Die Wiederholung), Johannes Climacus (Philosophische Brosamen), Vigilius Haufniensis (Der Begriff Angst), Anti-Climacus (Die Krankheit zum Tode), Hilarius Buchbinder (Stadien auf des Lebens Weg). Sie sind allzu gern Beobachter, die das Kommentieren allerdings nicht sein lassen können. Kierkegaard lässt sie gewähren. Ihnen wurde bloß etwas ins Nest gelegt, ein Riesenpacken herrenloser Notizen, dahingeworfene wie auch ausgearbeitete Texte.

Victor Eremita findet in der »Geheimschublade« eines alten Sekretärs Papiere. Er bekommt, man kennt das von Kierkegaard, keine Ordnung in die bisweilen widersprüchlichen Aufschriebe. Er ist ja kein Autoren-Kollege, dem man das Ganze zur sichtenden und korrigierenden Bearbeitung auf den Schreibtisch legen könnte, sondern nur der Herausgeber. Der muss nicht alles verstehen und darf den Zufall walten lassen. Dann werden Notizen als Notizen, längere Versuche als Versuche und Fundtexte als das, was sie sind, veröffentlicht.

Hilarius Buchbinder ist, wie der Name schon sagt, Buchbinder. Ein Literat bringt ihm Bücher zum Einbinden. Er lässt sie liegen und entdeckt irgendwann einen kleinen Packen handgeschriebener Papiere. Er weiß nicht, von wem sie stammen und was er damit anstellen soll. An langen Winterabenden liest er zum Vergnügen darin und lässt auch seine Kinder in den in schöner Handschrift geschriebenen Seiten lesen. Ein Seminarist, Hauslehrer bei Buchbinders, bittet, den Packen ausleihen zu dürfen. Nach drei Tagen ist er überzeugt, der Text sei Goldes wert und werde als Buch einen reißenden Absatz finden.

Ein anonymer Autor und ein verwaistes Manuskript, ein pseudonymer biederer Herausgeber, irgendein windiger Hauslehrer, der ein Geschäft wittert und Zufälle über Zufälle: Wahrlich, das alles erweckt keinerlei Verdacht, hier herrsche die gespannte Atmosphäre bedeutungsschwangerer Innerlichkeit, die sich planvoll im Geistes- und Herzenswerk eines wohlgeplanten Buches entlädt.

All das mag Tarnung für fremde Augen sein, doch sagt es erheblich mehr über den Autor Kierkegaard aus. In der textkritischen Einleitung bemerkt Emanuel Hirsch, der ganz reale Übersetzer von Kierkegaards *Stadien auf des Lebens Weg*: Diese »sind überhaupt keine nach einem einheitlichen Plan entworfene Schrift. Die von Kierkegaard fingierte Herausgabe eines Bündels in sich nicht zusammenhängender Handschriften durch einen vergnügten und pfiffigen Buchbinder ist selbstironische humoristische Verhüllung der Tatsache, dass sie im allerletzten Augenblick aus zwei getrennten Schriften, die noch in dem der Druckerei übergebenen Manuskript gesonderte Seitenzählung hatten, unter Beseitigung von Titel und Vorrede der einen dieser beiden gleichsam zu einem Werk zusammengeworfen sind.«[77]

Kierkegaards pseudonymer Herausgeber darf die zusammengewürfelten Texte einfach so veröffentlichen, wie sie ihm der Zufall vor die Nase legt. Er ist für sie nicht verantwortlich. Schere, Radiergummi oder Papierkorb übernehmen nicht das Regiment, auch droht kein endloses Ergänzen, Streichen oder Umschreiben. Die Uneinheitlichkeit des Buches rettet die einzelnen Texte, sie belässt vielen Notaten ihre Spontaneität. Die Texte müssen nicht zueinander passen. Dass sie es nicht tun, bringt die Reflexion in Schwung. Das wiederum ist das Anliegen des Buches.

Denn die *Stadien auf des Lebens Weg* bereiten Kierkegaard einige Mühe. Er will sie »in einem Anlauf« schreiben und stellt 1844 den Sekretär Israel Levin ein. Der soll nicht nur fertige Manuskripte abschreiben, sondern mit schneller Feder aufs Papier bringen, was Kierkegaard laufend einfällt. Dem Beobachter Levin verdanken wir Einblicke in Kierkegaards kreative Ideenküche, deren Töpfe oft überkochen: »Das aber war so eine Sache, erzählt Levin später, denn wenn Kierkegaard erst einmal loslegte und anfing, seinen Redestrom mit »merkwürdigen Gebärden« zu unterstreichen, dann konnte man ihm kaum mehr folgen, obschon die Blätter zugeschnitten und paginiert bereitlagen. Levin erlebte unterdessen auch das Gegenteil, dass nämlich die Worte sich überhaupt nicht, wie vom Magister gewollt, entwickelten.«[78]

Dialektisch, wie alles bei Kierkegaard zu gehen pflegt, finden wir den anschwellenden Strom wie auch das Verebben der Worte. Die Notiz mag kurz sein, wie sie will – die Resonanz macht's. Alles, was da steht, ruft sein Gegenteil auf den Plan. Was immer Kierkegaard an Simplizität, Klarheit und Kürze in die Feder kommt, fasziniert ihn unendlich und gerät doch in vielfältigste dialektische Reflexionen. Kierkegaard weiß es selbst: »Die Erfahrung hat gezeigt, dass es für die Philosophie keineswegs besonders schwierig ist, anzufangen. Weit entfernt; sie fängt ja mit nichts an und kann somit jederzeit anfangen. Was hingegen der Philosophie und den Philosophen schwerfällt, ist das Aufhören.«[79] Unser Kopenhagener Sokrates erinnert gern an die Leidenschaft, Stille zu schaffen – selbst wenn dafür zunächst unendlich viele Worte sprudeln. Hat er sie im Strom unendlicher Wortkaskaden finden können?

Aufhören, das sei für ihn ja kein Problem, schreibt Kierkegaard, schickt aber vorsichtshalber wiederum einen seiner Protagonisten vor. Der führt sich auf, als sei der Geist der kürzesten Notiz mit ihm und in ihm: »Ich höre nämlich nicht jetzt auf, sondern ich habe bereits damals aufgehört, als ich anfing. Meine Philosophie hat deshalb die vortreffliche Eigenschaft, dass sie kurz und dass sie unwidersprechlich ist [...].«[80] Kurz und unwidersprechlich – so müsste geradezu das Gegenstück zu Kierkegaards dialektisch mäandernden Texten aussehen. Um das zu realisieren, setzt Kierkegaard seinen Protagonisten außerhalb der Welt direkt in der Ewigkeit ab. Dieser Philosoph müsste nämlich beständig *aeterno modo* sein. Nur so könne seine Wahrheit überhaupt kurz, treffend und geradezu verschwiegen sein. Er wäre der ideale Schreiber einer Notiz – ob die anderen sie allerdings lesen und verstehen könnten, bleibe dahingestellt.

Der kurze Moment des simplen Notierens und die Ewigkeit rücken in einer nie gekannten Weise zusammen. Kierkegaard findet ergreifende Worte dafür, alles Streben des Menschen werde Fragment bleiben, »dass der Reichtum einer Individualität eben in ihrer Kraft in fragmentarischer Verschwendung besteht«. In dieser Hinsicht ginge es eben nicht um die genaue und langatmige Ausführung, sondern um das »Erzeugen und Genießen der blitzenden Flüchtigkeit, die für den Hervorbringenden ein Mehr enthält gegenüber der fertigen Ausführung.« Das wecke die eigene Produktivität.[81]

Der, den Kierkegaard einen »wesentlichen Schriftsteller« nennt, lebe, denke und schreibe so. Vor allem produziere er nichts vom modernen Gedanken- und Presselärm der Vielschreiber. Es gäbe da einen entscheidenden Unterschied: Der wesentliche Schriftsteller hätte eine Lebens- und Weltanschauung, bevor er überhaupt zur Feder greift. Er müsse sie nicht erst im Schreiben suchen. Wie ein Ganzes, gehe sie den Teilen voraus. Nur dieser Schriftsteller müsse und werde nicht fürchten, in Fragmenten und Notizen zu ertrinken. Er könne sogar mutig vorangehen und anderen zeigen, wie man sie eins ums andere anhäuft, ohne jemals den Verstand zu verlieren. Die Nähe zum Leser suche er bestenfalls, um »zu gleicher Zeit den beruhigenden unendlichen Abstand von ihnen zu haben.«[82]

In Kierkegaards Sicht hätte dieser »wesentliche Schriftsteller« das Unmögliche erreicht. Er ruht im (christlichen) Glauben. So werde er zu einem Zeugen der Wahrheit. Dem Publikum werde alles, was er notieren oder sogar ausformulieren kann, trotz freundlicher Lippenbekenntnisse fremd bleiben. Und dem Magister Kierkegaard, der so viel von diesem Sprung in den Glauben erwartet und schreibt, wird dieser Absprung niemals gelingen.

Hammer und Feder: Friedrich Nietzsche

Einem Leser, der der Maxime »lebe und denke vernünftig!« folgt, hätte ein Immanuel Kant seine Werke gern in die Hand gegeben in der stillen Hoffnung, dass sich aus der ersten Maxime die zweite ableiten werde: »Lese vernünftig!« Müsste das nicht bedeuten, dass der Reihe nach zu lesen sein wird, immer das Ganze im Blick, damit die Entwicklung von Gründen und Folgen überhaupt zu verstehen ist? Auf die »Architektonik« seiner publizierten Gedanken war Kant durchaus stolz. Der Vorschlag jedoch, man solle das ganze Werk schlichtweg in einen Trümmerhaufen von Einzelnotizen zurückverwandeln, diesen kräftig durchschütteln und dann schauen, in welchen Konstellationen die Bruchstücke immer wieder neuen Sinn ergeben, hätte nicht nur einen Immanuel Kant zutiefst verschreckt.

Wer macht bloß einen solchen Vorschlag? Den unterbreitet der Psychiater Karl Jaspers; ein bedeutender Denker und ein besonnener Mensch, der als Philosoph Geschichte macht. Seine Idee der Werkzertrümmerung will keinen Kant verschrecken, sondern den Weg zum Verständnis von Friedrich Nietzsches Philosophie bahnen.[83] Im Unterschied zu Kants letztem Versuch ist Nietzsches Werk nicht gegen den Willen des Autors ein grandioser Flickenteppich geblieben. Man verstehe Nietzsche, meint Karl Jaspers, am besten, wenn man den Schein meidet, als folgten seine Gedanken einem festen System. Da sei es doch enorm hilfreich, das sowieso wackelige Gebäude abzutragen und frisch zu entdecken, welche Steine und Stoffe hier eigentlich verbaut wurden.

In den Trümmerhaufen findet Karl Jaspers kostbare Materialien und wunderbare Formen. Erst solche Entdeckungen machten einen Leser zu einem Leser Nietzsches. Dieser Leser hat ganz schnell selbst Steine, Mörtel und Kelle in der Hand und baut, gern mit Nietzsches Hilfe und Rat, an dem Werk mit. Der Leser jedoch, der Aphorismen wie Törtchen verschlingt, boykottiert geradezu die philosophischen Intentionen Nietzsches. Er blättert faul in den Highlights der Bücher herum und hat für eigene Gedanken wieder mal keine Zeit.

Auch andere Philosophen haben die Last prekärer Leser und Anhänger zu tragen. Wozu braucht es gerade bei Nietzsche den Trümmerhaufen? Nietzsche schreibt gut, und schon glaube man, sich die Mühe sparen zu können, hinter den eingängigen Sätzen die Problemlabyrinthe zu sehen. Seine Philosophie wird gern unter allzu eingängigen Stichworten rubriziert; Nietzsche liefert sie ja selber. Gefällige Zitate sind schnell gefunden und leicht beizubringen. Am Ende passt alles wunderbar zusammen und ein Nietzsche wird zum Chamäleon seiner Interpreten.

Man kommt Nietzsches Werk nicht näher, versteht man nicht, was eine Notiz und ein Aphorismus für Nietzsche bedeuten, wie er mit ihnen umgeht und was sie sein könnten. In der Vorrede zur *Genealogie der Moral* finden wir klare Worte. Nietzsche weiß, die aphoristische Form seiner Bücher ist für eine grundlegende Schwierigkeit verantwortlich: »Sie liegt darin, dass man diese Form heute nicht schwer genug nimmt. Ein Aphorismus, rechtschaffen geprägt und ausgegossen, ist damit, dass er abgelesen ist, noch nicht »entziffert«; vielmehr hat nun erst dessen Auslegung zu beginnen, zu der es einer Kunst der Auslegung bedarf.«[84] Zu dieser Kunst gehöre ein Blick auf das ganze Werk, der den Blick auf die biographisch geprägte Praxis des Notierens einschließen muss.

Jahre vor seinen ersten philosophischen Werken schreibt der Student Friedrich Nietzsche an seinen Freund und Kommilitonen Erwin Rohde in Kiel. Nach einem schweren Unfall in seiner Militärzeit ist Nietzsche, vom Dienst freigestellt, zuhause in Naumburg. Dort waren die Freunde im Jahr zuvor zusammen, jetzt wandert nur ein Schatten des abwesenden Freundes an Nietzsches Seite. Nietzsche berichtet, was es Neues gibt: ein Buch, ein neuer Anhänger Schopenhauers; das Leben und die Zukunft sind anderswo.

Der Brief an Freund Rohde ist lang. In der Mitte hält Nietzsche inne; beim Schreiben ist ihm der Freund irgendwie abhandengekommen. Die Frage packt Nietzsche, was es eigentlich bedeute, so viele »Notizen« aneinander zu reihen und sie Erwin Rohde zukommen zu lassen. »Aber beim Himmel, lieber Freund, es wird mir lästig einen Ärmel voll Notizen auszuschütten, gleich als ob ich an irgend jemand Anderes und nicht an Dich schriebe.«[85] Diese Notizen passen nicht in den freundschaftlichen Rahmen. In sachlicher Kurzform berichten sie, was Nietzsche beobachtet hat, was ihm einfiel oder zugetragen wurde, als wäre er lediglich als Registrator beteiligt. Die Nüchternheit der Notiz rückt alles in die Ferne.

So banal der Anlass, so gravierend die Einsicht: Nietzsches Notizen haben keinen wirklichen Adressaten. Das Gefühl wachsender Distanz will Nietzsche mit der Beschwörung des Freundschaftsbundes vertreiben, denn die Notizen bündeln Nietzsches Einsamkeit und plaudern, beziehungslos wie sie sind, seine Situation aus. Das wird sein Schreiben begleiten. Nietzsche, der begnadete Briefschreiber, findet andere Dialogpartner in anderen Schreibweisen. Curt Paul Janz beschreibt in seiner umfangreichen Nietzsche-Biographie, wie sich der Autor gut zehn Jahre nach unserem Brief einen enorm produktiven Schatten zulegt:

»Schon im Sommer 1879 findet er die Form. Es ist die Einkleidung in eine Szene von Gesprächspartnern wie im platonischen Dialog. Aber als

Gesprächspartner muss Nietzsche den eigenen Schatten einsetzen.«[86] Es ist ein Wendepunkt in seinem Leben: Anfallsartige Krankheiten quälen ihn. Der junge Professor muss sein Basler Amt aufgeben. Fortan wird er zum notierenden Nomaden und zum wandernden Geist, immer auf der Suche nach dem gesunden Klima, der besänftigenden oder der heroisch stimmenden Landschaft, und nach den wenigen Menschen, die ihm bleiben. Er braucht billige Winterquartiere ohne grimmige Kälte, die Sommer ohne Regen und Dunst und das kleine bisschen Gesundheit und Glück, an das sich oft seine große Worte hängen.

Anscheinend reist er nicht ganz allein. Nietzsche ist so ehrlich, uns in seinen Aphorismen mit dem Titel *Der Wanderer und sein Schatten* plastisch zu überliefern, wie er Besuch bekommt. Fortan wird der sich bei ihm einquartieren. Ein Schatten gesellt sich zum Wanderer und spricht ihn an, denn der Wanderer war verstummt und der Schatten will ihn wieder zum Reden bringen. Der Wanderer wundert sich: »Es redet – wo? und wer? Fast ist es mir, als hörte ich mich selber reden, nur mit noch schwächerer Stimme als die meine ist.«[87] Wie soll man sich mit seinem Schatten unterhalten und was mag dabei herauskommen?
Der Schatten beruhigt: »Weiss man gerade nicht zu antworten, so genügt es schon, Etwas zu sagen [...].«[88] Der Wanderer und sein Schatten verstehen sich immer besser. Sie erraten ihre gegenseitigen Geheimnisse. Lange Worte machen und brauchen sie nicht. Von Menschen außerhalb ihres engen Bundes müssen sie nicht unbedingt verstanden werden. Der Wanderer verkündet, worauf es ankommt: »Gute Freunde geben einander hier und da ein dunkles Wort als Zeichen des Einverständnisses, welche für jeden dritten ein Rätsel sein soll [...]. Der Himmel behüte mich vor langgesponnenen schriftlichen Gesprächen!«[89]

Die kurzen Aufschriebe gewinnen an Bedeutung. Nietzsche klärt, warum ihm Notizen wichtig sind. Sie unterscheiden sich grundlegend von kunstvoll gedrechselten Aphorismen mit sprachlichem Schliff und dramaturgischer Pointe. Nietzsche gelobt sich vor dem imaginären Publikum seiner Leser: »Ich will keinen Autor mehr lesen, dem man anmerkt, er wolle ein Buch machen: sondern nur jene, deren Gedanken unversehens zum Buch wurden.«[90] Was passiert nun mit seinen eigenen Notizen?

Das Manuskript von *Der Wanderer und sein Schatten* schickt Nietzsche am 11. September 1879 aus St. Moritz an den Freund und Bewunderer Heinrich Köselitz nach Venedig. In der Post liegt kein Schnellschuss, den Nietzsche aus Übermut oder Geltungsdrang veröffentlichen will. Er glaubt, mit Abgabe des Manuskripts sein »Lebenswerk getan« zu haben[91] und zieht sich nach Naumburg zurück. Dort mietet er ein kleines Türmchen am alten Stadtwall und will Gärtner werden. Vor allem will er nichts von dem weitertreiben, was zu diesem Manuskript geführt hat: »Hier in Naumburg will ich keine Gedanken haben und jedenfalls keine aufschreiben: letzteres wenigstens ist Sache des Willens.«[92]

Die Worte geben einen wichtigen Hinweis. Nietzsches Gedanken kommen, wann und wie sie wollen. Bis Nietzsche willentlich und laut *nein* sagt. Er setzt ein Embargo gegen das Denken und Notieren in Kraft und nennt es sein »Programm der Gedankenlosigkeit«.[93] Nietzsche ist fertig, Köselitz nicht. Für ihn beginnt die Arbeit, denn Nietzsche schickt ihm den Haufen seiner Aufschriebe nach Venedig.

Köselitz soll alles abschreiben, »Allzumenschlichkeiten« korrigieren und das Ganze in eine Form bringen, aus der ein Buch werden kann. Nietzsche erklärt sich selbst für leidend und inkompetent. Er lässt dem Freund umso freiere Hand für Eingriffe und Umstellungen. Nietzsche Brief vom 5. Oktober 1879 aus Naumburg eröffnet Köselitz einen plastischen Eindruck seiner Arbeit mit Notizen:

»Das Manusc[ript], welches Sie von St. M[oritz] aus bekamen, ist so theuer und schwer erkauft, daß vielleicht um diesen Preis niemand es geschrieben haben würde, der es hätte vermeiden können. Mir graut jetzt öfter beim Lesen, namentl[ich] der längeren Abschnitte, der häßlichen Erinnerung halber. Alles ist, wenige Zeilen ausgenommen, unterwegs erdacht und in 6 kleine Hefte mit Bleistift skizziert worden: das Umschreiben bekam mir fast jedesmal übel. Gegen 20 längere Gedankenketten, leider recht wesentliche, mußte ich schlüpfen lassen, weil ich nie Zeit genug fand, sie aus dem schrecklichsten Bleistiftgekritzel herauszuziehen: so wie es mir schon vorigen Sommer gegangen ist. Hinterher verliere ich den Zusammenhang der Gedanken aus dem Gedächtniß: ich habe eben die Minuten und Viertelstunden der »Energie im Gehirn« von der Sie sprechen, zusammenzustehlen, einem leidenden Gehirne abzustehlen. Einstweilen scheint es mir als ob ich nie wieder es thun werde. Ich lese Ihre Abschrift, und es wird mir so schwer, mich selber zu verstehen – so müde ist mein Kopf.«[94]

Das Schreiben eiliger Notizen ufert in Kritzeleien aus, die die Augen des »dreiviertelblinden« Nietzsche völlig überfordern. In der *Fröhlichen*

Wissenschaft packt Nietzsche die Klage in gefällige Verse und präsentiert eine beschwingte Version seiner praktischen Schwierigkeiten beim Schreiben.

Die Feder kritzelt.
Die Feder kritzelt: Hölle das!
Bin ich verdammt zum Kritzeln-Müssen? -
So greif' ich kühn zum Tintenfass
Und schreib mit dicken Tintenflüssen.
Wie läuft das hin., so voll, so breit!
Wie glückt mir Alles, wie ich's treibe!
Zwar fehlt der Schrift die Deutlichkeit -
Was thut's? Wer liest denn, was ich schreibe?[95]

Nietzsche steht am Beginn seiner produktivsten Jahre, Werk folgt auf Werk. Nietzsches nachgelassene Fragmente stellen den imposanten Bücherberg dennoch in den Schatten. Die Spontaneität der Situation bleibt ihm wesentlich. Gern macht dieser Autor den Leser zum Zeugen seiner momentanen Wahrnehmungen, Empfindungen, Einfälle und Zufälle – die Paradedisziplin jeder Notiz. Er sammelt Situationen[96], zaubert ferne Landschaften und fremde Lebenswelten in seine Texte. Man ahnt es und kann es bei Nietzsche schön nachlesen: »Ich habe meine Schriften jederzeit mit meinem ganzen Leib und Leben geschrieben [...].«[97] Die Texte sollen es bezeugen.

Der Leser tritt in Nietzsches Welt ein. Vielleicht glaubt er gern, der hätte alles Erlebte gerade erst frisch notiert, mit der Sensibilität und der Spürnase, auf die Nietzsche stolz ist. Landschaften und Orte sind kurz und doch in sprechenden Details wiedergegeben, als weise Nietzsches Notiz auf eine zerklüftet Küste und da erscheinen vor dem inneren Auge die Felsen in der Brandung. Man geht auf einem Waldweg am Seeufer im Oberengadin, plötzlich taucht ein merkwürdiger Felsen auf; das wird kein bloßer Zufall sein. Nietzsches Sätze bauen in aller Knappheit philosophische Konstellationen, die genauen Tages- und Nachtstunden zuzuordnen sind. Der große Mittag ist die Zeit der kürzesten Schatten; sie ist reif für ein großes Wort. Vom Gletscher, aus einsamen Höhen, weht geheimnisvoll ein kalter Hauch herunter. Niemand ist dort heimisch, Nietzsche aber wohl. Er hat uns sich und seine Welt vorgestellt als ein »Rendez-vous von Erfahrungen, die man 6000 Fuß über jedem menschlichen Dunstkreis macht.«[98]

Am Horizont der ligurischen Küste leuchtet die Verlockung des »Immer-weiter« auf: Mit Nietzsche sehen wir Kolumbus' Genueser Schiff gen Neue Welt ziehen und ahnen die Stunde noch nicht, in der auch die kühnsten »Luft-Schifffahrer des Geistes« ermattet auf einem armseligen Fels in den Wasserwüsten niederhocken werden und die Entdeckung der kommenden Weiten ihren Nachfolgern überlassen müssen.[99] Die stolzen Pinien über der Küste grüßen als die Boten der Fremde, die Städte haben ihr unverwechselbares Gesicht, in dem ein Nietzsche für uns eloquent lesen kann. Kurzum: Der Gestus notierender Vergegenwärtigung prägt sein Werk.

Die Welt, die er notieren will, hält nicht immer still; auch bei Nietzsche leidet die Notiz am Problem des schnellen Wechsels. Ein Passus der *Fröhlichen Wissenschaft* berichtet: »Seufzer. – Ich erhaschte diese Einsicht unterwegs und nahm rasch die nächsten schlechten Worte, sie festzumachen, damit sie mir nicht wieder davonfliege. Und nun ist sie mir an diesen dürren Worten gestorben und hängt und schlottert in ihnen – und ich weiss kaum mehr, wenn ich sie ansehe, wie ich ein solches Glück haben konnte, als ich diesen Vogel fieng.«[100]

Das wird dem Autor immer wieder zum Problem. Seine Philosophie ist alles andere als protokollarisch. Nuancen sind entscheidend. »Geistesgegenwart: das heißt die Fähigkeit sich seine Worte durch die Umstände diktiren (zu) lassen«, schreibt Nietzsche im Frühjahr 1880 in sein Notizbuch.[101] Was hier beinahe nach einer wohlwollenden Definition des Notizenschreibens klingt, weist Nietzsche durch den Folgesatz brüsk ab: Diese Art der Geistesgegenwart »ist also eine Fähigkeit zu lügen und zu heucheln.«[102] Was macht sie dazu? Warum sollte man nicht geistesgegenwärtig und getreu der Umstände notieren können, was uns auffällt und was uns einfällt?

Nietzsche ist ein versierter Diagnostiker. Er weiß, woran das scheitert. Worte schleichen sich ein und übernehmen eine heimliche Regie: »Man lernt die präsentablen Motive.«[103] Was diktieren wohl die Umstände? Wir alle mussten lernen, in derselben Welt zu leben – die einen halten das für vernünftig, die anderen für gegeben, nicht wenige für gottgegeben. Nietzsche wiederholt es mit Ingrimm, dass das nicht seine Welt ist. Zu ihm rede alles anders.

Was man nicht sehen will, darüber schreibt, liest und redet man gern und ohne Ende: »Wir stellen ein Wort hin, wo unsere Unwissenheit anhebt, – wo wir nicht mehr weiter sehn können […].«[104] In diesem Sinne sind Notizen eben keine Sehhilfen, denn: »Unsre eigentlichen Erlebnisse sind ganz und gar nicht geschwätzig. Sie könnten sich selbst nicht mittheilen, wenn sie wollten. Das macht, es fehlt ihnen das Wort. Wofür wir Worte haben, darüber sind wir auch schon hinaus.«[105] Die Sprache macht das Erlebte vulgär.

Welche Sprache ist gemeint? Nietzsche behauptet es immer wieder: Seine Worte sind nicht die der anderen. Man verstehe sie schlecht, man verstehe ihn nicht. Hört Nietzsche davon, dass sich Leute damit brüsten, ihn verstanden zu haben, so ist das für ihn selten eine gute Nachricht. Nichts scheint ihm sicherer als das Schicksal, missverstanden zu werden. Am 2. Dezember 1887 bekennt er aus Nizza in einem Brief an Georg Brandes: »Viele Worte haben sich bei mir mit andren Salzen inkrusrtirt und schmecken mir anders auf der Zunge als meinen Lesern.«[106]

Was immer man einfach notiert, ist weder fertig noch ist es einfach wahr. Diese Einsicht kann eine frohe Verkündigung bedeuten wie auch die Melancholie ständigen Misslingens. Beide Lesarten kann Nietzsches Satz ausdrücken: »Dieß Bedürfniß, fertig die Erkenntniß um sich zu haben, ist bei einer sehr entschlossenen Natur nicht vorhanden –«[107] Wichtig ist, dass der Autor nicht indifferent sein kann. Der Gedankenstrich am Ende kündigt jedes Recht auf, einfach einen Punkt zu machen. Da muss also noch etwas kommen.

Der Hinweis betrifft den Autor Nietzsche selbst. In den so kostbaren wie zeitlosen Augenblicken etwa, in denen sich ihm die Welt freundlich und klar erschließt, ist es kaum möglich, den seltenen Moment in Worten festzuhalten. Was nutzt es, auf die Wahrheit einer protokollierenden Notiz zu pochen, an deren Möglichkeit man kaum glauben mag: »Wenn dies o h n e Z e i t in die Welt blickt, wird alles Krumme gerade. Wenn du blau siehst was nützt es dir dich selber zu überreden und zu sagen: es ist grau!«[108] Immerhin hat Nietzsche die Erfahrung vor Augen, die durch die »Überredung« weggeschafft werden soll – und die »Überredung« im Ohr, die der Erfahrung nicht entsprechen will.

Da tut sich also eine Kluft auf. In der Regel überdecken wir sie schnell mit einem Schwall von Worten – unverdächtige und unprätentiöse Notizen eignen sich dazu. Ich sehe, ich denke, ich sage: Wir fühlen uns sicher, reden und schreiben drauflos. Gegen diese Haltung rebelliert Nietzsches Denken und Schreiben. Ihm kommt »jeder Gedanke zuerst vieldeutig und schwimmend.«[109] Er ist Anlass zu einer Interpretation, ohne die er eben nichts ist. Es sei nicht leicht zu beobachten, weil wir leider darin geschult seien, »beim Denken nicht an's Denken zu denken.«[110]

Diese kritische Ein-Sicht ist mit Nietzsches Schreibpraxis verbunden. Vor allem zeigt sie die Unmöglichkeit, dass eine Notiz jemals einen Gedanken in eine endgültige und eindeutige Sprachfassung zu bringen vermöchte. Die einfachste Gedanken-Notiz spiegelt eine eingenommene Perspektive wieder. Sie produziert entsprechende Verzerrungen und Blickfluchten. Nie ist sie wirklich aus einem einzigen Guss. Das Ganze bleibt eine Addition des Disparaten, es versteht sich nie, wenn es sich von selbst versteht. Die Ausdeutungen und Wertschätzungen wirken dann nämlich nur unbemerkt und unbewusst hinein.

Was folgt daraus? Auf keine Fall redet Nietzsche einer Haltung das Wort, die skeptisch mit den Schultern zuckt und sich auf solche zweifelhaften Abenteuer gar nicht mehr einlassen mag. Lesen wir eine Stelle genau, in der Nietzsche eine kritische Expedition in die Gefilde seiner Gedanken unternimmt. Die Betonung seiner Rolle als Zuschauer deuten wir als einen entscheidenden Hinweis, dass sich dieser Forschungsreisende um die Haltung des Notierens bemüht:

»Der Gedanke ist in der Gestalt, in welcher er kommt, ein vieldeutiges Zeichen, welches der Auslegung, genauer, einer willkürlichen Einengung und Begränzung bedarf, bis er endlich eindeutig wird. Er taucht in mir auf – woher? Wodurch? das weiß ich nicht. Er kommt, unabhängig von meinem Willen, gewöhnlich umringt und verdunkelt durch ein Gedräng von Gefühlen, Begehrungen, Abneigungen, auch von andern Gedanken, oft genug von einem »Wollen« oder »Fühlen« kaum zu unterscheiden. [...] Man zieht ihn aus diesem Gedränge, reinigt ihn, stellt ihn auf seine Füße, man sieht, wie er dasteht, wie er geht, Alles in einem erstaunlichen presto und doch ganz ohne das Gefühl der Eile: wer das Alles thut, – ich weiß es nicht und bin sicherlich mehr Zuschauer dabei als Urheber dieses Vorgangs.«[111]

Da ist alles abgrundtief und von enormer Komplexität. Jedes Unikat, das uns als eine simple Notiz erscheint, wäre ebenfalls bloß die Spitze eines Eisbergs. Dennoch gibt es einen verbindenden Zug, den ein Gedanke wie auch eine Notiz gleichermaßen widerspiegeln können. Manche Begebnisse und Erlebnisse scheinen Nietzsche wie märchenhaft entgegenzukommen, geradezu so, als hätten sie ihn gesucht. Dann fühlt er sich auf seinen Wegen wundersam bestätigt.[112] Spürt Nietzsche, dass sich in ihm bedeutende Ideen bilden, er weiß bloß noch nicht welche, verkündet er froh seine Schwangerschaft.[113] Höhenflüge und Bruchlandungen liegen manchmal nur einen Augenblick auseinander. An Franz Overbeck schreibt Nietzsche am 10. Februar 1883 aus Rapallo: »Ich will es Dir nicht verhehlen, es steht schlecht mit mir. Es ist wieder Nacht um mich; mir ist zu Muthe, als hätte es geblitzt – ich war eine kurze Spanne Zeit ganz in meinem Elemente und in meinem Lichte. Und nun ist es vorbei.«[114]

Wie stark wird hier Gedachtes zu Erlebtem? Dass Nietzsche dies immer wieder geschieht, hält Lou Andreas-Salomé geradezu für einen seiner wichtigsten Charakterzüge. Seine Gedanken heben sich kaum vom wirklichen Leben ab. Das Gedanken- und das Innenleben Nietzsches hat wiederum die starke Tendenz, zu verschmelzen. Für die Freundin Nietzsches spiegelt sich darin Nietzsches Einsamkeit.[115] Einsam wandert er – und doch wiederum so einsam nicht, denn in seiner stummen Selbstunterhaltung werden Gedanken geboren. Nietzsche denkt fern systematischer Interessen. Er will diesen Gedanken zuhören »wie in einem Gespräch zu Zweien, einem immer wieder abgebrochenen und immer wieder aufgenommenen.«[116]

Nietzsche hat dem Wanderer einen Notizblock und einen Schatten zugesellt. Seine Notizen wie auch sein Werk spielen den Dialog von Gedanken und Erlebnissen in wechselnden Konstellationen durch. Nietzsche gibt sich und uns darüber keine Auskunft im Sinne nüchtern berichtender Notizen. In den Echokammern seiner Gedankenwelten verlieren sie eine ihrer wichtigsten Funktionen: Dass sie identifizierbar sind und für einen unbeteiligten Dritten erkennbar machen, wovon sie konkret handeln. Eine Notiz soll etwas festhalten und vor Augen stellen, nicht aber dessen Konturen völlig verfließen lassen.

Dennoch bleiben Grundzüge des Notierens bei Nietzsche nicht nur bestehen; sie nehmen an Umfang und Bedeutung deutlich zu. Unzählige Passagen nehmen Ort und Tageszeit zum Zeugen für seine Gedanken; sie weben die Landschaft, die Stadt und genaue Standorte in die Texte ein, als gehörten sie unverbrüchlich zusammen und man müsse sich an diese Konstellation erinnern. Selbst kurze Texte nennen situative Momente, minutiöse Details, Szenen und Gesprächsfragmente. Alles arbeitet mit an Nietzsches Gedanken, ob es nun das Wetter ist, Segen und Fluch der nationalen Küchen, der Mistral oder das Schreibzeug. Welcher Philosoph hat so vielfältige, so bunte und eingängige Notizen über die Welt dieser heimlichen Helfer und Störer hinterlassen wie Friedrich Nietzsche?

Würde Nietzsche viele seine Texte selber als Notizen bezeichnen? Die Frage ist nicht schlüssig zu beantworten. Wir nennen sie, ohne viel darüber nachzudenken, seit jeher Aphorismen. Das wiederum gefällt Nietzsche nur bedingt. Eine Notiz aus dem Jahre 1880 sagt: »Es sind Aphorismen! Sind es Aphorismen? – mögen die welche mir daraus einen Vorwurf machen, ein wenig nachdenken und dann sich vor sich selber entschuldigen – ich brauche kein Wort für mich.«[117] Abgeklärte, hübsch zurechtgeschusterte oder gar milde stimmende Weisheit in Sentenzenform will Nietzsche partout nicht unters Volk bringen. Seine Sätze bergen böse Blicke und Überraschungen – vor allem aber Risiken und Nachwirkungen: »In Aphorismenbüchern gleich den meinen stehen zwischen und hinter kurzen Aphorismen lauter verbotene lange Dinge und Gedanken-Ketten; und Manches darunter, das für Oedipus und die Sphinx fragwürdig genug sein mag.«[118]

In seinen Spätschriften überlässt Nietzsche das Verkünden nicht mehr seinem Zarathustra. Er schlüpft in die Rolle dessen, der Werte umwertet und neue Gesetzestafeln in den Händen hält. Er verfasst, sagt er nun, eigentlich Sentenzen. Die Idee ist nicht neu; schon 1882 notiert Nietzsche: »Wer Sentenzen schreibt, will nicht gelesen, sondern auswendig gelernt werden.«[119] Jetzt gewinnt diese Idee an Brisanz. Nietzsche will Sätze schreiben, die Folgen bergen, die geradezu Dynamit in sich haben. »Der Aphorismus, die Sentenz, in denen ich als der Erste unter Deutschen Meister bin, sind die Formen der »Ewigkeit«: mein Ehrgeiz ist, in zehn Sätzen zu sagen, was jeder Andre in einem Buche sagt, – was jeder Andre in einem Buche *nicht* sagt ...«[120] Das haben seine »Sentenzen« allen Notizen voraus. Welche Notiz wäre jemals als Gesetzestext durchgegangen oder in die Riege ewiger Wahrheiten aufgerückt? Gemeinsam ist ihnen allenfalls die Kürze.

Sehen wir uns das Gegenteil dieser Verkündigungsoffensive an. In Nietzsches Sicht illuminiert die Moderne ihre billigen Fassaden mit schnell aufflackernden und alsbald verglimmenden Leuchtfeuern. Sie produziert das schöne, belanglose Leben und überschwemmt noch die letzte Stube mit ihren geist- und geschmacklosen Zeitungen und Druckerzeugnissen. Bis in die kleinsten Formulierungen verrate alles einen

Geist, den Nietzsche den Stil der Dekadenz nennt. Der offenbare, »dass das Leben nicht mehr im Ganzen wohnt. Das Wort wird souverain und springt aus dem Satz hinaus, der Satz greift über und verdunkelt den Sinn der Seite, die Seite gewinnt Leben auf Unkosten des Ganzen – das Ganze ist kein Ganzes mehr.«[121]

Unschwer zu erkennen, welche frappierende Ähnlichkeit die aus dem Ganzen heraus hüpfenden Sätze mit Notizen haben! Auf diese Weise wollen und werden sie Anspruchsvolles weder formulieren noch realisieren. Ist die Sache damit abgetan? Nietzsche vergisst nicht, ein aufschlussreiches Bekenntnis hinzuzufügen: Auch er sei ein »décadent« wie andere. Einen entscheidenden Unterschied gäbe es aber, nämlich den, »dass ich das begriff, […] dass ich mich dagegen wehrte. Der Philosoph in mir wehrte sich dagegen.«[122]

Und wie wehrt sich der Philosoph im Leser dagegen, dass ihm Nietzsches Texte nicht unter die Fuchtel von schrillen Stichworten oder Hammerfloskeln geraten? Nietzsches Schreiben sucht einen Dialogpartner. Einen Leser, der das nicht vergisst, könnte die Lust überfallen, das Werk anders zu lesen. Er wird es von der Regie der großen Worte befreien wollen und einzelne Sätze und Notizen herauszulösen, um sie mit einem neuen, offenen Blick zu lesen. Womit wir bei dem Rat wären, mit dem Karl Jaspers dieses Kapitel eröffnete.

Sechstes Kapitel

Platzhalter und Entfesselungskünstler

1872 beginnt Gustave Flaubert endlich mit dem Buch, das sein »Meisterwerk« werden soll. Er ist angeekelt von der »allgemeinen Dummheit«; ihr will er ein besonderes Denkmal setzen. Das Unterfangen entpuppt sich, gelinde gesagt, als eine Herkulesaufgabe. Seiner Nichte schreibt er am 8. September 1872 aus Paris, er sei ganz erschlagen von der Unmenge an Literatur, die er dafür benötige und mache sich schon emsig Notizen.[1]

Seine beide Romanhelden, die ehemaligen Büroschreiber Bouvard und Pécuchet, werden es nicht anders machen. Sie nehmen sich jedes einzelne Wissensgebiet nacheinander vor, von der Landwirtschaft über die Psychologie bis zu den Naturwissenschaften, die Archäologie, die Religionen der Welt, selbstredend auch die Literatur, die Philosophie und alles Utopische, wenn es nur der Weltverbesserung dient. Sie schreiben gewichtige Dinge und verstehen, was in ihren Kopf passt; das ist leider äußerst wenig. Legen sie den Griffel aus der Hand und suchen sie die praktische Nutzanwendung ihres Wissens, so initiieren sie eine Kalamität nach der anderen. Eigentlich tragen sie nur wahllos das bunt Aufgelesene zusammen, emsig wie zuvor im Büro. Mit Hilfe ihrer angehäuften Notizenberge fördern sie ihre und die allgemeine Dummheit nach Kräften. Beim natürlich etwas klügeren Leser von Flauberts Roman sorgen sie für schadenfrohe Heiterkeit.

Einen Höhepunkt in Flauberts unvollendetem Werk stellt das angefügte *Wörterbuch der Gemeinplätze* dar. Flaubert hat aufmerksam notiert, was und wie in den Salons und den besseren Bürgerstuben geredet wird. Natürlich muss er das heimlich tun. Denn, so wiederholt es das Lexikon: Eine Aktentasche unter dem Arm erwecke ja geradezu den Eindruck, man sei bestimmt ein Minister.[2] Dummköpfe, so wird treu notiert, sind alle, »die nicht so denken wie Sie!«[3] So plappert man und denkt sich nichts dabei. Schreibt aber einer mit, wird alles gleich ganz anders. Der Protokollant hat sich nicht die geringste Mühe gemacht, irgendjemanden der Dummheit zu überführen. Das tun die Leute ganz von selbst, nur ein simples Zitat ist dafür nötig. Aus der unschuldigen Notiz leuchten plötzlich Anmaßung und stumpfe Ignoranz hervor.

Die demaskierende Kraft einer einfachen Notiz ist merkwürdig. Man setzt jemanden ins Zitat und es kommt einer schlimmen Enthüllung gleich – nicht nur in Paris oder in Flauberts Normandie. In London geht gerade einer dieser englischen Regenschauer nieder. Flüchten wir mit anderen Passanten unter den Torbogen der Londoner St. Pauls Cathedral. Damen und Herren aller Schichten, ein Blumenmädchen und ein merkwürdiger Mann sind unsere Nachbarn. Letzterer löst einen kleinen Aufruhr aus. Man hat ihn erwischt! Heimlich hat er etwas notiert! Sogleich muss das Blumenmädchen lautstark beteuern, es habe wirklich nichts Unrechtes getan! Man solle diesem Unhold die Spitzeleien untersagen! Nein, er sei kein Polizeispitzel, versichert der; er schreibe nur etwas auf und verbitte sich jede Einmischung.

»Wozu haben Sie dann meine Worte aufgeschrieben? Wie kann ich wissen, ob Sie das Richtige notiert haben? Zeigen Sie mir, bitte, was Sie über mich geschrieben haben«, bedrängt ihn das arme, bis ins Mark verängstigte Blumenmädchen.[4] Die Sache wird nicht besser, als ihr der Notizenmacher auf die Nase zusagt, sie stamme aus Dover und da gäbe es bestimmt noch irgendwelche Verwandten in Cornwall. Jetzt fühlt sich die Arme endgültig ausgehorcht und ans Messer geliefert. Dabei ist der emsige Notizenschreiber nur in aller Öffentlichkeit auf seinem wissenschaftlichen Steckenpferd geritten, der Sprachwissenschaft und der Phonetik.

Ihre Konsequenzen werden ansehnlich sein, auf den Brettern der Theater und in der Realität der modernen Welt. Seit 1906 wissen die Zuschauer von George Bernard Shaws Theaterstück *Pygmalion,* in späteren Jahren auch die Musicalfreunde von *My Fair Lady*, wie amüsant man oder Frau mit der passenden Sprache Karriere machen. Zu Beginn des Jahrhunderts wird der Blick auf die Sprache auch für einige philosophische Revolutionen sorgen.

Stellen wir uns einen Verkehrsunfall vor. Das grüne Auto kam von links, das rote kam von rechts. Mitten auf der Kreuzung sind beide zusammengestoßen. Die Sätze, die den Sachverhalt beschreiben, ähneln deutlich den Notizen eines Augenzeugen. Er schreibt einfach auf, was er sieht. Ein banaler Zeitungsartikel über einen Verkehrsunfall bringt einen jungen Wiener Denker und Tüftler auf eine entscheidende Idee: Jeder wahre Satz bilde, wenn er richtig formuliert ist, einen »Fall« eindeutig ab. Die Notiz drücke die einfache Wahrheit aus. Da entstünden überhaupt keine philosophischen Rätselfragen der Art, ob der Mensch überhaupt die Welt erkennen könne. Wenn der Berichterstatter mit korrekten Worten beschreibt, was geschieht, werde sein Protokoll zum Testat der Wahrheit.

Der angehende Wiener Philosoph ist überzeugt, dieses einfache Verfahren werde auch in komplexen Fragen zuverlässig den Weg zur Wahrheit weisen – die auf den über Jahrhunderte angehäuften philosophischen Schwulst dankend verzichten kann. »Der Gegenstand ist einfach«, schreibt Ludwig Wittgenstein in seiner epochalen Abhandlung *Tractatus logico-philosophicus.*[5] Der folgende Satz entpuppt sich geradezu als eine Hommage an die Notiz: Komplexe Situationen sind in einfache Bestandteile aufzulösen wie auch komplexe Sätze in einfache Beschreibungssätze: »Jede Aussage über Komplexe lässt sich in eine Aussage über deren Bestandteile und in diejenigen Sätze zerlegen, welche die Komplexe vollständig beschreiben.«[6]

Lässt sich ein klares, sachgerechtes und wissenschaftlich gültiges Weltbild entwickeln, wenn man einfach sorgsam beobachtet, unaufgeregt notiert und die Puzzleteile mit kühlem Kopf zusammenlegt? Die Vorstellung ist verführerisch, dass sich die Wahrheit auf Notate stützen könne, die ein unvoreingenommener Zeuge in sachdienlichen Worten verfasst und mit denen man weiterbauen kann. Die Denker des Wiener Kreises machen diese *Protokoll-* oder *Atomsätze* zur Grundlage einer Philosophie, die den Schulterschluss mit den physikalischen Wissenschaften sucht. Die sichern die empirische Basis, während die Logik und rationale Methoden das Gemeinschaftswerk der Wissenschaft bestimmen.

Moritz Schlick, der Vordenker des Wiener Kreises, stellt heraus, was nach einer Binsenweisheit klingt: »Eine Sache erkennen heißt im gewöhnlichen Leben in der Tat weiter nichts als ihr den rechten Namen geben. Dies alles ist simpel und selbstverständlich; es erscheint fast töricht, darüber so viele Worte zu machen [...].« Auch in der Wissenschaft bleibe »das Wesentliche beim Erkennen hier wie dort ganz dasselbe.«[7] Für die wissenschaftliche Bedeutung der Notiz sind Ort und Zeitpunkt des Zeugnisses wichtig, ähnlich wie bei einer Zeugenaussage vor Gericht. Auf dieser Grundlage entwirft Otto Neurath ein enzyklopädisches Programm, das in heutiger Sicht deutlich einer »offenen Bürger-Wissenschaft« vorarbeitet. Idealerweise werde jeder zum Schreiber von *Protokollsätzen*; auf sie stütze sich das Menschheitsunternehmen der Wissenschaft: »Von unseren Alltagsformulierungen werden wir als Empiristen immer wieder ausgehen, mit ihrer Hilfe werden wir als Empiristen immer wieder unsere Theorien und Hypothesen überprüfen. *Diese groben Sätze mit ihren vielen Unbestimmtheiten sind der Ausgangspunkt und der Endpunkt all unserer Wissenschaft.*«[8]

Ist die Hoffnung, mit massenweise angefertigten Notizen in die Zukunft der Wissenschaft zu springen, naiv? Die Zweifel wachsen unter den jungen Wissenschaftsphilosophen. Wissenschaftlich wertvolle Notate seien von Theorien und Hypothesen abhängig; sie hielten ja nicht einfach irgendetwas fest. Das setze voraus, dass der Notierende weiß, was und wie er methodisch beobachtet und kompetent protokolliert. Die »Notizen« müssen wissenschaftlichen Kriterien genügen. Das verträgt den Jubel schlecht, den jemand in der Überzeugung anstimmt, *seine* Notiz sei die Entdeckung der Wahrheit. Leicht verkennt man die Doppel- und Mehrdeutigkeiten, die in jede umgangssprachlich formulierte Notiz Eingang finden können.

Kann man sie der Sprache durch Definitionen austreiben oder durch die Empfehlung verhindern, wissenschaftlich begründete Termini seien zu benutzen?

Die Diskussion um Sinn und Möglichkeit der Notiz wird komplexer. Sie verknüpft sich immer stärker mit den stürmischen Entwicklungen der Wissenschafts- und der Sprachphilosophie. Die einstige Sorglosigkeit des Notierens ist dahin. Jeder kann und wird sich täuschen. Die einfache, fern aller Theorie oder Methode angefertigte Notiz steht zunehmend unter prinzipiellem Verdacht.

Nun geht es dem Notierenden im weiten Feld der Philosophie nicht stets darum, kurze Aufschriebe mit überbordenden Wahrheitsansprüchen herzustellen. Notieren kann man alles oder nichts, Banales wie existenziell Entscheidendes, eine Arabeske oder *die* Inspiration seines Lebens. Klugheiten, Dummheiten und alle Zwischentöne: Keine Tradition gibt den Rahmen vor, legt ein Niveau nahe oder schlägt einen Strauß erwünschter Themen vor. Notizen sind keine Aphorismen, deren Traditionen die Orientierung an Stilen und Inhalten anbieten, die in der beliebten Literatur auch weit verbreitet sind. In der Regel eignen sich Notizen nur in Ausnahmefällen als Kalenderspruch oder für die eingerahmte Weisheit an der Wand.

Das 20. Jahrhundert wird Themen und Schreibweisen von Notizen in einer nie gekannten Weise ausdifferenzieren. Notizen werden zum Werk der Krise; das Tagebuch 1910/1911 von György Lukacs begleitet die »Wärme der Produktivität« durch die Eiswüste seiner Welt. Es gibt Geburtsscheine neuer Philosophien, auch die langen Wehen werden nicht verschweigen wie in Gabriel Marcels *Metaphysischem Tagebuch* oder in Jean-Paul Sartres *Tagebücher November 1939–März 1940*. Andere führen Protokolle einer ständigen Entdeckungsreise; das Notieren wird zum verpflichtenden Lebensprogramm eines Ludwig Hohl. Rechenschaft und fundierte Klagen wider die Zeiten versammelt Max Horkheimers *Dämmerung. Notizen in Deutschland*, erstmals erschienen 1934 in Zürich, wie auch seine *Notizen 1949–1969*. Wir begleiten die Lebens- und Denkwege von Autoren durch gefährdete und entscheidende Jahre in den *Tagebüchern* von Albert Camus oder mit dem luziden *Denktagebuch 1950–1973* von Hannah Arendt.[9]

Notizen zeugen von lebenslang offen gebliebenen Fragen, vielleicht auch von offenen Wunden wie Karl Jaspers' *Notizen zu Martin Heidegger*. Sie werden zu den raren Gesprächspartnern in den Einsamkeiten eines Émile Cioran in Paris, erkunden das Gestern im Heute wie das Tagebuch von Eugène Ionesco, gehen mit Claude Lévy-Strauss auf Weltreise oder erforschen mit dem nördlichen Afrika auch das eigene Denken wie bei Michel Leiris. Andere plaudern Interna aus. Autoren zeigen die Kreise der Dichter und Denker gerade deshalb in einer nicht alltäglichen Weise, weil sie auch Alltägliches vorstellen wie etwa Peter Sloterdijks *Zeilen und Tage*.[10]

Peter Sloterdijk betont, »dass es sich nicht um ein Tagebuch im eigentlichen Sinn des Wortes handelt (es wäre sonst erzählerischer und indiskreter), geschweige denn um ein *journal intime* (es wäre sonst melancholischer und bösartiger). Es ist aber auch kein »Denk-Tagebuch« und kein »Arbeitsjournal« (es wäre sonst mehr von literarischen Plänen die Rede, von der Entropie der zeitgenössischen Philosophie, von der Korruption der *humanities*.) Auf dem richtigen Wege dürfte sein, wer eine Affinität zu Paul Valérys *Cahiers* vermutet [...].«[11] Diese Nähe, so ehrlich ist der Autor dieses Buches, wäre ihm gar nicht aufgefallen, hätte Sloterdijk nicht eigens darauf hingewiesen.

Sloterdijks Nennung dessen, was seine Notizen eben *nicht* sind oder *nicht* sein wollen, zeigt ein verbreitetes Dilemma an. Der Sinn und eine angemessene Lesart der Notizen lassen sich für die individuell vorliegenden Formen besser klären, indem Nichtzutreffendes gestrichen und verneint wird. Man kennt das Problem aus der Theologie, die sehr genau angeben kann, wer oder was Gott nicht ist, ohne zu einer positiven Definition zu kommen, wer oder was Gott denn nun sei. Trotz der bleibend offenen Frage ist der ausschließende Hinweis wichtig, denn er verhindert vorschnelle Interpretationen und Festlegungen.

Die Lektüre von Notizen fordert eine angemessene Erwartungshaltung und Lesart ein. Beide sind umso wichtiger, weil Notizen in der Regel nicht für ein zuvor anvisiertes Publikum geschrieben sind. Der aktuelle Leser ist ursprünglich weder gemeint noch angesprochen, im Unterschied zu Aphorismen, die dies sehr wohl von Beginn an verfolgen können. Man schreibt Notizen in der Regel ohne zu überlegen, für wen man schreibt. Erst wenn eine entsprechende Sammlung vorliegt und die Absicht einer Publikation besteht, wird sich das Problem stellen, ob und wie man die Notizen bearbeitet, kompiliert, redigiert und eben den Lesern nahe bringt, die der Notierende bei der Niederschrift noch nicht im Sinn hatte.

Nicht jeder Autor von Notizen wird diesen Weg einschlagen. Notizen sind nicht *per se* das Kleingeld, das erst im vollendeten Werks zum großen Schein umgewechselt wird. Viele beharren störrisch auf ihrem Eigenwert. Ihre Formen und Inhalte seien bewusst nicht mit allem kompatibel. Einige Autoren verweigern sich jeder Veröffentlichung ihrer Notizen in Form eines abgeschlossenen Buches. Sie verstehen sie nicht als ein noch unfertiges Werk im herkömmlichen Sinne. Manchmal rutscht ihnen die Rede vom »Anti-Werk« leichter über Lippen. Dazu gehören die *Cahiers* von Paul Valéry wie der größte Teil der Schriften Ludwig Wittgensteins, denen wir im Folgenden eigene Unterkapitel widmen.

Abgeschlossenheit und Kürze, beides prägende Ingredienzien von Notizen, können komplexe Zusammenhänge wie Sonnenstrahlen im Brennglas bündeln. Notizen spitzen gern situativ zu. Übertreibungen und Einseitigkeiten kommen ganz gelegen. Auf knappem Raum ziehen Notizen vieles hinein, verschieben Details, stellen ein vielleicht ungewöhnliches in den Mittelpunkt und verschenken andere. In ihrem Schlaglicht variieren Beziehungen und Kausalitäten. Ursache und Wirkung vertauschen mitunter die Rollen. Über Prioritätsfragen wird nicht gestritten – vorne ist, was vorne steht. Die Reihenfolge in Handlungsketten steht schon einmal auf dem Kopf. Gegensätze und Widersprüche müssen auf knappem Raum nicht ausgetragen werden, sie werden in konziser Form schroff inszeniert. Die Darstellung bedient sich knappster Mittel und bleibt vielsagend genug.

Ist diese Form schon erkannt, indem man behauptet, die Notiz sei ein Provisorium? Eines mit Kinderkrankheiten eben, die sich auswachsen, je näher das rettende Werk und die redigierende Hand rücken? Es meldet sich Protest aus einer unerwarteten Ecke. Denn die genannten Charakteristika einer Notiz tauchen erstaunlicherweise unter denen auf, die Sigmund Freud in seiner *Traumdeutung* für die Traumarbeit beschrieben hat. Bewusst kontrollierbar seien sie nicht. Sie überwinden die innere Zensur durch ihre schnelle und spontane Art, durch ihre knappe Form, den realitätsbezogenen Gestus, den unvermittelten Abbruch wie den schnellen Wechsel zum nächsten Thema.

Das ist kein unbedachter Vergleich. Sigmund Freud empfiehlt das Notieren geradezu als den kleinen selbstanalytischen Spatenstich in die verborgenen und verdrängten Anteile der Psyche. Es sei ein aussichtsreiches Verfahren, wenn wir »unsere Aufmerksamkeit gerade den *»ungewollten«*, den *»unser Nachdenken störenden«*, den sonst von der Kritik als wertloser Abfall beseitigten Assoziationen zuwenden. »Übt man das Verfahren an sich selbst, so unterstützt man sich bei der Untersuchung am besten durch sofortiges Niederschreiben seiner anfänglich unverständlichen Einfälle.«[12] Notizen müssen keine Anzeichen oder Belege dafür sein, dass man Herr im eigenen Denkhaus ist. Mit ihrer Hilfe wird man es aber immer besser werden.

Eine Welt mit schwankendem Boden tut sich hier auf, während andernorts tragfeste Fundamente gesucht werden. Die Notiz tritt als Agentin unterschiedlicher Strömungen auf; in allen scheint sie sich ihren besonderen Platz zu erobern. Während der Wiener Kreis die Notiz-Offensive breiter Bevölkerungsschichten zum Wohl der Wissenschaft lanciert, basteln Denker und Künstler in Paris an einer ganz anderen Karriere. Im Jahre 1924 rät André Bretons *Erstes Manifest des Surrealismus* unter der Kapitelüberschrift *Surrealistische Niederschrift oder erster und letzter Entwurf*: »Lassen Sie sich etwas zum Schreiben bringen, nachdem Sie es sich irgendwo bequem gemacht haben, wo Sie ihren Geist soweit wie möglich auf sich selber konzentrieren können. Versetzen Sie sich in den passivsten oder den rezeptivsten Zustand, dessen Sie fähig sind. Sehen Sie ganz ab von Ihrer Genialität, von Ihren Talenten und denen aller anderen. [...] Schreiben Sie schnell, ohne vorgefasstes Thema, schnell genug, um nichts zu behalten, oder um nicht versucht zu sein, zu überlesen.«[13] Auf das präsentable Ergebnis oder die umwerfende, formvollendete Zeile komme es nicht an, wenn man gerade mit Hilfe spontan entstehender Notizen in den Tiefen des Unbewussten fischt.

Ganz im Gegenteil: »Brechen Sie ohne Zögern bei einer zu einleuchtenden Zeile ab«, fordert André Breton unmissverständlich.[14] Ihm geht es allein um den Satz, »der ans Fenster klopft«[15] und nicht um den erwarteten Gast, der in voller Festbeleuchtung die Treppe zum geschmückten Salon hochsteigt. Eine Notiz hat mehrere Leben. Kaum ist die Tinte trocken, entströmt ihren rätselhaften Worten ein ganz anderer Geist. Eine Notiz halte nur scheinbar still. Das in ihr eingefasste Fließen sei nur vorübergehend zu einem Dokument geworden. Die Lesart muss entscheiden, ob dessen Schönheit erkannt und erlebt wird – eine Schönheit, die nach André Breton geradezu verbietet, auch nur einen Jota an dem scheinbar zufällig zustande Gekommenen zu ändern. Die »strengste Authentizität des sie verzeichnenden menschlichen Dokuments« sei hierfür unerlässlich.[16]

Bretons letzte Formulierung hätte sich gut im Umkreis des Wiener Philosophen um Schlick und Wittgenstein gemacht, während ihnen die surrealistische *écriture automatique* als ein Attentat wider den Geist ihrer neuen Philosophie erschienen wäre. Das frühe 20. Jahrhundert spannt die Notiz für extrem divergierende Zwecke ein. Das raubt ihr manche Unschuld, öffnet ihr aber auch die Augen. Zunehmend prägen Reflexionen die Notiz, was man wie und mit welchem Ziel denn überhaupt notieren kann oder soll. Anlässe, Perspektiven oder Worte werden bewusster gewählt. Dies lässt sich im biographischen wie im zeitgeschichtlichen Kontext nachvollziehen.

Einblick und Aufklärung darüber gewährt beispielsweise das Werk, das der polnische Philosoph Henryk Elzenberg *Kummer mit dem Sein* nennt. Es stellt das *Tagebuch eines Philosophen* dar, begonnen in Paris am 13. 10. 1907; der letzte Eintrag datiert vom 15. 06. 1963 in Polen. Elzenberg hat es für die Veröffentlichung nachträglich redigiert, ursprünglich aber nicht mit dieser Zielsetzung geschrieben. Notizen wurden zu vollständigen Sätze, denen einige Spitzen genommen und bessere Manieren mitgegeben wurden. Ihre spontane Gedankenentwicklung scheint dennoch deutlich durch. Besonders wertvoll in unserem Kontext sind die Reflexionen, die Elzenberg zeitlebens dem Notieren selbst widmet: Was tut er da eigentlich, was geschieht mit seinen Gedanken und mit ihm selbst?

Da sitzt der Henryk Elzenberg, der Sorbonne-Student, im Oktober 1907 in Paris; ein Geistesbruder des René Descartes, der in seiner Stube nach seinem Ich sucht. Es scheint abwesend zu sein. Wenigstens hat der notierende Elzenberg nicht das Gefühl, »es schreibe das Ich«.[17] Wer schreibt aber dann? Mit diesem Eintrag beginnt das Tagebuch. Das Bedürfnis, Notizen zu machen, lässt Elzenberg fortan nicht mehr los. Er findet viele gute Gründe: Wer notiert, geht aktiv mit seinen Gedanken um – »ein ins Wort umgesetzter ist beinahe schon ein in die Tat umgesetzter Gedanke.«[18] Die »Aufzeichnungswut« scheint ihm im Dienste eines Prozesses zu stehen, den er als Autor gegen sich selber führt.

Wer für die Öffentlichkeit schreibt, gerät leicht in das Fahrwasser großer Worte und Deklamationen. Dann lügt man, ohne es zu wissen oder zu wollen. Das Schreiben für sich selbst sei hingegen grundlegend von Ehrlichkeit geprägt. Es mute dem Notierenden einiges zu und erstrecke sich sogar auf die bislang unausgesprochenen Gedanken. Die rutschten immer wieder ganz absichtslos in eine Notiz mit dem überaus wichtigen Effekt, dass die Gedankenentwicklung nicht weiter gehemmt wird. Das bislang Unausgesprochene komme endlich in den Kopf und könne die Entwicklung der Ideen nicht mehr in ihrem frühen Stadium blockieren.

Mit der Feder in der Hand erwirbt man sich ein bedeutendes Maß an Unabhängigkeit. Was Elzenberg über den Künstler schreibt, nimmt er erst recht für den Notizenschreiber in Anspruch: »23. 1. 1913. Künstler sein, seine eigne kreative Welt haben, bedeutet: auf hoher See der Ereignisse seinen Hafen mit sich tragen.«[19] Das Notizheft ist der mobilste Ort, in den Ideen und Erfahrungen einlaufen können. Hier gelte wie für die Kunst, dass man »ohne Kompromisse« tätig sein kann.[20] Elzenbergs Lebensweg ist hingegen voller Hürden und Kompromisse. Erst nach langen Jahren als geachteter Literaturkritiker und gelegentlicher Dozent erhält er 1936 seine erste Professur für Philosophie in Vilnius.[21] Während der deutschen Besetzung verliert er seine akademische Stellung, schlägt sich mit Gelegenheitsjobs durch, engagiert sich im Widerstand und lehrt Philosophie in geheimen Treffen.

Die fundamentale Spannung zwischen der privaten Notiz und dem öffentlichem Wort sticht Elzenberg zeitlebens in die Augen. Am 27. 12. 1941 schreibt er: »So etwas wie volle Zufriedenheit empfinde ich dann, wenn ich nur für mich selbst ein Buch lese oder ein Problem durchdenke. Doch wie rasch verschwindet diese Zufriedenheit spurlos, sobald ich diese Dinge tue, um die Ergebnisse publik zu machen. Der Wunsch oder die Verpflichtung, mit seinen Gedanken vor die Leute zu treten, verdirbt die ganze Freude am Denken.«[22]

Es sind Jahre, in denen selbst jeder Rückzugsort des Denkens und Schreibens einer fürchterlichen Bedrohung ausgesetzt ist. Kein Gedanke ist vor der herrschenden Gewalt dadurch geschützt, dass er in einer Kladde versteckt wurde oder in einem veröffentlichten Buch das Ende aller Zerstörungen in Sicherheit abwartet: »11. 2. 1944. ÜBER MICH UND DIESE AUFZEICHNUNGEN. Was hat es, um Gottes willen, für einen Sinn, wenn man so viel anderes zu tun hat und die äußeren Möglichkeiten so beschränkt sind, Zeit und Kraft auf das Aufschreiben von Gedanken zu verwenden, von denen ich von vornherein weiß, dass sie kein sinnvolles Ganzes ergeben, in die Mappe wandern und dort bleiben; noch schlimmer: die in einigen Wochen in Rauch aufgehen können, während ihr Autor, einen Rucksack auf den Schultern, zusammen mit einer ganzen Herde von Evakuierten Richtung Westen wandert?«[23]

Elzenberg gibt sich selbst eine Antwort. Er befolge mit Hilfe seiner Notizen schlichtweg das lebensbegleitende Gebot, von Zeit zu Zeit Bilanz zu ziehen. Nichts anderes tue er, er wolle sogar mit sich abrechnen. Plötzlich hält er in dem aufwühlenden Gedankengang inne. Solche inneren Abrechnungen seien doch eigentlich Sache der »Meditationen«, die er regelmäßig treibe. Etwas sei aber doch anders, wenn die Feder ins Spiel kommt. »Doch sooft der innere Puls lebhafter wurde, sooft die Wellen höher schlugen, *musste* ich, von einer höheren Kraft getrieben, zur Feder greifen. Mir scheint, dass meine Selbstkenntnis unvollkommen bleibt, wenn die Gedanken, die sie ausmachen, nicht aufgeschrieben werden.«[24] Er müsse sie förmlich aus sich »herauswerfen«. Nur so ließe sich die Dynamik befreien, die die unaufgezeichneten Gedanken bislang ersticken.

Notizen anzulegen erweist sich überhaupt nicht als eine kontemplative Tätigkeit, die etwas festschreibt, es dann weglegt und damit gut sein lässt. Der Schreibende setze sich einer stürmischen Selbstveränderung aus, über die er zu gewissen Zeiten nur geringe Kontrolle habe. Sie stünde im Bunde mit Kräften, »die in das volle Licht des Bewusstseins hinausgelangen und dort ihr Spiel treiben wollen, doch auf denen das Fertige, Erstarrte lastet, das sich an der Oberfläche befindet und den Zugang zu ihr behindert.«[25]

Die Frage des jungen Pariser Studenten klingt wie ein Echo aus der Ferne nach: Existiere ich, wenn ich denke? Warum stellt sich denn nicht die Gewissheit ein, sein »Ich« schreibe diese Notiz und trete damit vor seine Augen? Elzenberg entdeckt eine unvermutete Verbindung zwischen dem Ich und der Notiz – eine untergründige, die nur der sehe, der offene Augen dafür habe. In seinen Notizen trete ein Ich auf, das seine Aufzeichnungen über Jahrzehnte hinweg in ihren Kreis aufgenommen und in einem hintergründigen Dialog geformt haben: »›Ich‹ bin dieser Stapel, bestehend aus Mappen und mit schwarzen Zeichen bedecktem Papier, der zwar unsolide und vergänglich, doch heute schon wirklicher als meine Subjektivität ist. Meine Subjektivität ist jetzt bereits nur noch die Quelle, aus der neue Ströme in diesen Behälter fließen. Und gegenüber diesem zweiten ›Ich‹ beginne ich ein Gefühl der Verpflichtung zu empfinden: dass ich nur noch dazu da bin, um es zu bedienen.«[26] Woraus besteht die Verpflichtung den Notizen gegenüber, wie bedient man sie?

Indem man artig und regelmäßig die Kladde füttert, so wie Gläubige in die Kirchen gehen? Bringen die Notizen etwas ein, das eine endgültige Erkenntnis in Aussicht stellt und nicht einfach bescheiden im Denkkreis des Tages gräbt? Seine Notizen geben Elzenberg kein Material an die Hand, das er nach Belieben in Kapiteln anordnen und auf ihren Ertrag für ein mögliches Werk abklopfen könnte. Selbst den Versuch, im Jahr 1941 eine persönliche Krise mit Hilfe von Notizen auf den Punkt zu bringen, unternimmt er nur ein einziges Mal und bedauert ihn alsbald.

Seine Notizen scheinen keine Stufen einer Leiter zu sein, die zu einem Werk führt. Ihre Würde mag davon unabhängig sein, dass sie in einen Rahmen hineinpassen oder sich wenigstens dazu eignen, Leerstellen in ambitionierten Gedankenkonstruktionen auszufüllen. Dagegen leisten sie merkwürdigerweise Widerstand, vielleicht um sich vor vorschneller Ausnutzung zu schützen.

Denn was ist ein zu Ende gedachter Gedanke? Es ist einer, der an sein banales Ende gekommen ist: »24. 3. 1944. In der Mehrzahl der Fälle ist ein Gedanke nur dann eindrucksvoll, wenn er nicht zu Ende gedacht ist. Ein zu Ende gedachter Gedanke hat weder eine geheimnisvolle Perspektive noch jene Suggestivkraft, die in der Unvollendung selbst steckt, in der Bewegung, im unerfüllten Streben. Er ist statisch, in allen Teilen gleichmäßig klar, in der Formulierung – durch das Übermaß an Genauigkeit – mühsam. Die Vollkommenheit und Offensichtlichkeit verleihen ihm den Ausdruck des Truismus, und das demütige Einvernehmen mit der Wirklichkeit setzt ihn dem Vorwurf der Plattitüde aus.«[27] Dann trete man aus der Welt der Notizen ein in die der Diskurse und der Rechthaberei, wohne dem Aufputz der Epigonen bei und werde mit den Plattitüden der Präzision um ihrer selbst willen gefüttert.

Dies alles sei ein mehr als schlechter Ersatz für die Nähe, die der Notierende als Anwesenheit einer spontan zugänglichen Wirklichkeit erlebe und die er mit den unvollkommenen Mitteln dieses Moments festhält. Notizen dienten dazu, jetzt und auch später, wenn man sie liest und weiterdenkt, Gedanken zu klären und Formulierungen zu finden. Die können sehr wohl in ein Werk einfließen. Elzenberg empfindet allerdings die Erwartung als naiv, hier ginge es lediglich um graduelle Übergänge, die eigentlich nicht ins Gewicht fallen dürften. Natürlich will er mit Hilfe seiner Notizen besser denken und mehr begreifen. Das sei seine innerliche Haltung, wie er versichert. Schreibe er aber von vornherein mit dem klaren Ziel, seine Gedanken zu veröffentlichen, so führe diese »soziale Haltung« geradewegs dazu, dass sein Interesse an der Publikation schnell erlahme.

Dafür trete ein anderes Ziel an seine Stelle, nämlich »etwas zu schaffen, das als sprachlich-gedankliches Gebilde [...] *vollkommen*, in sich perfekt, gestaltet ist.«[28] Elzenbergs Philosophie versteht sich insgesamt als eine Philosophie der Werte. Ihr Leitstern ist die Konzeption eines »perfekten Wertes«. Elzenberg unterscheidet ihn von instrumentellen oder utilitaristischen Werten, die allesamt nicht hinreichen würden, wirklich weitreichende moralische Imperative oder Verpflichtungen zu begründen. Eine endgültige Definition des perfekten Wertes, die ihn selbst zufrieden stellt, scheint Elzenberg nicht gefunden zu haben.

Was bleibt? Der letzte Eintrag des Tagebuchs zieht am 15. 6. 1963 Bilanz, zwei Jahre vor Elzenbergs Tod im April 1967 in Warschau. Ist er die ganzen Jahre bloß wie ein Eichhörnchen im Laufrad unterwegs gewesen? Sind seine Notizen, trotz kreativer Ideenschübe, eigentlich nur endlose Wiederholungen, ohne dass ihr Autor dadurch jemals vom Fleck gekommen wäre? Das kann er verneinen. Lässt sich sein ganzes Leben als Philosoph in einer Notiz, die ja nichts lang und breit darstellen kann, auf eine sinnvollen Punkt bringen?

Die Notiz ist flexibel genug, unterschiedliche Ausgangspunkte und Perspektiven aufzunehmen. Der erste: »Es handelte sich überhaupt nur scheinbar um einen Prozess, in Wirklichkeit aber um die Explikation von etwas, das vom ersten Moment an gegeben war. Die aktive Rolle der Zeit ist hier unwichtig.«[29] Diese Idee gefällt Henryk Elzenberg außerordentlich gut. Sie erinnert ihn an die von ihm sehr geschätzte Philosophie des Parmenides, der die Bewegung überhaupt leugnet. Ein weiteres Fragment des Eleaten mochte ihn in seinem Rückblick nahe sein: »Sieh, wie auch das Ferne deinem Geist greifbar nahe ist; denn er wird doch nicht das Seiende vom Seienden trennen!«[30]

Noch näher ist Henryk Elzenberg in seiner letzten Bilanz einem Gedanken von Leconte de Lisle, über den er 1909 in Paris seine Doktorarbeit vorgelegt hat. Der Idee des »unbewegten Schwingens« kommt dort eine zentrale Bedeutung zu. Mit ihr versteht Elzenbergs abschließende Notiz, was alle vorherigen immer auch bewegt hat: »Auch hier gab es, allerdings im subjektiven Bereich, so etwas wie ein Oszillieren – ein Hin – und Herschwingen um das eigene, unerreichbare Zentrum, das einen fasziniert und vor dem man sich gleichzeitig ein wenig fürchtet. Entsteht doch aus dem Angezogenwerden durch dieses »Zentralfeuer« und der Angst vor dem Verbrennen häufig dies zutiefst menschliche Gebilde: ein Denken, das zugleich leidenschaftlich und gehemmt ist.«[31]

Ist die Frage, was Elzenberg mit dem lebensbegleitenden Schreiben seiner Notizen erreicht hat, richtig und angemessen? Kein präsentables Ergebnis, das Anteil an der Entwicklung einer Theorie oder Methode hätte, steht als Ertrag vor Augen. Die Notizen arbeiten keinem präsentablen Werk vor und scheinen insofern wenig konstruktiven Elan zu entfalten. Nun stellt sich bei einer derartigen Antwort sofort die Rückfrage, was wir in diesem Fall eigentlich unter einem Ergebnis verstehen wollen? Könnte als eine mögliche Antwort auftauchen, dass es darum ging, seine Gedanken darzustellen und zu klären? Oder sich zu versichern, dass man wirklich denkt, was man denkt – ohne dass man aus Routine oder den bekannten guten Gründen ständig Inhalte wiederholt, die eigentlich fremd bleiben? Wie könnte man es als einen Ertrag bezeichnen, wenn man beim Lesen der Notizen den vielleicht sogar sehr flüchtigen Eindruck gewinnt, ein Ich zeige sich und stelle sich dar, das man zuvor in dieser Form nicht kannte?

Erheblich leichter ließe sich natürlich die Frage beantworten, worauf Elzenberg verzichtet hätte, wenn er das Schreiben unterlassen hätte. Die Gedanken waren erkennbar die seinen, die Entdeckungen waren an den Entdecker selbst adressiert. Die Notizen waren zugleich Platzhalter und Entfesselungskünstler in eigener Sache.

Die Morgenstunden der Notizen: Paul Valéry

Ohne die Krise einer Nacht wären die *Cahiers* von Paul Valéry, eines der bedeutendsten Notizenwerke der Weltliteratur, nicht entstanden. Valérys Erschütterungen sind überliefert. Ein Jahr später schreibt er über seine schicksalhafte »Nacht von Genua« vom Oktober 1892: »Fürchterliche Nacht. Sitzend auf meinem Bett verbracht. Allenthalben Sturm. Mein Zimmer strahlend bei jedem Blitz. Und mein Schicksal spielte sich in meinem Kopf ab. Ich bin zwischen mir und mir.«[32] Die Erfahrung mag dramatisch gewesen sein, die Worte des Rückblicks sind zurückhaltend. Emotionale Stürme lässt Valéry, dessen poetische Klaviatur vor ausdrucksstarken Tonlagen keineswegs kapitulieren müsste, in seinem nüchternen Bericht nicht aufziehen. »Vielleicht Wirkung jener Spannung von Witterung und Geist«, vernünftelt er mit der Distanz eines Kommentators. Im Bericht steckt Klartext. Er führt eine Opposition vor Augen, die Valéry am nächsten Morgen eine weit reichende Entscheidung abverlangt: »Ich fühle mich ANDERS an diesem Morgen. Doch – sich anders fühlen – das kann nicht dauern – entweder man wird wieder; und der frühere trägt den Sieg davon; oder der neue Mensch nimmt den früheren in sich auf und vernichtet ihn.«[33,]

Was immer dem »früheren Menschen« im Vorfeld dieser Nacht geschehen sein mag, bleibt hier ungesagt. Etwa die irritierende Erfahrung des plötzlichen Liebesrausches, ausgelöst von einer unbekannten Passantin, die nichts davon ahnt. Einen Moment später erkaltet er zu nichts, weil Valéry sich distanziert als den beobachtet, der diese Gefühle hat. Kein Wort verliert Valéry über den Schiffbruch der poetischen Inspirationen im Kreis von Stéphane Mallarmé. Die Ansprüche seines kühlen Kopfes, der sich nicht vorführen lassen will, bleiben. Paul Valéry will denken, anstatt im Feuerwerk unverstandener Inspirationen umherzuirren. Er sucht Nüchternheit und Klarheit.

1894 beginnt Paul Valéry, seine *Cahiers* zu schreiben; bis zu seinem Tode im Jahre 1945 werden die 260 Hefte zum »Werk« neben seinem Werk. Täglich von fünf bis acht Uhr in der Früh schreibt er, regelmäßig, hingebungsvoll und konzentriert wie ein Mönch, der während der frühmorgendlichen Laudes sein Heil sucht. Valéry will nicht loben oder danken; er will wissen: Was tue ich und was geschieht mit mir, wenn ich denke? Was kann ich überhaupt denken? Welche Möglichkeiten habe ich? Was trennt mich von ihnen oder hindert mich, sie wirklich zu nutzen? Wie weit erstreckt sich mein Bewusstsein? Welche Welt steckt in meinen Gedanken und was sagt sie mir?

Das sind Fragen, die der Philosophie seit jeher nicht fremd sind. Valéry stellt sie anders. Er sucht kein Denken aus zweiter Hand. Das Projekt seiner *Cahiers* schließt geradezu aus, sich Antworten aus dem Corpus philosophischer Werke zusammenzulesen. Valérys Denkwege wahren explizit eine grundlegende Distanz zur Philosophie. Er denkt selbst und dafür braucht er lediglich Zeit, einen Federhalter und Papier.

1894, im Geburtsjahr seiner *Cahiers*, veröffentlicht Valéry einen Essay über Leonardo da Vinci. Einige der Notizbücher Leonardos hatte er im Herbst 1891 in der Pariser Nationalbibliothek bewundert, zusammen mit Notizbüchern Albrecht Dürers.[34] Er sieht in Leonardo, dem Renaissance-Künstler und Denker, einen Geistesverwandten. Sein Essay entwickelt ein »Gedankengeschöpf«, das eben so denken kann, wie er es selber fortan können möchte. Dieses Geschöpf passt erstaunlich gut zum historischen Leonardo. Der ist in Personalunion Künstler, Konstrukteur und Wissenschaftler, zudem ein unermüdlicher Schreiber von Notizbüchern, den berühmten Kodizes. Zwei Jahre darauf wird Valérys Gedankengeschöpf Leonardo mit Herrn Teste einen weltliterarischen Zwilling bekommen. Herr Teste ist ebenfalls ein produktiver Verwandlungskünstler, der allein aus dem Kopf lebt, aus dem »Dämon der Möglichkeit«.[35]

Die Gemeinsamkeiten, die Valéry mit Leonardo teilt, sind gleichermaßen konstruiert wie entdeckt. Beides gehört für Valéry zusammen. Wer nichts konstruiert, entdecke auch nichts; wer nichts erfindet, finde nichts. Für Valérys Leonardo bedeuten Notizen: entdecken und spielen, sehen und denken, erfinden und konstruieren. Wer das unternehme, gebe nicht vor, mit dem ersten Schritt zu wissen, was am Ende des Weges herauskommen wird. Leonardo führt in seinen Manuskripten vieles zusammen, das ihm erst zu einem späteren Zeitpunkt ermöglichen wird, unterschiedlichste Inhalte und Sichtweisen zu verknüpfen. Alles bewahrt er, was dereinst zu Größerem dienen könnte. Leonardo konstruiert, ohne Garantien des Gelingens einzufordern. Wird sein Fluggerät, der *Ornithopter*, tatsächlich fliegen wie ein Vogel? Leonardos Beschreibung liest sich wie die Bauanleitung eines Wunderdinges. Sollten die Götter der Mechanik seinen Plänen doch nicht gewogen sein, bewahren seine Notizen den Trost: »Und wenn die obengenannte Wirkung nicht eintritt, dann verliere keine Zeit mehr damit.«[36]

Die Kodizes, die Leonardo als Linkshänder meist in Spiegelschrift schreibt, hütet er und er hält sie zeitlebens geheim. Paul Valéry rekonstruiert das verschwiegene Drama in Leonardos Denken. Glücklicherweise, schreibt Valéry, »besitzen wir die handschriftlichen Aufzeichnungen Leonardos und Pascals berühmte Merkzettel. Diese Bruchstücke wollen von uns befragt sein. Sie vermitteln uns eine Ahnung, mit welch blitzhaften Gedankensprüngen [...] Menschen die Schatten ihrer künftigen Werke erschienen sind, ihre vorauseilenden Schemen.«[37] Valéry geht es aber nicht allein um die großen, epochalen Werke, deren Entstehung die Notizen ankündigen oder vorbereiten. Notizen schreibt auch, wer keinesfalls im Sinn hat, der Welt irgendein Meisterwerk zu hinterlassen. Gleich im Anschluss an die oben zitierte Passage fügt Valéry diese wichtige Klarstellung hinzu: »Auch ohne sich auf so große Beispiele zu besinnen, bei denen man Gefahr läuft, in die Fehler der Ausnahme zu verfallen, genügt es zum Beispiel, jemanden zu beobachten, der sich allein glaubt und sich keinerlei Zwang antut: der einen Gedanken beim Schopf *packt*, vor einem Gedanken *zurückweicht*, der verneint, lächelt, oder sich duckt und das seltsame Spiel seiner inneren Vielfältigkeit aufführt. Die Verrückten überlassen sich ihm vor aller Augen.«[38]

Mit der »Methode Leonardo« beschreibt Valéry geistige Operationen; er hat vor allem im Sinn, die Arbeitsweise des Geistes bewusst zu machen. Er will beobachten, anstatt sich mit Abstraktionen zufrieden zu geben und er pocht darauf, mit der Netzhaut wahrzunehmen und nicht mit dem Wörterbuch. Die Methode besteht zunächst einfach darin, mit voller Schärfe allem nachzugehen, was die Gedanken konkret in Bewegung bringt und miteinander verknüpft, was die Gedanken ihrerseits aufrühren und implizieren. Möglich wird das vor allem in Opposition gegen fixierte Begriffe, gegen konventionelle Denkwege und gegen das Schielen auf ein präsentables Ergebnis: »Nur solange das, was im Geiste vorgeht, noch in Bewegung, noch unentschieden, noch dem Augenblick ausgeliefert ist, wird es für unsere Absicht taugen, das heißt: bevor man es Gedankenspiel oder Gesetz, Theorem oder Kunstwerk genannt hat und bevor es, im Begriffe sich abzuschließen, seinen ursprünglichen Ähnlichkeitscharakter preisgegeben hat.«[39]

Die bewegte Aktualität des Denkens ist für Valéry der Schlüssel. Dagegen versinken ihm die Sätze der Philosophie zu Idolen, die, auch wie die poetischen Konstruktionen, an »unfruchtbarer Eintönigkeit« leiden. Diese fixierten Gedanken können einen geradezu hypnotischen

Charakter annehmen. Wer frei denkt, denkt anders. So trägt er 1899 in seine *Hefte* ein: »Um dieses Unternehmen zu verstehen, müsst ihr alle literarische Gewohnheit abstreifen – selbst die schlichte Logik.«[40] Die Anrede verrät, dass Valéry zu Beginn doch ein wenig an spätere Leser gedacht haben muss. Sein Fahrplan scheint kurz und übersichtlich zu sein: »Jede Seite – da fängt etwas an, das mit der vorhergehenden Seite nur durch das Ziel verbunden ist – Und es ist dennoch ein einziger durchgehender Satz, worin ein anderer, ein *Hauptsatz* steckt. Kunstwerk aus den Fakten des Denkens selber.«[41]

So nimmt er jeden Morgen seine Notizen auf. Mit den ersten Skizzen eines Gedankens wird er Worte finden, Bilder evozieren, Entdeckerfreuden auskosten und mit Bedauern erleben, dass ein Gedanke andere, womöglich wichtigere fern halten kann. Denken macht klug und es macht dumm, je nachdem. Man kann nicht alles notieren, zumindest nicht alles zur selben Zeit. Was kann ich denken, was kann ich schreiben? Valérys Antwort ist eine praktische. Sie besteht in täglich neuen Versuchen, Skizzen, Studien, Entwürfen, Vorübungen und einem behutsamen Vortasten. So zählt es sich Valéry selbst in einer kurzen Notiz auf.[42]

Mit der Zeit kennt und durchschaut er viele Spielarten seines Denkens. Auch mit den Glücksfunden und den Irrgärten kennt er sich zusehends besser aus. Wie schnell zerbröselt manche eben erst gefundene Einsicht: »Oft schreibe ich hier einen absurden Satz hin anstelle eines Blitzes, der sich nicht hat greifen lassen oder der – gar kein Blitz war.«[43]

Ein unaufgeregtes Leben führt der Jurist Paul Valéry. Er hält Abstand von den poetischen Ambitionen seiner frühen Jahre. Exaltationen, auch die in dichterische Bahnen gelenkte, sind ihm suspekt. Bis 1900 arbeitet er im Kriegsministerium, in den zwei Jahrzehnte danach als Privatsekretär des Leiters der Presseagentur Havas. Er ist ein bürgerlich lebender Familienvater, der eine hartnäckige Praxis im Geheimen pflegt. Verschwiegen beginnt sein Tag stets morgens um fünf Uhr. Alle schlafen noch, er braut sich seinen »rituellen Initialkaffee« und beginnt. »In dieser Stunde, 5 Uhr morgens, widerstrebt es mir, mit dem Geiste arbeiten und dabei an die Meinung anderer denken zu müssen. Das ist die Stunde, so wenig ähnlich, so sehr einzig zu sein wie möglich –«, notiert Paul Valéry im Jahre 1937, nach über vierzigjähriger Erfahrung im morgendlichen Notizenschreiben.[44] Um acht Uhr beginnt sein Alltag. »Vor fünf aufgestanden – um acht scheint es mir, dass ich schon einen ganzen

Tag lang geistig gelebt habe, somit das Recht erworben habe, bis zum Abend dumm zu sein.«[45]

Ein stilvolles Turmzimmer wie Montaigne besitzt Valéry nicht. Den selbstmalerischen Schreibversuchen des Schlossherrn misstraut er zutiefst; er empfindet sie als geschwätzig und langweilig.[46] Seine eigenen Hefte ziehen ihn aus dem warmen Bett, als locke das Abenteuer: »Freude – Erregung, um 5 Uhr aufspringen und sich sogleich darauf werfen, eine Menge Gedanken gleichsam simultan niederzuschreiben, mit dem Gefühl extremer innerer Geschwindigkeit, die über die ganze verborgene Ausdehnung des geistig-seelischen Feldes hin (das dadurch überhaupt erst freigelegt wird) Verbindungen aufscheinen lässt.«[47] Es ist die Morgenstunde, in der er wirklich zu sich kommt. Nach dem Schlaf kann die Welt jeden Tag neu entstehen. Valéry will es erleben, sich dabei beobachten und wissen, was dem Ich möglich wird, das gerade in einen neuen Tag geboren wird.

Das ist die Zeit, in der er seinen Geist loslässt, ihn sogar trainiert, als treibe er eine mentale Frühgymnastik, die ihm nicht anspruchsvoll genug sein kann. Wann sonst käme Valéry das Grundgefühl seiner Existenz, das nichts anderem ähnlich sei, so nahe? Die unzähligen Pflichten und Dummheiten des Tages erwarten ihn ja erst später. Dann streift er die passende Existenz über wie ein Kostüm und trägt die Masken, die perfekt zu den anstehenden Rollen passen. Er wird zu der langweiligen Person, die man unmöglich sein kann, wenigstens nicht in der Frühe, in der Zeit seiner *Cahiers*.

Die *Cahiers* unterscheiden sich fundamental von Tagebüchern. Man sucht vergeblich nach dem erinnerten Glück oder dem Schmerz des vergangenen Tages und findet auch nichts über die Hoffnungen für den folgenden. Erinnerungsreste, Gesprächsfetzen, das Universum alltäglicher Namen, die vielen kleinen Orte und tausend Begebenheiten finden nicht den Weg in die *Cahiers*. Wozu auch? Sähe uns ein Beobachter im Alltag zu, schreibt Valéry, und notiere alles mitleidslos, so würden wir uns in seinen Notizen kaum wiedererkennen. Wir nehmen uns höchst selten überhaupt wahr und dann in der Regel auch noch falsch.[48] In den *Cahiers* geht es nicht um Spionagedienste im Sinne eines Sören Kierkegaard oder George Bernard Shaw. Paul Valéry ist nicht wie Gustave Flaubert auf der Pirsch nach der menschlichen Dummheit, die es aus sicherem Versteck genüsslich zu erlegen gelte. Valéry will wissen, welche geistigen Operationen durch die Dummheit kanalisiert, gelähmt oder unmöglich werden. Der biographische Rückblick schert ihn nur selten. Er sei unergiebig, trist und verführe dazu, säumig zu werden. Dann wende man den Blick von der Zukunft ab und vereitle bessere Möglichkeiten. Valéry will aber vorankommen.[49]

Das tägliche Schreiben der *Cahiers* begründet eine Beziehung fürs Leben. Sie kennt ihre Höhen und Tiefen, den lähmenden Stillstand wie auch die fluiden Gedankenströme oder den spontanen Tanz der Gedanken – dem Valéry ohne triftige Analysen niemals trauen mag. Eine treue Seele führt hier die Feder. Nichts bringt seine Schreibpraxis wirklich in Gefahr. Rigoros unterwirft Valéry Gedanken und Gefühle den bohrenden Analysen seiner Morgenstunden. Es ist das blanke Gegenteil einer Wunschwelt, was er in den *Cahiers* sammelt, sichtet und seziert. Ein Parcours ständiger Selbstprüfungen entsteht; fordernde und bisweilen reichlich unangenehme Einsichten türmen sich auf.

Valéry verschließt die Augen nicht: »Der Morgen ist mein Aufenthalt. Es ist darin für mich eine nüchterne und durchsichtige Traurigkeit. Beinahe ist mir kalt und doch noch warm von der Wärme des Bettes. Immer erneut ist mir an diesem Punkt des Tageslaufs, als würde sich mir da, wo das Herz sitzt, eine Art Pfeil einbohren, was beinahe zur Folge hat, dass mir ganz grundlos Tränen kommen – halb toll vor lauter Hellsicht, Hellsicht ohne Gegenstand – und vor kalter und unerbittlicher »Verstehensspannung«.[50] Es sei wie eine Sucht. Die »eiskalt-rigorose Strenge« lasse nicht selten ein beklommenes Herz zurück, eine schmerzende Zärtlichkeit. Ein einfaches Wort für diese Zerrissenheit findet Valéry nicht. Aber er weicht ihr nicht aus. Sie lässt ihn schreiben und weiter schreiben.

Wer ist er, der morgens am Schreibtisch sitzt, als müsste diese reine Welt seiner frühen Gedanken andernfalls untergehen? Als verlöre sein Geist, bliebe er einfach im Bett, die Freiheit, seine ungehinderten Möglichkeiten zu entdecken? Als sei es ihm gleichgültig, ob sein Herz schmerze und dass sich das Streben nach Vollkommenheit ihm bisweilen gar als eine »Form des Selbstmords« darstelle? Ein Rigorismus kommt in Sicht, der das Leben des Notizenschreibers aufs Spiel setzt – und dadurch alle seine Möglichkeiten, die schließlich an das Leben gebunden sind.[51] Warum zieht sich Valéry in den düsteren Phasen seiner *Cahiers* nicht die Decke über den Kopf? Niemand würde es bemerken.

Valéry erspart sich die Frage nicht. Akribisch beobachtet er den Schreiber seiner Hefte, durch alle Höhen und Tiefen seiner Existenz hindurch mit dem Gleichmut eines Stoikers. Ende Februar 1940 schreibt Valéry an den treuen und so grundverschiedenen Freund André Gide. Er ist gerade im Süden Frankreichs unterwegs und in einer miserablen Stimmung, umzingelt vom Unglück aller Art. Die Cahiers immunisieren nicht gegen Schrecken und Verdruss; sie machen Valéry nicht einmal stolz auf das Erreichte. Wir lesen im Brief an André Gide: »Nach einigen Wochen schlechter geistiger Verfassung, mit allen den Notizen, die sich seit siebenundvierzig Jahren anhäufen und die, heraufbeschworen, einem sagen, dass man sehr dumm war oder es geworden ist – kein Mittelding -, habe ich einige Tage voll transparenter Klarheit und einer erleuchteten psychischen Aktivität erlebt.«[52] Um dieser transparenten Klarheit willen schreibt er seine Notizen. Kommt sie ihm abhanden, sucht er sie morgens mit der Feder in der Hand und ohne jeden Zwang, sich ein erwünschtes Ergebnis zu erschreiben.

Paul Valéry beharrt er darauf, seine *Cahiers* seien dezidierte Anti-Werke. »Anti-Fertiges« nennt er sie. Werke glätten Diskrepanzen. Sie übergehen das Vorläufige und schalten das Nicht-Wiederholbare aus. Der Individualität ihres Autors, der sie vorgeblich Raum geben, dienen sie schlecht. Valéry sieht die Tugend seiner Notizen in der beständigen Übung, im Augenblick zu denken und zu erleben, wie sich Ordnung und Chaos im Jetzt des momentanen Gedankens bilden.[53] An welchem Ziel will oder wird er jemals ankommen?

Am 31. Oktober 1943 – Valéry ist an diesem Tag 72 Jahre alt geworden – trägt er in sein Heft ein, er hätte das Gefühl, nun fasse er zusammen.[54] Notizen seiner letzten Lebensmonate stimmen in die Melodie ein, so auch die des Jahres 1944, in der er nicht bilanziert, sondern beschreibt, was er tut und erlebt, wenn er sich noch immer frühmorgens an seine *Cahiers* setzt: »Ich stehe auf. Gleich gehe ich diesen rituellen Initialkaffee kochen, von dem ich nicht weiß, wirkt er als Substanz auf meine Chemie, oder wirkt er eher als Geschmacks- und Reizmittel [...] oder hat er nervliche Wirkungen durch *chrononomische* Wiederholung (Periode), denn alle 3 Hypothesen ließen sich aufstellen.«[55] Selbst nach langen Jahren entgeht nicht einmal der ritualisierte Morgenkaffee der Nachfrage. Alles scheint zur Gewohnheit geworden, aber nichts versteht sich von selbst: »Ich gehe also, und nun fühle ich einerseits die Ideen (verschiedenster Art) auf mich eindrängen, sich das Leben streitig machen usw. usw., andererseits nehme ich mich selbst wahr, wie ich gehe und handle in vollkommenen Automatismus – und Somnambulismus. Ich nehme mich wahr als mein eigenes Phantom, als mein ganz regulär wiederkehrendes *Gespenst*. Alles, was ich tue, wurde schon einmal getan. Jeder meiner Schritte, meiner Handgriffe kann ohne mich geschehen – so wie die unmerkbaren und dabei essentiellen Vorgänge des vegetativen Lebens tatsächlich *ohne uns geschehen.*«[56]

Das Gespenst erlebt und denkt, während der Notizenschreiber die Feder führt. Beide vertragen sich außerordentlich gut. Seit jeher ist es die Aufgabe von Valérys Notizen, das Denken zu beobachten, zu üben und aufzuschreiben, was sich darin herausbilden lässt. Die Notiz bedeutet aber erheblich mehr als eine reine Beschreibung. Sie wird zur Transformation des Denkens. Alles muss beweglich sein. Jede Philosophie in Paul Valerys Sinn muss »in der Hand transportierbar sein«[57]; erst dann hat und entfaltet sie ihre Dynamik. Die Notiz macht auf Tempo, nicht ganz unähnlich den schnell auftauchenden und noch schneller vorüberziehenden Einfällen und Intuitionen, mit deren Geschwindigkeit Kopf und Stift beklagenswert selten mithalten können.

Können Intuitionen für ihre Wahrheit einstehen? Sie haben oft nur die Lebensspanne eines kurz aufflackernden Glühwürmchens. Der Kopf braucht aber, um wirklich mit ihnen umgehen zu können, Zeit und einen langen Prozess. Valéry akzeptiert Intuitionen nicht als eine Art von innerem Kinoprogramms, das sich der Analyse und der Deutung entzieht. »Intuition ohne Einsicht ist ein Unfall«, schreibt er in seinem Aphorismenband *Verschwiegenes*, der auf seinen *Cahiers* aufbaut.[58] Der Unfall wird geradezu im Straßengraben enden, sollte sich der intuitiven »Wahrheit« keine andere Idee in den Weg stellen. Es wäre besser, wenn die Intuition mit widersprüchlichen, mit ungläubigen, mit schlimmen Gedanken kollidiert. Dieser Unfall hielte sie zumindest auf der Straße fest und da kann man den Blechschaden wenigstens genauer untersuchen.

Stets besteht die Gefahr, dass die Intuition so schnell erlischt wie das abgebrannte Streichholz und kaum mehr hinterlässt als einen Schweif vager Worte und unbestimmter Vorstellungen. Den vorschnell gefundenen Worten geht man regelmäßig auf den Leim. Das klare Bewusstsein wird oft zum ersten Opfer dieses fahrlässigen Umgangs: »Häufig wird das Wort so schnell produziert, dass es gesprochen ist, bevor es vom Ich gehört wurde.«[59] Es hinterlässt einen Nebel, der gern als Zeichen einer Offenbarung missverstanden wird.

In den *Cahiers* stehen die Intuitionen trotz alledem nicht im Giftschrank. Valéry fordert nur einen adäquaten Umgang mit ihnen ein. Die skeptische Arbeit an den Worten ist unverzichtbar. Man verstehe keine Intuition, empfängt man sie lediglich passiv, zückt sofort den Stift und versucht, brav mitzuschreiben. Die *Cahiers* wollen diesen intuitiven Zauber entlarven. In aller Plötzlichkeit spielt er eine hier überwältigende Stimmigkeit vor und erschleicht sich dort eine prekäre Glaubwürdigkeit. Dahinter verbergen sich bestenfalls Nichtigkeiten aller Art. Eine Philosophie, die ihren Namen tatsächlich verdiene, erwachse niemals aus dieser Leichtfertigkeit. Sie müsse Sorge tragen, dass eine Trennung von Intuition und philosophischem Argument möglich wird.

Auch ein erfahrener Notizenschreiber wie Valéry stößt hier an Grenzen. »Philosophieren ist möglich, weil es unmöglich ist, die Intuitionen zu notieren.«[60] Das heißt nicht, dass man es nicht versuchen oder die Sache auf sich beruhen lassen sollte. Das Gegenteil prägt nämlich Valérys Umgang mit Intuitionen: »Die Intuition ist ein Pferd, ein Tier, das es zu dressieren gilt. Durch sich selbst ist sie nichts.«[61] Das ist nicht gegen die Intuition geschrieben. Denn was wäre der Reiter ohne Pferd und wozu sollte er es zähmen, wenn er nicht reiten will?

Paul Valéry entwickelt geradezu ein Trainingsprogramm. Er will die Zeit gewinnen, die eine blitzschnell vorüberziehende Intuition nicht hat oder die sie ihm nicht lässt. Aus dem Nichts kommen Geistesblitze nie. Vergisst man das, hat man einen entscheidenden Schlüssel zu ihrem Verständnis aus der Hand gegeben. Intuitionen antworten auf Situationen; sie verändern in einem Moment womöglich deren Spielregeln. Valéry sagt es deutlich: »Ein *tiefer* Gedanke ist ein Gedanke oder eine Bemerkung, die eine gegebene Frage oder Situation grundlegend verändert.«[62] Eine unvorhersehbare Produktivität zeichnet diesen besonderen Moment aus.

Valérys Notizen sind ihr auf den Fersen. Dafür brauchen sie ihren vollen Bewegungsspielraum. Die Intuition spricht den an, dem sie sich mitteilt. Man muss sie verstehen und man muss sich selbst verstehen, weil man Teil des Prozesses geworden ist: »- In einem solchen *geheiligten* – besonderen Augenblick – – genügt es den Dingen, die einander riefen und folgten, nicht mehr, sich abzulösen; sie müssen sich aufeinander ausrichten und untereinander die obskure Aufgabe verteilen, mich klarer sehen zu lassen ... Was? Mich. Ich habe mich um einiges mehr vernetzt, ich habe erreicht, dass meine Mehrfachpunkte zahlreicher werden. Das und das Wort, die und die Bewegung dienen mir zu mehr Antworten, gehen in mehr Momente ein.«[63] Was ist, genügt sich nicht; was sich von selbst versteht, ist unverständlich. Wer nur bei sich bleibt, verliert sich.

Valéry deutet auf die Möglichkeit des Andersseins durch die Entfaltung von Differenzen hin. Der Differenzierende wird hierin selbst vielfältiger, er entdeckt und er nutzt seine multiplen Möglichkeiten. Diese vibrierende Potenzialität nennt Valéry *Implex*: »Das *Ich* kennt fast nichts von dem Individuum, dessen *Ich* es ist, sein Gesicht, seinen Rücken, seine Anatomie, seine Geburt, seinen Stand – die meisten seiner *Implexe*. Es ist also *eng an Unbekannt gebunden*.«[64] Valéry bekennt, er existiere, um etwas zu finden. Seine *Cahiers* dienten als Vorbereitung, als Logbuch, als Experimentierraum; manchmal böten sie auch den flüchtigen Vorgeschmack einer kommenden Existenz. »Ich fühle deutlich, dass ich ein Entwurf bin.«[65]

Woher kommen die Gedanken? Sie sind plötzlich da, ihre initiale Bildung entgeht unserer Aufmerksamkeit. Von ihrer unbewussten Formierung ahnen wir manchmal etwas, wissen aber nichts. Die Kinderstube jedes Gedankens scheint sich deutlich von der erwachsenen Form zu unterscheiden, in der er uns bewusst wird. Diese Form lässt in Valérys Blick abgrundtiefe Kompromissbildungen erkennen. Die Gedanken verschweigen uns vielleicht das Wichtigste. Sie sagen dem, der an den Mythos ihrer spontanen Authentizität glaubt, oft das Falsche. Wir spüren in der Regel nicht, wie das Blut durch die Adern fließt, wir wissen nicht, wie unser Gehirn die unendliche Komplexität zu einem einzelnen Gedanken bündelt. Wir nehmen nur leichtsinnigerweise an, alles sei einfach.

Mit diesem Verdacht nimmt Valéry die Stahlfeder jeden Morgen auf. Er dreht das Denken um. Er will sich in seinen Gedanken *nicht* wiedererkennen, will sich nicht wohlig in ihnen spiegeln oder sie mit zufriedenem Kopfnicken notieren. Valéry sucht in jedem Gedanken geradezu die Brüche, die unterschwelligen Differenzen, die überspielte Komplexität. Er will sich unterscheiden von allem, was er denkt. Sein reines Ich aber – er nennt es *moi pur* – sei etwas anderes. Es sei fluide und es liebe das Erwachen – und die frühen Morgenstunden der Notizen. Dieses *Ich* komme ins Spiel, noch ganz ohne jeden Identitätsnachweis.

Das reine Ich scheint unabhängig wie ein buddhistischer Mönch oder ein alter chinesischer Weiser durch eine Welt zu gehen, die gerade erwacht. Nichts bringt es aus seiner Ruhe – ein Vergleich, der bereits für Valérys Zeitgenossen eine gewisse Plausibilität besitzt.[66] Adrienne Monnier, Buchhändlerin und Verlegerin in Paris, hält einen Eindruck fest von Valéry und seinem Monsieur *Teste;* sie fühlt sich an Lao Tse erinnert: »Meiner Ansicht nach erzeugt nichts mehr Wirkung als diese in der Literatur vielleicht einzig dastehenden Seiten – zauberische und zutiefst verwandelnde Wirkungen: danach ist man nicht mehr wie vorher.«[67] Dieses Anliegen lässt die *Cahiers* jeden Tag anwachsen: Ein Ich, das sich allem unähnlich macht, um sich in Reinheit neu erschaffen zu können.

Auf welchen Begriff soll man dieses Anliegen taufen? Das fragt sich Paul Valéry und macht einen aufschlussreichen Vorschlag: »Ist das nicht der wahre *philosophische* Zustand – der mitnichten in einer Erkenntnis besteht, sondern in einer Disposition zur – – Disponibilität-, zu Unterscheidungen- [...] besser als irgendein Denken [...].«[68] Seine *Cahiers* treiben also Philosophie. Das tun sie in einem sehr anspruchsvollen, aber dezidiert unakademischen Sinn. Philosophie ist hier eine ebenso denkende und unterscheidende Tätigkeit wie sie auch eine existenzielle Praxis ist. Alle bündeln sich im Notieren. Valéry hat gar nicht vor, sich auf den Landkarten der Denker und ihrer Ideen zu positionieren. Er bleibt auf Distanz und sagt es ganz offen: »Ich fühle mich in der Philosophie nicht wohl«.[69]

In seinem Vortrag über René Descartes auf dem IX. Internationalen Philosophiekongress in Paris (1937) bringt Valéry auf den Punkt, was *sein* Denken von dem trennt, das seine Hörer als ein philosophisches verstehen dürften. Wie vergeblich der Versuch auch immer sei, er wolle den Geist bei der Arbeit beobachten. Er interessiere sich für die Wechselfälle des Denkens, die Vertauschungen und Verwandlungen von Vorstellungen – mit aller Naivität. Das setze keine Philosophie voraus und spiele sich überhaupt nicht unter ihren Dach ab. Er übernehme weder irgendwelche philosophischen Vorentscheidungen noch Terminologien.

Die Rede berichtet ausgiebig über die Werkstatt der *Cahiers*, um sie der üblichen philosophischen Praxis entgegenzustellen: »Der Liebhaber des Geistes macht dennoch nichts anderes, als diese Kombinationen und Fluktuationen des Verstandes zu genießen, an dem er so manche Wunder bestaunt: er sieht in ihm zum Beispiel, wie die wesenhafte Unordnung eine zeitweilige Ordnung erzeugt; wie im Ausgang von einer beliebigen Disposition eine Notwendigkeit entsteht oder sich aufbaut;

wie ein Zwischenfall ein Gesetz hervorbringt; wie das Nebensächliche die Hauptsache zum Verschwinden bringt. Er sieht darin auch, wie der persönliche Hochmut imaginäre Hindernisse aufstellt [...].«[70]

Notizen stehen seit jeher im unfreundlichen Verdacht, eine komplexe Welt in isolierte Einzelaspekte aufzulösen und damit Sandburgen zu bauen. Übrig blieben zusammengeworfene Beobachtungen, unverbundene Einfälle und Reflexionen, die nicht zu Ende gedacht wurden. Bis dass der nächste Windstoß ihr zufälliges Zusammensein scheide. Valérys *Cahiers* führen das Gegenteil vor Augen. Die Notizen lassen virtuelle Geflechte und systemische Bezüge erkennen. Die Einträge haben erkennbar spezifische Lebens- und Diskurswelten, die sich virtuell um sie lagern. Valérys sucht und benennt die Querverbindungen, baut fein verästelte Strukturen auf und modelliert Netzwerke.

Die Produktivität seiner wissenschaftsaffinen Modellbildungen ist verblüffend. Valéry entwickelt eigenständige Ansätze, um das Gedächtnis zu verstehen. Er ersinnt eine Formel, die Körper, Geist und Umwelt unlösbar verbindet, entwirft Modelle des Traums und des Bewusstseins, fügt Gedanken zur Sprachwissenschaft, Mathematik, Physiologie und oder den Naturwissenschaften hinzu. Die Notizen nehmen erkenntnistheoretische Modelle vorweg, die heute unter den Namen von Systemtheorien oder des radikalen Konstruktivismus eingebürgert sind. Nie scheuen sie den Blick auf das Partikulare und schon gar nicht, wenn Paul Valéry selbst ins Fadenkreuz rückt.

Zeitlebens leidet er unter Asthma. In seinen *Cahiers* beschreibt und analysiert er den symptomatischen Verlauf eines Hustenanfalls, ausgelöst durch einen gastro-ösophagalen Reflex. Sein Text ist nicht allein lehrbuchreif, er greift der Forschung um Jahre voraus. Erst im Jahr 1951, sechs Jahre nach Valérys Tod, sollte dieser Reflex erstmals in der medizinischen Fachliteratur Erwähnung finden.[71]

Valérys *Cahiers* liegen in einer sechsbändigen Auswahl in deutscher Übersetzung vor. Ein Leser der *Cahiers*, der das publizierte Werk Paul Valérys nicht kennt, würde überrascht sein, dass ihr Autor einer der bedeutenden Lyriker des 20. Jahrhunderts ist. Das Gedicht *Die junge Parze* (1917), die Gedichtbände *Album alter Verse* und *Zauber* (1922) machen seinen Namen bis heute berühmt. In den *Cahiers* findet sich darauf kaum ein Echo. Valéry richtet in ihnen keine poetische Versuchsstation ein. Stattdessen formuliert er ästhetische Reflexionen in distanzierter Prosa, übt Kritik an sich und seinesgleichen und startet Versuche, rationale Regeln des Verses zu definieren.[72]

Karl Löwith, den die begeisternde Lektüre der *Cahiers* zu einem Werk über die Philosophie Paul Valérys angeregt hat, schlägt eine Brücke zwischen dem Denker und dem Lyriker: »Indem er sich ein Leben lang trainiert hatte, auf jede Leichtfertigkeit unseres sprachgebundenen Denkens zu verzichten, erreichte er den positiven Nullpunkt einer »Reinheit« von allem Vagen und Vermischten, bloß Vermeinten und Geglaubten. Er wollte nicht weniger und nicht mehr als die übermenschliche Aufgabe vollbringen, ›zu sein, der man ist‹.«[73]

Es existiert in den *Cahiers* eine Moral der äußersten intellektuellen Anstrengung. Es existiert ebenso deren Gegenteil. Die Freiheit des Denkens, die Ungezwungenheit der Worte, die »Leichtigkeit in schwierigen Angelegenheiten« machen den Zauber der *Cahiers* aus – Notiz um Notiz.[74] Valérys Ideal bleibt ein kristallklarer Geist. Seine Inhalte erfasst er möglichst in äußerster Präzision. Hat er sie aber verstanden, gehen sie in eine andere Form über. Sie machen sich fühlbar. Sie werden sich spontan äußern und in das Wesen und Handeln des Menschen transformiert.

Valéry nennt das eine »Inkarnation«.[75] In den *Cahiers* finden sich sensible Hinweise auf die Eleganz geistig-inkarnierter Bewegungen: »Die tiefste Erkenntnis kann schließlich nur eine *Kunst*, keine *Wissenschaft* sein. Kunst der Selbstlenkung und Selbstbetätigung, eine Kunst, das gesamte Selbst anzustiften, es zu fixieren, zu gebrauchen, zu entwickeln.«[76] Der schönste Abgang wäre: »Das Lächeln des Akrobaten zum Schluss, oder dessen, der eine schwierige Arbeit beendet hat, als ob er sie gratis anböte und sagen wollte, das sei doch gar nichts, ganz einfach, federleicht (den Philosophen fehlt dies)-.«[77]

Die Notiz als Lebensform des Geistes: Ludwig Wittgenstein

»Die Werke der großen Philosophen sind alle rund 1000 Seiten stark und die Werke der Philosophieprofessoren haben auch ungefähr diesen Umfang: die Einzigen, die philosophische Werke von 50–100 Seiten schreiben sind die gewissen ganz hoffnungslosen Schmierer, die weder den Geist der großen Herren noch die Erudition der Professoren haben und doch um jeden Preis einmal etwas gedruckt haben möchten. Solche Produkte erscheinen daher auch meistens im Selbstverlag.«[78]

Ein vernichtendes Urteil in einem Brief. Gegen wen richtet es sich? Der Verfasser dieser Zeilen stellt sich an den eigenen Pranger. Er selbst hat ein hinlänglich dünnes Manuskript in der Hand und weiß nicht, wie das ans Licht der Öffentlichkeit gelangen soll, ohne dass er unweigerlich in der falschen, der soeben beschriebenen Gesellschaft landet. Nur eines ist klar, kompromittieren will er sich nicht und erst recht nicht, was in seinem Manuskript steht. Das bezeichnet der gerade erst 30-Jährige selbstbewusst als sein Lebenswerk. Es sei eben nicht einfach dahergeschrieben, weil dem Autor ein oder zwei clevere Ideen dämmerten und der Rest des Buches dann mit Verlegenheitsworten ausgestopft wurde. Wittgenstein zieht nicht in Erwägung, dass ihm im Laufe kommender Jahre noch eindrucksvolle Bücher gelingen könnten. Nein, hier ist sein Werk und es ist definitiv. Es geht um alles oder nichts, da lässt sich nichts auf die lange Bank schieben.

Seit 1912 legt Ludwig Wittgenstein eine Unmenge von Notizen und Tagebuchaufzeichnungen an, aus denen in den Jahren des Ersten Weltkrieges der *Tractatus logico-philosophicus* hervorgeht. 1921 erscheint in den *Annalen der Naturphilosophie* eine Fassung, die Wittgenstein weder beaufsichtigt hat noch stehen lassen will. Erst 1922 erscheint der *Tractatus logico-philosophicus* in deutscher und englischer Fassung in London. Wittgenstein ist kompromisslos mit dem »Text«. Hier herrsche strengste Logik. Wittgensteins Ziel ist eine kristallklare Sprache und Darstellung. Jeder soll alle Denkschritte nachgehen können, denn letztlich begreife man nur, was man selbst konstruieren könne. Doch schon eine Seite später treiben die Gedanken mit einer ganz anderen Strömung dahin. Der Autor scheint ganz einfach sagen zu wollen: Schau hin, dann siehst du es selbst! Die Kontraste dieses Werks sind äußerst dramatisch.

Sehen wir uns einen dieser Kontraste näher an. Er betrifft die nicht ganz unwesentliche Frage, wer überhaupt philosophiert. Ist es ein Mensch, ein Geist, ein Ich, eine angelesene Tradition oder ein Diskurs, an dem man einfach teilnimmt? »Das Ich tritt in die Philosophie dadurch ein, dass die Welt *meine* Welt ist«, notiert Wittgenstein am 12. 8. 1916 in sein Tagebuch.[79] Der Satz ist kurz und kann natürlich nicht alles ausführen. Es lässt sich leicht erschließen, der Mensch konstruiere die Welt nicht, sie sei schon da und er trete in sie ein. Sie sei nicht *die* Welt, sondern *seine* eigene. Daran könnten sich weitere Gedanken anschließen, die schnell auf unsicheres Terrain führen. Will Wittgenstein damit sagen, dieses Ich hätte nur Zugang zur Welt, insofern sie *seine* Welt ist und eben dadurch trete es in die Philosophie ein? Müsste das nicht in der Folge bedeuten, die Welt eines anderen bleibe diesem Ich ewig fremd und keine Philosophie könnte daran etwas ändern? Aber wozu betreiben wir dann überhaupt die Philosophie, wenn wir nichts doch nichts verstehen könnten, was über unsere eigene und deshalb natürlich eingeschränkte Welt hinausginge? Wittgenstein beantwortet Fragen dieser Art nicht. Er konstatiert aber die blanke Unmöglichkeit, darüber ein Buch zu schreiben.

»Wenn ich ein Buch schriebe »Die Welt, wie ich sie vorfand«, so wäre darin auch über meinen Leib zu berichten und zu sagen, welche Glieder meinem Willen unterstehen und welche nicht etc., dies ist nämlich eine Methode, das Subjekt zu isolieren, oder vielmehr zu zeigen, dass es in einem wichtigen Sinne kein Subjekt gibt: Von ihm allein könnte in diesem Buch *nicht* die Rede sein. –«[80] Der Gedankenstrich am Ende ist eine Geste: Denke selbst weiter oder schau hin! Da kommt also noch etwas, nur sagt Wittgenstein nicht, was es ist.

Immerhin trete das Ich in die Philosophie ja dadurch sein, »dass die Welt *meine* Welt ist.« Hört denn diese meine Welt auf mich, passt sie zu meinen Intentionen? Dass sie es nicht tut, sagt Wittgenstein klar genug: »Die Welt ist unabhängig von meinem Willen.«[81] Nicht einmal alle Glieder des eigenen Körpers ließen sich dirigieren wie eine Handpuppe. Gern hätte man gewusst, was Wittgenstein unter diesem Ich versteht. Wie passt es zu einer Welt, die zwar die seine ist, sich seinem Willen aber nicht selten entzieht? Die kurzen, an Aphorismen erinnernden Sätze des *Tractatus* provozieren Fragen, wenn man Antworten sucht. Man mag an Fragmente Heraklits denken. Bleiben sie dunkel, erhofft man vielleicht von Fragmenten in der Nachbarschaft nähere Auskunft und unterstellt damit, dass sich ein verborgener Sinn über mehrere dieser isolierten Sätze erstrecken muss. Man finde ihn schon, wenn man die Sätze in die richtige Konstellation stellt und somit einen neuen »Text« erstellt.

Der Leser den Tractatus, den solche Fragen zum eben erst gelesenen Satz umtreiben, sieht jedes weitere Auskunftsbegehren vom folgenden Paragraphen abgewiesen. Der § 6 dreht sich zunächst um die Logik, die allgemeine Form der Wahrheitsfunktionen und die logischen Zeichenregeln. Der Themensprung ist immens. Dennoch würde, wer die Dramaturgie dieser Komposition musikalisch auffassen könnte, nicht allein die harten Kontraste genießen können. Feinhörig könnte er das Abbrechen wie auch das unvermutete Wiederaufnehmen von Themen registrieren und sich wundern, wie sie gerade durch diese Variationen verbreitet und vertieft werden.

Man hat gute Gründe, in diesem philosophischen Text von einer Ästhetik zu sprechen. Auf jeden Fall wäre sie eine schnörkellose, die auf Ornamente oder umschreibende Ausführungen verzichtet. Wittgenstein zitiert sich auch keine wohlklingenden Belege herbei. Auf den ersten Blick gibt sich diese karge Ästhetik keineswegs als künstlerisch ambitioniert zu erkennen. Kurz und prägnant kommt alles daher, gedrängt und in Form sachbezogener Aussagen. Wittgenstein unterstützt diesen Eindruck durch die fortlaufende Nummerierung aller Sätze. Sie evozieren das Bild einer geordneten Abhandlung, in der jeder Punkt mit logischer oder argumentativer Konsequenz aus dem vorherigen folgt und an seinem unverrückbaren Platz steht, den ihm die Eingangsnummer zuweist und bestätigt.

Ein aufmerksamer Leser bemerkt, dass die einzelnen Sätze nicht immer bruchlose Argumentationsketten ergeben und dass viele Argumentationsstränge unvermittelt einsetzen oder abbrechen. Viele dieser Sätze gewinnt Wittgenstein über die Jahre, in denen er fortlaufend seine Gedanken in Notiz- und Tagebüchern aufschreibt und bearbeitet. Sie zu einem Text zu verbinden und zwischen den Unikaten Übergänge zu finden – das entpuppt sich als eine Aufgabe für sich. Die nachdenkliche Sicht auf die Konzeption des *Tractatus* ist Wittgenstein in späteren Jahren nicht fremd. Im Rückblick vertraut er seinem Schüler M. O'C Drury in Cambridge an, er halte es für berechtigt, zu monieren, der Tractatus »sei arg synkopiert. Im *Tractatus* sollte jeder Satz als Kapitelüberschrift aufgefasst werden, die der weiteren Erläuterung bedarf.«[82] Die gibt Wittgenstein aber nicht. Hat er einen idealen Leser im Sinn, der anhand der kurzen »Kapitelüberschrift« schon im Bilde ist, was hier gemeint ist? Der das Buch frei im Sinne einer Anregung nutzen kann, ohne weitergehende Erklärungen zu benötigen? Der auf den nummerierten Sätzen wie auf einer Leiter hochsteigt, die er, oben angekommen, wegwirft? Der eigentlich wie Wittgenstein denkt?

Was knüpft für alle anderen, unterhalb dieser kongenialen Lesart, die Sätze des Tractatus zu einem Werk zusammen, das mehr als ein geschickt zusammengestelltes Sammelsurium darstellt? Schauen wir uns exemplarisch den oben erwähnten Themenwechsel im *Tractatus* an.

Wittgenstein bricht mit dem Ende des Kapitels 5 die Fragestellung nach dem Subjekt in seiner Welt zunächst abrupt ab. Er wechselt zu einem neuen Kapitel, das sich mit der Logik und den Wahrheitsfunktionen beschäftigt. Ist das wirklich ein bloßer Abbruch? Oder zeigt sich, dass diese so unterschiedlichen Themen unerwartet konvergieren?

Das philosophierende Ich, hatten wir gelesen, konstruiere keine Welt aus freien Stücken. Es *ist* in *seiner* Welt, ohne einen durchgehenden Einfluss auf sie zu haben. Diese Welt müsse schon für sich selbst sorgen. Vergleichbares sagt Wittgenstein nun auch von der Logik: »Die Logik muss für sich selber sorgen.«[83]

Sie überrascht uns nicht durch kreative Höhenflüge, sie entdeckt keine neuen Kontinente. Sie kann uns nicht einmal zeigen, dass die Welt so oder so ist, selbst wenn manch »günstiger Zufall« uns ab und an suggeriere, wir hätten mit Hilfe des logischen Denkens den Nagel auf den Kopf getroffen.[84] Die Logik ist unverzichtbar, nicht weniger, aber auch nicht mehr. Denn: »Die Sätze der Logik demonstrieren die logischen Eigenschaften der Sätze, indem sie sie zu nichtssagenden Sätzen verbinden.«[85]

Nichtssagend – das klingt nach wenig, auch wenn Wittgenstein davon spricht, er habe eine »Nullmethode« im Sinn. Sie erlaubt sichere und nachvollziehbare gedankliche Operationen und verhindert, was Wittgenstein als den wohl schlimmsten Fehltritt brandmarkt: das Schwafeln. Der Wiener Ludwig Wittgenstein spricht wörtlich von »schwefeln« – wer will, mag das Wort nicht allein dialektal hören, sondern einen leicht luziferischen Schwefelgeruch vermuten. Gern rufe man da irrationale und metaphysische Traditionsbestände der Philosophie zu Hilfe.

Auch der *Tractatus* stellt Fragen, die seit Jahrhunderten die Bücher der inspirierten Welterklärer oder der tiefblickenden Metaphysiker anschwellen lassen. Ihnen wirft Wittgenstein vor, bestenfalls den Verstand zu verhexen und die philosophische Sprache durch ihr Wortgeklingel in eine schädliche Feierlaune zu versetzen. Der *Tractatus* ist ein nüchternes Buch. Wittgenstein will aufklären; vor allem aber will er zeigen, dass falsch gestellte Probleme unlösbar sind. Er sieht die Philosophie förmlich am metaphysischen Fett ersticken und legt ihr eine radikale Sprachdiät nahe. Besser als alles Schwefeln wären die präzise Frage und die kurze Antwort. Die Philosophie kann und soll keine Welten errichten, sondern Gedanken klären. Sie sei eine Tätigkeit.

Eine Antwort, die eine Frage nicht vollends zum Verschwinden bringen kann, ist keine. Das betrifft auch Wittgensteins Sätze. Sein Vorwort des *Tractatus* sagt es geradeheraus: »Ich bin also der Meinung, die Probleme im Wesentlichen endgültig gelöst zu haben. Und wenn ich mich hierin nicht irre, so besteht nun der Wert dieser Arbeit zweitens darin, dass sie zeigt, wie wenig damit getan ist, dass diese Probleme gelöst sind.«[86] Brian McGuinness, der Biograph des frühen Wittgenstein und Herausgeber des *Tractatus*, kommentiert lakonisch: »Was für ein seltsames Buch, dessen Wert zur Hälfte darin besteht, seine eigene Belanglosigkeit zu zeigen!«[87]

Wittgenstein verzichtet auf die Übernahme intellektueller Land- und Problemkarten, die die philosophischen Schulen routiniert zuliefern oder die gerade hoch im Kurs stehen. Er verrät gewisse Sympathien für Denker wie Spinoza, Lichtenberg, Schopenhauer oder Kierkegaard. Stützen will er sich aber allein auf das eigene Philosophieren, auf den Gedanken, der ihn hier und jetzt aktuell beschäftigt. Jeden Tag denkt und notiert er mit ungeheurer Konsequenz und Ausdauer. Manchmal empfindet er sich als glücklicher Sisyphos. Dann führt er ein Leben der Erkenntnis, in dem ein neuer Gedanke in den Kopf kommen kann oder ein alter weitergedacht, revidiert und geklärt wird. Es ist nicht die Sogwirkung eines geplanten Werkes, die ihn täglich Notizen anfertigen lässt, von denen er sich kaum eine Chance auf Publikation und Anerkennung als Philosoph verspricht.

Notizen und Aufzeichnungen stellen die Grundlage des Denkens dar, die Wittgenstein beharrlich verbreitert und vertieft. Er begreift das Notieren als die Praxis, seine Gedanken zu klären. Er will sein Denken vervollkommnen und sein Leben unter Rilkes poetische Maxime stellen: Du musst dein Leben ändern.[88] Das begleitet ihn durch die unterschiedlichsten Lebenswelten und die nicht seltenen Lebenskrisen. Diese schreibende Existenz ist beträchtlichen Schwankungen und Erschütterungen ausgesetzt. Die Extreme reichen von der einsamen Holzhütte in Norwegen, in die sich Wittgenstein denkend und schreibend zurückzieht, bis in das Trommelfeuer des Ersten Weltkrieges, das sein Notieren nicht beendet. Die Zeiten sind geprägt von Wittgensteins Befürchtung, im Lärm seiner »inneren Gespenster« verrückt zu werden. Dann wiederum setzt das gegenteilige Gefühl des Jubels ein, wenn der Geist ihn nicht verlassen habe. In der glücklichen Produktivität seiner Notizen zeige sich diese sprudelnde Quelle.

Der *Tractatus* stützt sich auf Notizen und Tagebuchaufzeichnungen. Wittgensteins durchaus sorgfältige Zusammenstellung und Einrichtung des Textes kann diese Herkunft nicht überspielen. Die kompositorische Schwierigkeit des *Tractatus* ist in der Sicht des Herausgebers Brian McGuinness nicht zu verleugnen: »Im einzelnen jedoch behält es viele Merkmale des ursprünglichen Zibaldone, jener Reihe von Notizbüchern mit ihren aphoristisch gehaltenen Einzelabsätzen, aus denen es zusammengestellt wurde. In diesen Absätzen findet sich – wie in den Sammlungen der Aphorismen Schopenhauers und Lichtenbergs, die in gewissem Maße als Vorbild gedient haben müssen – nur ein überaus loser Zusammenhang zwischen den an einem bestimmten Tag beziehungsweise den in einem Abschnitt behandelten Themen.«[89] Die Frage stellt sich, ob diese Notizen ursprünglich überhaupt als Bausteine zu einem Werk gedacht waren, das Wittgenstein wenigstens vage vorschwebte.

Als der *Tractatus* erscheint, ist der Krieg vorbei. Wittgenstein arbeitet als Volksschullehrer im österreichischen Trattenbach. Er geht auf Distanz zur akademischen Welt. Von einigen grundlegenden Ideen des *Tractatus* ist er selbst kaum mehr überzeugt. Die Theorie, jeder wahre Satz bilde die Wirklichkeit ab oder eine logische Idealsprache verhindere philosophische Konfusionen, rückt ihm fern. Nicht aber das Denken und Notieren; die bleiben ihm unabweisbar nahe.

Aus etwa 30.000 Manuskriptseiten besteht sein Nachlass. In Form eines Buches hat Ludwig Wittgenstein zu Lebzeiten lediglich den *Tractatus logico-philosophicus* und sein *Wörterbuch für Volksschulen* veröffentlicht. Klassiker der Philosophie wie Wittgensteins *Philosophische Untersuchungen*, die ihn berühmt gemacht und die Schule der sprachanalytischen Philosophie über Jahre geprägt haben, stellen posthume Zusammenstellungen dar. Die Werke, die heute Wittgensteins Namen tragen, haben Herausgeber aus seinen Notizen und aus Vorlesungsmitschriften zusammengestellt. Lediglich das zu seinen Lebzeiten nicht veröffentlichte sogenannte *Big Typoscript* liegt in einem undatierten Manuskript vor, das Wittgensteins eigene Synopse und Bearbeitung mehrerer seiner Manuskriptbände darstellt.[90] Der Großteil von Wittgensteins Notizen ist bis heute unpubliziert und beschäftigt Spezialisten unter dem Dach des *Wittgenstein Archive* in Newnham bei Cambridge oder im *Wittgenstein Archiv* der Universität Bergen in Norwegen, das Manuskriptbestände auch online zugänglich macht.[91]

Allein während der Jahre 1929 bis 1949 in Cambridge entstehen 34 fest eingebundene Notizbücher. Sie fungieren als Gedächtnis und Ort ständiger Experimente; sie untersuchen, variieren und präzisieren Gedanken, spielen Formulierungen durch und setzen das alles immer neuen Fragen und Zweifeln aus. Zuweilen führt Wittgenstein auch Tagebücher mit persönlichen Inhalten. Er notiert krisenhafte Erfahrungen, die er für sich behalten will. Tauchen persönliche Inhalte in seinen Notizbüchern auf, kennzeichnet er sie mitunter durch eine eigene Codierung.[92]

Die intensive philosophische Arbeit wird auch durch Streichungen, Zusätze, Varianten und eine große Anzahl von Zeichnungen und Skizzen offensichtlich. Welches Ziel verfolgt Wittgenstein? Bereitet er Publikationen vor? Wittgensteins Schüler und Freund Georg Henrik von Wright erfährt nach Wittgensteins Tod, dieser habe ihn zum Nachlassverwalter bestimmt. Er sichtet das Material und versucht, es in Wittgensteins Sinn für eine Veröffentlichung vorzubereiten – an die Wittgenstein selbst kaum mehr glauben wollte: »Ich erinnere mich deutlich, dass er mir einmal gesagt hat, er habe alle Pläne, zu Lebzeiten etwas zu publizieren, aufgegeben. Statt dessen spielte er mit dem Gedanken, von seinen Schriften eine Reihe von Kopien herzustellen – ich glaube, er nannte die Zahl 30 – und sie unter Freunden und Schülern herumgehen zu lassen.«[93]

Wittgenstein ist skeptisch, ob seine Notizen in eine publikationsfähige Form zu bringen sind und ob er dann mit einer verständnisvollen Rezeption rechnen könnte. Oft bemerkt er, er schreibe für eine Handvoll von Menschen, die in alle Winkel der Welt zerstreut seien – wenn nicht gar für Leser, die vielleicht in hundert Jahren seine Texte verstehen. Nichts sieht er als fertig an und schon gar nicht als endgültig geklärt. Georg Henrik von Wright schildert exemplarisch eine charakteristische Phase seiner Arbeit. Wittgenstein stellt seine handschriftlichen Notizen zusammen und diktiert sie einem Schüler, einem Freund, einem Kollegen oder einer Hilfskraft. Das nun entstandene Typoskript darf man aber keineswegs als Endversion ansehen: »Ein Verfahren, das er häufig anwandte, war dies, dass er den maschinengeschrieben Text in Zettel zerschnitt und die Reihenfolge der Bemerkungen umstellte. [...] Ein weiteres Stadium war die Erstellung eines neuen Typoskripts auf der Grundlage einer Zettelsammlung.«[94]

Ohne zu verstehen, was Wittgenstein mit seinen Notizen tut und will, wird man schwerlich einen tieferen Zugang zu seiner Philosophie gewinnen können. Glücklicherweise macht es uns Wittgenstein in diesem Falle ungewöhnlich leicht. Seine Texte sind voller verstreuter Berichte, Anmerkungen, Reflexionen und Analysen, die sich auf die Arbeit mit und an den Notizen selbst beziehen. In gewissem Sinne – und mit aller Vorsicht – lässt sich aus ihnen tatsächlich eine rudimentäre Philosophie der Notiz herausdestillieren, verfasst von einem ihrer bedeutendsten Praktiker. Wir dürften Wittgensteins folgenden Text besser verstehen, wenn wir an den Hinweis v. Wrights denken, der uns mit Wittgensteins Einsatz der Schere bekannt gemacht hat:

»Die Unruhe in der Philosophie, könnte man sagen, kommt daher, dass wir die Philosophie falsch ansehen, falsch sehen, nämlich gleichsam in (endlose) Längsstreifen zerlegt, statt in (begrenzte) Querstreifen. Diese Umstellung der Auffassung macht die *größte* Schwierigkeit. Wir wollen also gleichsam den unbegrenzten Streifen erfassen, und klagen, dass es nicht Stück für Stück möglich ist. Freilich nicht, wenn man unter einem Stück einen endlosen Längsstreifen versteht. Wohl aber, wenn man einen Querstreifen darunter versteht. – Aber dann kommen wir ja mit unserer Arbeit wieder nicht zu Ende! – Freilich nicht, denn sie hat keins.«[95]

Die Bewegung von Wittgensteins Philosophieren ist zwiefach. Im Laufe der Zeit kommen offensichtlich unzählige Notizen zusammen; deren Berge wachsen kontinuierlich an und die Hefte füllen sich. Kontrastierend zu dieser diachronen Richtung (»Längsstreifen«) gibt es eine zweite, die Wittgenstein erheblich wichtiger ist: Hier geht es um Klärung und Vertiefung. Wittgenstein will nicht Neues anhäufen, er kehrt beharrlich zu alten Fragen und Problemen zurück. Er ist nicht zufrieden mit dem, was er bereits gedacht und geschrieben hat. Anstelle eines Fortschreitens liegt ihm am Herzen, endlich zu klären, was ihm vor Augen liegt und doch immer wieder übersehen wird. Hier geht es darum, Vorhandenes zu begreifen, Gedanken zu zusammenzubringen (»Querstreifen«) und nicht auf endlos angefertigte Notizen zu verteilen. Entscheidend ist die Intensität des Denkens. Ihr Medium ist und bleibt die Notiz, die Wittgenstein gerade schreibt.

Der oben zitierte Passus stammt aus einer Schachtel in Wittgensteins Nachlass. Sie trägt die Aufschrift »Zettel« und beinhaltet neben wenigen handschriftlichen Notizen vor allem Ausschnitte aus Typoskripten.

Wittgenstein sammelt sie über eine Zeitraum von 2 Jahrzehnten bis 1948. Er klammert auch einige Notizen zusammen, die für ihn thematisch zusammengehören. Vieles wiederholt sich, wie dies auch in anderen Manuskripten ständig der Fall ist. Einige Notizen sind unschwer der Arbeit an seinen *Philosophischen Untersuchungen* oder den *Philosophischen Bemerkungen* zuzuordnen. Dennoch heben die Herausgeber G. E. M. Anscombe und G. H. von Wright den Unterschied hervor: »Das Ganze hatte einen völlig anderen Charakter als die verschiedenen Bündel mehr oder weniger ›loser‹ Papiere, welche sich sonst in seinem Nachlass befanden.«[96] In diesen Konvoluten kommt Wittgenstein der Formulierung einer »Philosophie der Notiz« nahe, indem er sein Vorgehen reflektiert.

Man hat etwas im Kopf und will es schnell aufschreiben. Wann ist der Gedanke eigentlich fertig? Ist er das schon insgeheim, bevor er sich zuerst bemerkbar gemacht hat? So dass man ihn lediglich auswickeln müsste, als käme er im Geschenkpapier daher? Oder ist er erst dann ein vollständiger Gedanke, wenn der Satz zu Ende gekommen ist, wenn man ihn also mit Zeit und Ruhe hat »ausreden« lassen? Diese Fragen beschäftigen Wittgenstein seit Langem. Sie führen zu einem zentralen Problem, das sich jedem stellt, der Notizen macht und mit ihnen arbeitet.

Diese Notiz Wittgensteins, die die Herausgeber sinnigerweise an den Anfang des Werkes *Zettel* gesetzt haben, geht von eben diese Frage aus. Die Philosophie von William James hat ihn dazu angeregt. William James versteht das Bewusstsein als einen Strom: Ein Gedanke trete zwar fertig in diesen *stream of consciousness* ein, werde in dieser Form später aber nicht wieder präsent werden können.[97] Heraklits Fluss, in den man kein zweites Mal steige, ist diesen Gedanken nicht fern. »W. James: der Gedanke sei schon am Anfang des Satzes fertig. Wie kann man das wissen? – Aber die *Absicht*, ihn auszusprechen, kann schon bestehen, ehe das erste Wort gesagt ist.[...]«[98]

Etwas dränge also plötzlich zum Schreiben einer Notiz. Entsteht hier nicht ein Paradox? Denn einerseits scheint es sich um das zufällige Provisorium des Moments zu handeln. Der Gedanke meldet sich und tastet sich voran; er sucht nach Klarheit, nach Aufmerksamkeit und nach Worten. Bedeutet das, dass er erst später finden wird, was er eigentlich sagen will? Oder ist das dem Gedanken von Beginn an gegenwärtig? Dann müsste der Gedanke ja nichts suchen. Er hätte das Wichtigste bereits gefunden. Der Schreiber einer Notiz hat etwas gefunden, ihm ist etwas eingefallen oder aufgefallen. Er findet und sucht zur selben Zeit. Der Gedanke scheint ihm in dem einen Moment weder alles zu verraten noch in endgültiger Form notierbar zu sein. Eigentlich sucht der Schreiber also etwas, das vor seinen Augen liegt.

Seine Suche entwickelt ihre eigenen Praktiken und Gewohnheit. Sie werden geradezu zu einem Stil des Denkens und des Lebens. Wittgensteins *Zettel* stellen und beantworten eine für ihn entscheidende Frage: »Wie kann man durch Denken die Wahrheit lernen? Wie man ein Gesicht besser sehen lernt, wenn man es zeichnet.«[99] Das Notieren hat eine nicht vertretbare Rolle. Es ist eine Übung, ohne die Wittgenstein in seinem Denken nicht weiterkäme. In einer Stelle aus dem Jahr 1931 sagt er unumwunden: »Ich denke tatsächlich mit der Feder in der Hand, denn mein Kopf weiß oft nichts von dem, was meine Hand schreibt.«[100]

Steckt in der Notiz, die dann auf dem Papier steht und vor seinen Augen ist, etwas, was Wittgenstein (noch) nicht weiß? Etwas, das ein anderer, der sie liest, erkennen könnte, ohne dass eben stets ausgemacht wäre, dass Wittgenstein selbst dazu in der Lage wäre? Wiederum fragt sich Wittgenstein das in einer Notiz. Er schließt ein Gedankenexperiment mit offenem Ausgang an: »Man möchte fragen: »Hätte Einer, der in dein Inneres zu sehen im Stande wäre, dort sehen können, dass du *das* sagen *wolltest*?« Angenommen, ich hätte mir meinen Vorsatz auf einen Zettel notiert, so hätte ein Andrer meinen Vorsatz dort lesen können. Und kann ich mir denken, dass er ihn auf irgendeinem Wege hätte *sicherer* erfahren erfahren können, als so? Gewiss nicht.«[101]

Der Autor der Notizen kann sich bei der Beantwortung der Frage, was sie sagen wollen oder können, von anderen schlecht vertreten lassen. Sie bleiben für sein Denken und er bleibt für ihr Verständnis unverzichtbar. Notizen bergen selbst dann noch Fragen und Aufgaben, wenn sie wie Lösungen daherkommen. Doch so privat sind sie nicht, dass die eigenen Interpretationen mit fremden nicht doch in Konflikt geraten könnten. Eine Notiz, gelesen von fremden Augen, kann für den Autor zu einer fremden Notiz werden und die Befürchtung provozieren, dass ihn fremde Interpretationen förmlich enteignen können. Diese Ängste begleiten ihn und verdüstern seine Erwartungen.

Gegen seine Angst, die Mutlosigkeit und die Furcht vor Unverständnis und Zurückweisung gibt sich Wittgenstein den einen oder anderen Rat: »Scheue Dich *ja* nicht davor, Unsinn zu reden! Nur mußt Du auf Deinen Unsinn lauschen.«[102] Im *Manuskript 120* ermutigt er sich: »Schreibe ruhig, was Du schreiben willst, & klänge es noch so einfältig! & dann denke nach, warum Du das hast schreiben wollen. (Beinahe wie: erst erzähle Deinen Traum, und dann denke ihn.)«[103] Die Reihe der Notizen, die Zuspruch in eigener Sache bieten sollen, ist eindrucksvoll. »Beim Philosophieren muss man ins alte Chaos hinabsteigen, und sich dort wohlfühlen.«[104]

Im Chaos geht es nicht nur chaotisch zu; manchmal belohnt es den mutigen Blick durch spontane Funde größeren Kalibers. Sie zeigen auf einen Blick ein überraschendes Ergebnis, zu dem ansonsten unzählige Einzelschritte hinführen müssten: »Der blitzartige Gedanke kann sich zum ausgesprochenen verhalten wie die algebraische Formel zu einer Zahlenfolge, die ich aus ihr entwickele«, so steht es im § 320 der *Philosophischen Untersuchungen*.[105] Das bedeutet nicht, fortan auf den Fußweg verzichten zu können. Doch es wirft Licht auf das, was sich Wittgenstein immer wieder erhofft.

Wittgenstein stellt sich unzählige Fragen und er notiert sie, ohne sofort zu versuchen, eine passende Antwort zu finden. Er wirft seine Fragen wie Köder aus. Bisweilen vermittelt sein Vorgehen den Eindruck, als wolle er Antworten förmlich anlocken, indem er seinen Fragen einen offenen Resonanzraum einrichtet. Vorschnelle Antworten will er nicht finden; jede, die er immer wieder gibt, wird er später mit ziemlicher Sicherheit erneut modifizieren. Doch es gibt ein Element, das in Wittgensteins Notizenspiel eine erhebliche Rolle spielt. Es unterliegt seiner Kontrolle nicht und es überfordert, was Notizen leisten können. Denn es gelänge ihnen nicht, diesen seltenen intuitiven Momenten Dauer zu verleihen.

Wittgenstein berichtet über einen derartigen Moment: »›Der ganze Plan stand mir mit einem Schlage vor der Seele und blieb so fünf Minuten lang stehen.‹ – Warum klingt das seltsam? Man möchte glauben: was aufblitzte und was stehen blieb, konnte nicht dasselbe sein.«[106] Die Klarheit des Augenblicks, so überraschend sie gewesen sein mag, lässt sich nicht festhalten. Alles läuft auf eine neue Frage hinaus. Warum ist das so? Wittgenstein unterstreicht: »Ich kann in demselben Sinn blitzartig einen Gedanken ganz vor mir sehen, oder verstehen, wie ich ihn mit wenigen Worten oder Strichen notieren kann. Was macht diese Notiz zu einer Zusammenfassung dieses Gedankens?«[107]

Wittgensteins Antwort besteht nicht in einem einfachen Satz, der des Rätsels Lösung wäre und den er einfach aufschreiben könnte. Sie besteht in einer Praxis, die sich weigert, zu überspringen, was ganz alltäglich vor Augen liegt. Zeitlebens beklagt er, dass philosophisches Denken irreführende Erwartungen kultivieren kann. Dagegen will Wittgenstein »daran erinnern, dass alle die Phänomene, die uns so merkwürdig vorkommen, die ganz gewöhnlichen sind, die, wenn sie geschehen, uns nicht im geringsten auffallen. Sie kommen uns erst in der seltsamen Beleuchtung merkwürdig vor, die wir nun auf sie werfen, wenn wir philosophieren.«[108] Wittgenstein will und übt einen völlig anderen Stil, zu philosophieren. Die Philosophie in der Prägung seiner Zeit schiele ihm zu viel auf ihre angeblich präsentablen Ergebnisse. Sehr zu ihrem Schaden stelle sie sich auf das immer schneller rotierende Laufband der Moderne.

Den Philosophierenden gibt Wittgenstein einen dringlichen Rat: »Im Rennen der Philosophie gewinnt, wer am langsamsten laufen kann. Oder: der, der das Ziel zuletzt erreicht.«[109] Am liebsten würde er eine neue Begrüßung für Philosophen erfinden – in der Hoffnung, dass sie keine Floskel bleibe: »Der Gruß der Philosophen unter einander sollte sein: ›Laß Dir Zeit!‹«[110] Etwa die Zeit und den langen Atem, die man sich nimmt, sobald man auf einer Frage beharrt, für die noch keine befriedigende Antwort in Sicht oder gefunden ist.

Das klingt gemütlicher, als es ist. Wittgenstein stellt sich hartnäckige Fragen und Denkaufgaben; viele seiner Aufschriebe setzen mit Aufforderungen ein wie *frage dich, stell dir vor, was wäre, wenn* oder *denke dir*. »Ich schreibe beinahe immer Selbstgespräche mit mir selbst. Sachen, die ich mir unter vier Augen sage«, notiert er drei Jahre vor seinem Tod.[111] Er insistiert, weil ihm das Geschriebene längst noch nicht sagt, was es sagen kann oder soll. Der strenge Prüfer Wittgenstein scheint allzu bereit, den Kandidaten Wittgenstein durch jedes Examen fallen zu lassen, sollte der sich einer Frage durch billige Wortspiele entledigen wollen. Selten lässt Wittgenstein das Erreichte stehen und ein Ende scheint nicht absehbar.

Ein Ziel deutet Wittgenstein bestenfalls metaphorisch an, nutzt aber ein Possessivpronomen: »Was ist dein Ziel in der Philosophie? Der Fliege den Ausweg aus dem Fliegenglas zeigen.«[112] Einem skeptischen Beobachter könnte diese Zielsetzung schwer nachvollziehbar sein, sollte er den Verdacht hegen, Wittgenstein mache sich das Leben zur Denkhölle, in der er wie die Fliege im Glas keine Ruhe finde, endlose Runden drehe und immer wieder vor das Glas lande, das er nicht sieht. Aber es ist ja das Ziel »in der Philosophie«, von dem hier die Rede ist. Was aber wäre Wittgensteins eigenes Ziel?

Sind Wittgensteins notierte »Selbstgespräche mit sich selbst« überhaupt philosophische Übungen? Sie müssen auch anders gemeint sein. Ein Eintrag, etwa ein Jahr nach dem eben zitierten entstanden, spräche für diese Vermutung. Wittgenstein stellt zwei Varianten des berühmten Satzes des Aufklärers Buffon nebeneinander: »›Le style c'est l'homme‹, ›Le style c'est l'homme même‹. Der erste Ausdruck hat eine billige epigrammatische Kürze. Der zweite, richtige, eröffnet eine ganz andere Perspektive. Er sagt, dass der Stil das *Bild* des Menschen sei.«[113] Auf das Bild kommt es Wittgenstein an.

Es ist ein Selbst-Bild, das sich im eigenen Stil zeigt und nicht einfach mit Worten wie ein Objekt beschreibbar ist. Wittgensteins stummer Dialog entwickelt dieses implizite Bild in Tausenden von Notizen. Die Revolution, die sein Denken anzetteln will, hat eine Grundintention: Er will die größtmögliche Klarheit finden, die im Moment erreichbar ist. Sie soll nicht in der nächsten Minute den Verstand verhexen, weil sie sich als ausgemachte Wahrheit für alle Zeiten auf den Thron setzt. Alles bleibt eingebunden in eine Praxis unablässigen Fragens, Findens und Weiterdenkens. Auf eine sehr konkrete Weise, ablesbar an der anwachsenden Menge von Aufschrieben, verändert diese philosophische Tätigkeit das Denken und das Leben. Ein Sprachspiel ist eine Lebensform – dieser Satz seiner späten Philosophie gilt gerade für Wittgensteins Notizen. Die Praxis der Notizen ist bei Wittgenstein eine ungemein fordernde: »Revolutionär wird der sein, der sich selbst revolutionieren kann.«[114] Für Wittgenstein ist es eine Aufgabe, die sich aktuell stellt, aber auf Permanenz und auf ein ganzes Leben ausgelegt ist.

So schreibt er seine Gedanken auf. Sie scheinen dadurch zunächst in trockene Tücher zu kommen. Doch was geschieht nun mit den Tüchern? Sie könnten in fremde Hände geraten. Die mühsam darin eingewickelten Sätze würden womöglich mit unverständigem Blick gelesen. Werden sie verdreht und am Ende gar das Gegenteil dessen bedeuten, was Wittgenstein jemals im Sinn gehabt hat? Diese Angst begleitet Wittgenstein sein Leben lang. Zu Zeiten steigert er sich in eine veritable Panik hinein.

Es ist verständlich, dass der Soldat Ludwig Wittgenstein im 1. Weltkrieg sein Sterben nicht nur literarisch vor Augen hat. Das Manuskript, aus dem der *Tractatus* hervorgehen soll, könnte ihn überleben. An Bertrand Russell schreibt er im Mai 1915 aus Krakau: »Wenn ich das Ende dieses Krieges nicht mehr erlebe, so muss ich mich darauf gefasst machen, dass meine ganze Arbeit verloren geht. – Dann soll mein Manuskript gedruckt werden, ob es irgend einer versteht, oder nicht! –«[115] Wittgensteins Hoffnung scheint nicht gerade groß, eine posthume Publikation könne auf verständige Leser zählen. Er erinnert sich an die Notizen aus der Vorkriegszeit, die er in Cambridge bei einem Möbelhändler deponiert hat. Ein Jahr ist der Krieg schon vorbei, da bittet Wittgenstein Russell in einem Brief aus Wien, dafür zu sorgen, dass diese Tagebücher und Manuskripte verbrannt werden.[116] Vor allem seine Tagebücher sollten stets seine Geheimsache bleiben.

In Cambridge ist Wittgenstein ab 1929 ein immens fleißiger Arbeiter im Weinberg der Notizen. Eines Abends trifft er sich mit F. R. Leavis in Cambridge. Wittgenstein wirkt völlig abgearbeitet und seelisch erschöpft, wie Leavis aus der Erinnerung beschreibt. Selbst das Gehen fällt ihm schwer. Leavis begleitet ihn nach Hause. Dort angekommen, denkt Wittgenstein überhaupt nicht daran, ins Bett zu gehen. Das erklärt er Leavis so: »Sie verstehen das nicht. Wenn ich richtig arbeite, fürchte ich stets zu sterben, ehe ich damit fertig bin. Daher mache ich eine Abschrift des täglich Erreichten und gebe sie Frank Ramsey zur Aufbewahrung. Heute habe ich meine Abschrift noch nicht gemacht.«[117]

Überall lauert die Angst vor dem Tod, die Angst vor dem Untergang seiner unfertigen Gedankenwelt, die Furcht, seine Manuskripte könnten verloren gehen oder gestohlen werden. Im Geist sieht Wittgenstein seine Notizen im Feuer aufgehen. Sein Schüler und Freund Norman Malcolm kennt die schwarzen Gedanken nur allzu gut. Er hält fest, wie stark sie Wittgenstein umtreiben: »Wittgenstein kaufte einen leichten Stahlsafe, in dem er dann seine Notizbücher und Manuskripte in seinem Wohnzimmer im Trinity College aufbewahrte. Mehr als einmal sagte er, obwohl er bezweifle, dass er irgend etwas von diesen Arbeiten zu Lebzeiten veröffentlichen werde, wünsche er doch unbedingt, dass sein Buch (Teil I der *Untersuchungen*) nach seinem Tode veröffentlicht werde.«[118]

Wie sicher können die in einer Notiz aufgenommenen Gedanken wirklich sein? Notizen kommen Wittgenstein in düsterer Stimmungslage vor wie eine trügerische Arche Noah, die selbst vom Untergang bedroht sei. Geht ein einzelnes gedrucktes Buch unter, ist Ersatz leicht zu beschaffen. Im Falle von Notizen ist jeder Verlust ein definitiver, denn sie sind Unikate.

Es ist gespenstisch: Wittgenstein will eine Idee vor dem Vergessen und der Erosion der Zeit retten. Er schreibt sie auf, die Notizen vermehren sich. Sie bilden Denkgeflechte, die abgeschrieben, manchmal geordnet, umgestellt und in gebundene Manuskriptbände eingefügt werden. Wittgenstein führt mehrere zur selben Zeit und einige über lange Jahre. Zusammen ergeben sie einen Bau von enormer Komplexität, deren Ein- und Ausgänge, Querverbindungen, Stockwerke und Geheimkammern bestenfalls Wittgenstein selbst überblicken kann.

Seine Notizenwelt ist eine verschwiegene. Anderen gewährt Wittgenstein nur sporadische Einblicke und am ehesten dann, wenn er sie als Mitwirkende etwa für Schreibarbeiten braucht. Wittgenstein hat unwiderruflich das letzte Wort, was mit den Notizen geschieht, was wo aufbewahrt wird und was wenige Ausgewählte zu Gesicht bekommen. Er kontrolliert auch, was niemand zu Gesicht bekommen soll. Besiegt dieses Netz aus Verstecken und Verschwiegenheit seine Furcht, seine Gedanken könnten völlig missverstanden werden und zum Opfer übler Aneignung werden?

Jeder Autor ist recht machtlos, wenn sein Werk falsch verstanden wird und er sich weniger rezipiert als persifliert fühlt. Es ist ein Risiko, dass er eingehen muss, wobei in der philosophisch-wissenschaftlichen Publizistik immerhin die Hoffnung besteht, dass fachlich gebundene Lesarten die Gefahr von Verrissen unter der Gürtellinie reduzieren und nicht alle Rezensenten einer Meinung sind. Kennzeichnet dieses Risiko Wittgensteins Problem, der erkennbar empfindlich ist und in seiner Neigung zur Panik gern jedes Missverständnis vorwegnimmt? Ein genauerer Blick zeigt, dass Unheil nicht erst in der Anonymität der publizistischen Landschaft droht, sondern gleich nebenan.

Wittgenstein muss nach den Berichten einiger seiner Studenten ein beeindruckender Lehrer sein, dessen Ecken und Kanten man ihm nachsieht. Er denkt laut im Kreis seiner Schüler und ist in der Entwicklung und Darstellung seiner Ideen so offen und freigebig, als schreibe er gerade an seinen Notizen. Seine Schüler, motiviert von loyalen und nicht selten freundschaftlichen Gefühlen, sind intelligent und schreibfreudig. Sie werden selber zu Lehrern und Autoren. Wem sind nun die Ideen zuzurechnen, die sie in alle Welt bringen? Wittgenstein fürchtet eine fundamentale Enteignung. Seine Schüler posaunen aller Welt Ideen aus, mit denen sie Wittgenstein als Lehrer und durch die Abschriften ausgewählter Notizen vertraut gemacht hat. Geht es dabei nur um die Frage, wer das Recht des Urhebers für sich beanspruchen darf?

Wittgensteins Notizen halten seine Untersuchungen und die tastenden Entdeckungen fest. Die Luzidität dieses Autors besteht nicht zuletzt darin, vorschnelle Antworten als trügerisch zu erkennen und zu permanenten Revisionen bereit zu sein. Nun machen seine Schüler mit Fachaufsätzen und Büchern Furore. Sie haben schnell Gedanken fixiert und in Form gebracht, die bei Wittgenstein noch Flüsse und Strudel seiner Notizen auslösen. Wittgenstein selbst ist, gerade im Hinblick auf seine aktuellen Ideen, die er inzwischen weit vom berühmten *Tractatus logico-philosophicus* abrückt, publizistisch ein völlig unbeschriebenes Blatt. Man weiß, was er denkt, weil seine Schüler seine Gedanken in ihren Texten präsentieren. Die Verschwiegenheit von Wittgensteins Notizen verstärken dieses Dilemma.

Wittgenstein will, dass die bislang nur in zusammengestellten Notizen vorliegenden *Philosophischen Untersuchungen* (in der heutigen Fassung der Teil 1) publiziert werden. Er denkt aber nicht, dass er das noch erleben werde. Selbst wenn die *Untersuchungen* dereinst im Buch vorliegen sollten, müsste es ja geradewegs so aussehen, als ob Wittgenstein alles nur abgeschrieben hätte – bei seinen Schülern nämlich. Die publizieren emsig und schnell und verhelfen damit auch Wittgensteins Namen Ideen zu beträchtlicher Publizität. Fremde Autoren kommen hinzu, die ihn in eigenwillige Konstellationen bringen und etwa eine Nähe zur Psychoanalyse Sigmund Freuds mutmaßen – was Wittgenstein für einige Tage jede Fassung raubt.

Das Echo eigener Gedanken klingt ihm im Munde und in den Texten anderer fremd. Manchmal fühlt sich Wittgenstein ausgenutzt und das nicht immer zu Recht; nicht erst in Cambridge oder unter seinen Schülern ist das der Fall. Der integre Moritz Schlick, einer der hellsten Köpfe des Wiener Kreises, veröffentlicht nach gemeinsamen Wiener Gesprächen in den 1920er Jahren einen Artikel. In Wittgensteins Lesart habe der die Grenze zum Plagiat schmerzvoll überschritten.

Norman Malcolm erinnert sich an die Folgen: »Andererseits rief er in meiner Gegenwart einmal leidenschaftlich aus, er würde gern alle seine Schriften vernichtet sehen, wenn mit ihnen gleichzeitig alle Veröffentlichungen seiner Schüler und Jünger verschwänden. Zuweilen wurde er von der Furcht heimgesucht, wenn sein Werk schließlich posthum veröffentlicht werde, könnte die gelehrte Welt glauben, er habe seine Ideen von Philosophen übernommen, die bei ihm studiert hatten [...].«[119] Was könnte er tun, um dieses vernichtende Urteil zu entkräften? Wen würde es überzeugen, nähme Wittgenstein seine Notizen und wolle mit ihnen seinen Anteil an der Urheberschaft belegen? Wittgensteins Reaktion spricht Bände. Sie ist so heftig, dass er selber Hand an seine Manuskripte legen will und damit den Untergang inszeniert, der ansonsten der Stoff seiner Alpträume ist.

Wittgenstein denkt noch an eine andere Option im Hinblick auf die *Philosophischen Untersuchungen*: Eine in wenigen Exemplaren hektographierte Fassung für ausgewählte Freunde böte ihm, im Unterschied zu einem gedruckten und für ein anonymes Publikum vertriebenen Buch, einen entscheidenden Vorteil. Nicht, dass er sich eine günstige Aufnahme seiner Gedanken durch eine handverlesene Leserschaft erkaufen will. Wittgenstein will schlicht und einfach, dass seine Notizen als das aufgefasst werden, was in seinen Augen ihren Wert ausmacht. Ein Leser, der selber notierend – ob mit Stift oder im Geiste – mit diesen Texten umgeht, der die in ihnen lauernden Fragen zu den seinen macht, liest diese Notizen und ihre Zusammenstellung in Wittgensteins Sinn. Wie konkret diese Idee für Wittgenstein ist, vertraut er Norman Malcolm auf einem Spaziergang an: »Auf einem unserer Spaziergänge sagte Wittgenstein, er dächte, wenn er das Geld dazu hätte, würde er sein Buch (Teil I der *Untersuchungen*) hektographieren lassen und unter seinen Freunden verteilen. Er sagte, es sei zwar nicht völlig abgeschlossen, aber er glaube nicht, dass er ihm zu Lebzeiten den endgültigen Schliff geben könnte. Dieser Plan hätte den Vorteil, dass er hinter einer Bemerkung in Klammer den Ausdruck der Unzufriedenheit anbringen könne, wie ›Dies ist nicht ganz richtig‹ oder ›Hier ist etwas faul‹.«[120]

Solche Zusätze dementieren die abgeschlossene Souveränität des Buches. Sie persiflieren geradezu jede angemaßte Allwissenheit eines Autors und verwandeln publizierte Texte in Provisorien, sprich in Notizen zurück. Die begründete Selbstkritik des Autors nimmt ihnen den Status einer endgültigen Aussage. Statt dessen wird weiterer Erklärungs- und Ergänzungsbedarf anzeigt, nicht zuletzt aber eine ungewöhnliche Gemeinschaft zwischen Autor und Leser begründet. Sie dürfte zu Recht den Namen der Philosophie tragen – als eine Bemühung um die Wahrheit unter Freunden.

Im Vorwort für die posthum veröffentlichten *Philosophischen Untersuchungen* redet Wittgenstein nicht um den heißen Brei herum, berührt aber sein publizistisches Dilemma nur indirekt. Was er veröffentlicht, sei ein »Niederschlag philosophischer Untersuchungen« über lange Jahre hinweg, aber keineswegs ein stabiles Gedankengebäude. Das zu errichten habe er mehrmals versucht, sein Vorhaben aber ergebnislos abgebrochen und eingesehen, dass »das beste, was ich schreiben konnte, immer nur philosophische Bemerkungen bleiben würden; dass meine Gedanken bald erlahmten, wenn ich versuchte, sie, gegen ihre natürliche Neigung, in *einer* Richtung weiterzuzwingen. [...] Die philosophischen Bemerkungen dieses Buchs sind gleichsam eine Menge von Landschaftsskizzen, die auf diesen langen und verwickelten Fahrten entstanden sind.«[121]

Andere hätten mit Hilfe seiner Skizzen Karten erstellt, Landstriche vermessen und aus allem ihre Schlüsse gezogen, die Wittgenstein nicht als die eigenen anerkennen kann. Seine Notizen sind und werden nicht fertig; gelesen werden viele ihrer Themen und Gedankenentwicklungen nun durch Brillen, die die Schriften anderer geschliffen haben. Dagegen ist der Notizenschreiber Wittgenstein machtlos. Er konstatiert es im Vorwort der *Philosophischen Untersuchungen* mit einer nicht zu überlesenden depressiven Note: »Aus mehr als einem Grunde wird, was ich hier veröffentliche, sich mit dem berühren, was Andre heute schreiben. – Tragen meine Bemerkungen keinen Stempel an sich, der sie als die meinen kennzeichnet, – so will ich sie auch weiter nicht als mein Eigentum beanspruchen.«[122] Er wolle den Leser zum Denken anregen und eigenes Denken niemandem ersparen. Die Stärke der Notizen, zum Partner dieser Arbeit zu werden und geradezu auf die Produktivität des Unfertigen zu bauen, entpuppt sich als ihre ultimative Schutzlosigkeit.

Die veröffentlichten Sätze Wittgensteins entstammen seinen Notizen. Als funkelnde Epigramme sind überraschend viele posthum zu einer Art von galantem intellektuellem Sprichwort geworden. Wer kennt dieses kommunikative Kleingeld nicht, bestens geeignet für angeblich geistvolle Zwischenrufe und Kommentare? »Die Welt des Glücklichen ist eine andere als die des Unglücklichen.« »Worüber man nicht sprechen kann, darüber muss man schweigen.« »Eine Sprache vorstellen heißt, sich eine Lebensform vorstellen.«[123]

Das sind Sätze, die souverän ihr kurzes Fazit ziehen. Schwierigste Fragen bringen sie auf den Punkt und geben selbstbewusst vor, sie sprächen ja bloß eine Selbstverständlichkeit aus. Sätze, die das Prestige nutzen, das ihr schwieriger Autor zu Recht genießt – um in dieser Verwendung einen feinen Schwefelgeruch zu verbreiten, der heute mehr nach Konformismus als nach Metaphysik riecht. Bestenfalls weisen sie Fragen ab, die sich Wittgenstein stets neu stellt. Dadurch geraten sie in die größte Distanz zu jeder lebendigen Notiz – die ist darauf aus, Nachwuchs zu zeugen und ihn bestmöglich großzuziehen. Hingegen sind die plakativen Sentenzen zu Stein geworden, und das in aller Öffentlichkeit.

Siebtes Kapitel

Sieben Versuche über die Denkform der Notiz

Die Skizze

Jede Notiz spricht zu den Augen. Sie ist visuell. Der Schreibende sieht Schriftzüge entstehen. Sie teilen sich die Seite und machen sich höflich Platz. Oder sie streiten um den knappen Raum, überlagern sich, rücken sich auf die Pelle und drücken ihresgleichen an den Rand. Striche nehmen Passagen zurück und lassen das Gestrichene doch stehen. Wer ein Auge dafür hat, sieht auf manchen Seiten eine sehr komplexe und dynamische Dramaturgie.

Kritzeleien gesellen sich zu Worten. Skizzen und Beispielzeichnungen finden sich ein. In Paul Valérys *Cahiers* sind sie zahlreich vertreten. Einige sind sehr sorgfältig ausgeführt und erlauben dem Leser, einen Blick auf Valérys Schreibtisch zu werfen. Man teilt die Aussicht aus seinem Fenster. Wir finden Zeichnungen, die einen wissenschaftlichen Versuch vorzubereiten scheinen, wie auch ausdrucksvolle Selbstportraits.

Ludwig Wittgenstein hat seinen Notizen Hunderte von Skizzen, geometrische oder technisch anmutende Zeichnungen beigegeben. Die Herausgeber von Wittgensteins Büchern haben einige übernommen. Oft zitiert wird die Kippfigur aus den *Philosophischen Untersuchungen.* Sie ist auf eine Umrisslinie und einen Punkt reduziert. Je nach Sichtweise, stellt sie einen Hasen- oder einen Entenkopf dar. Wittgenstein denkt über den Kipppunkt nach, der das Sehen von der einen zu der anderen Figur umschalten lässt. Das beschäftigt seine Notizen insgesamt: »Wie lernt der Mensch, einen ›Blick‹ für etwas kriegen? Und wie lässt sich ein solcher Blick verwenden?«[1]

In unserem Sinne geht es darum, einen Blick für die Notizen selbst zu gewinnen. Der Betrachter sieht manchmal sauber geschriebene Texte, als hätte der Autor einer Schreibkraft diktiert. Ein anderes Mal dominieren Schnörkel, Wortskizzen, Streichungen oder Einschübe. Die Seite zeigt nicht die Abgeklärtheit einer endgültig gefundenen Form, sondern offenbart einen unruhigen und widersprüchlichen Suchprozess.

Säumen Kritzeleien den Rand oder gehören sie zu bestimmten Sätzen? Geraten sie dem Autor ohne viel nachzudenken, beinahe halbbewusst, aufs Papier? Stehen sie dort als ein wortloser Kommentar oder hat sich der Autor bloß die Sekunden vertrieben, in denen ein Satz ins Stocken geriet? Dann bieten die Kritzeleien eine schöne Mitgift für interpretierende Rohrschach-Tests oder sie nähren Hoffnungen auf Schlüssellochblicke ins Unbewusste.

Gerade die bildlichen Elemente der Seite stellen den zeitlichen Verlauf, in dem die Notiz entstanden ist, vor Augen, als sei er in einer Reihe von Momentaufnahmen eingefroren. Das gewährt Einblicke, um zu unterscheiden, welche Gedanken zuerst da standen, an welchen Punkten sie modifiziert wurden oder wo die Notiz ihre ursprünglich beabsichtigte Richtung wechselte. Auf jeden Fall kommt damit mehr als nur eine einzige Lesart in Spiel, die allein nach dem engeren Sinn der Worte und der Sätze fragt.

Die schreibende und manchmal auch zeichnende Hand ist bewegt; viele Seiten bewahren Abbilder ihrer treibenden Kraft. Eine Handschrift kann zum Seismographen werden; sie macht Worte laut oder leise, verschwiegen oder auftrumpfend. Damit führt sie eine eigene »Sprache« in den Text ein. Sie zeichnet Erschütterungen in Worte und Sätze, sie macht Druck, sie nimmt ihn heraus oder reguliert das Tempo. Der Puls der Gedanken oder die Zeitnot des Notierenden werden sichtbar. Eine derartige Seite lässt sich nicht wie ein sauber gesetzter Text interpretieren, da der vitale Bezug zur Schreibsituation förmlich in die Augen springt.

Heinz Politzer, der berühmte Kafka-Forscher der ersten Generation, war fasziniert von dieser Visualität. Kafkas Handschrift schien ihm etwas Gotisches zu haben, als sprängen aus den Worten Teufelsfratzen und Wasserspeier.[2] Einige Sätze aus Kafkas Erzählung *In der Strafkolonie* verbergen in Politzers Sicht geradezu Kommentare zu den eigenen Aufzeichnungen: Der Offizier zeigt dem Forschungsreisenden aus der Ferne ein Blatt. Der erkennt nur »labyrinthartige, einander vielfach kreuzende Linien, die so dicht das Papier bedeckten, dass man nur mit Mühe die weißen Zwischenräume erkannte.« Der Reisende kann den Text nicht entziffern, schiebt das aber höflich darauf, dass er wohl kunstvoll sei. Das sei keine Schrift für Schulkinder, entgegnet der Offizier. »Man muss lange darin lesen.«[3] Der Moment des Notierens, des Skizzierens und des erstmaligen Lesens mag verschwindend kurz gewesen sein. Die Nachgeschichte ist lang und sie muss es sein. Eindeutige Ergebnisse werden hier nicht garantiert.

Der Inhalt der Notiz korrespondiert mit ihrer visuellen Form. Ergeben die Sätze auf der Seite oder weitere grafische Zusätze zusammen eine Art Bild? Wollte der Schreiber mutmaßlich, dass die Seite so aussieht, oder hat sich während des Schreibens etwas ereignet, das nicht prognostizierbar war? Stehen die Sätze mit genau bemessenem Abstand da wie die Reihenhäuser in einer Siedlung? Oder erinnert ihr Erscheinungsbild an einen belebten Ameisenhaufen? Sind wir in ein mehrstöckiges Gebäude versetzt, in dem sich die Sätze wie Stockwerke überlagern? Werden einzelne Sätze zu Straßen, auf denen plötzlich Baustellen für Umleitungen sorgen? Welche sind das, warum führt die Umleitung vom ursprünglich intendierten Satz weg, und wohin gelangen wir?

Eine Notizseite gewinnt in dieser Perspektive eine mehr als nur zufällige Ähnlichkeit mit einer künstlerischen Skizze. Natürlich wird man nicht davon ausgehen, dass der Schreiber sie von Beginn an in dieser Form gestalten wollte – was der Künstler vielleicht im Sinn gehabt haben dürfte. Die künstlerische Skizze will eine momentane Wahrnehmung, eine aktuelle Szene, einen frischen Gedanken festhalten. Der italienische Wortpate *schizzo* bezeichnet einen flüchtigen Entwurf und eben keine mit viel Zeit und durchgängiger Exaktheit angefertigte Studie. Die Skizze ist nicht mit einer Werkzeichnung identisch, die eine spätere Ausführung plant und in Grundzügen vorwegnimmt. Seit der Renaissance wächst die eigenständige Bedeutung der Skizze. An der Wende zum 20. Jahrhundert führt der Impressionismus exemplarisch vor Augen: Werk und Skizze verschwimmen geradezu, wenn der flüchtige Augenblick im Bild erscheinen soll.

Eine Skizze bringt den erlebten oder gedachten Moment in eine spontane Form. Schnell fährt die Hand herum. Sie zaubert mit Kohle, Kreide, Tusche oder Blei schnelle Linien und Formen auf das Papier. Sehen und gesehen werden: Die Skizze hält etwas fest. Sie deutet etwas an, aber sie deutet es nicht aus. Unterschiedliche Möglichkeiten der Umsetzung hält sie offen. Ein Werk kann dieses Potenzial ausschöpfen, ebenso gut kann es die Skizze nur selektiv oder überhaupt nicht umsetzen. Der spätere Vergleich macht dann sichtbar, dass für die Skizze und das Werk andere Intentionen fruchtbar oder bestimmend wurden.

Die künstlerische Skizze besteht somit vor, mit oder auch im Kontrast zum Werk. Sie selbst ist ein Kunstwerk *sui generis*. Seit der frühen

Moderne beanspruchen Skizzen eine eigenständige künstlerische Position. Der Philosoph Nelson Goodman will sie deshalb nicht wie eine Partitur verstanden wissen, die etwa als Arbeitsanleitung für eine musikalische Aufführung gedacht ist.[4] In einer Skizze sei alles buchstäblich wichtig und erhebe Anspruch auf Aufmerksamkeit.

Im Anfang war der bewegende oder bewegte Augenblick. Die Skizze wie auch die Notiz drücken das auf ihre jeweilige Art aus. Sie machen sich zum Zeugen und sie beglaubigen beides: den Menschen, der sieht, denkt und schreibt wie auch das Gesehene, das er umsetzt. Im kleinsten Strich und in der kurzen Notiz kommt Komplexes zusammen; von hier kann ein Funke in die Zukunft überspringen. Friedrich Schlegel spitzt das in dem bekannten *Athenäum-Fragment* zu: Niemand werde in der Philosophie viel erreichen, der nicht anfangs philosophische Welten »mit dem Crayon skizzieren« kann.[5]

Die Bewegung des Skizzierens wie des Notierens charakterisiert den Moment, in dem etwas zwar klar erscheint, ohne in der Tiefe aber bereits ausgelotet oder verstanden zu sein. Zeit wird benötigt, um diesen Moment auszuwickeln. Was im Moment evident erscheint, kann sich morgen als offene Frage herausstellen. Ein Leser muss diesen Weg vorwärts und rückwärts gehen können. Die Notiz wird ihm vielleicht auch die Geste skizzieren, die am Beginn dieser Reihe stand.

Ein simpler Strich zeigt in aller Klarheit, ob eine gezeichnete Figur traurig oder glücklich ist. Ein weiterer Strich kann alles wieder ändern. Kategorien- oder Klassenunterschiede werden auf den Kopf gestellt, Widersprüche zwischen Lebens- und Begriffswelten mit geringstem Aufwand aus den Angeln gehoben. Der glänzende Begriffsjongleur tänzelt neben dem armen Schuster. Nuancen, die Welten trennen, werden bewahrt oder außer Kraft gesetzt. Diese Bewegung findet sich in den Physiognomien vieler Notizseiten – im Detail der Handschrift, in den Fahrplänen einzelner Sätze, im kleinen optischen Universum der einzelnen Konstellation. Der Leser kommt der Notiz näher, wenn seine Interpretation in einen wirklichen Dialog bringt, was sich hier zusammen einfindet.

Bruch und Beginn

In den Driften der Moderne wird man einen archimedischen Punkt kaum finden, auf dem man in Ruhe und Abgeschiedenheit beobachten, denken und schreiben könnte. Die Welt scheint voller Widersprüche und Klangfetzen, die keine gefällige Melodie ergeben. Jeder redet in seinem eigenen Kreis, in dessen eigenen Worten und gern an allen anderen vorbei. Zusammen ergibt das ein babylonisches Durcheinander. Jeder Satz scheint für eine kleine Sekunde wahr, bis der nächste ihn dementiert und den lächerlich macht, der sich zu lange daran festklammern will. »Das scheinbar Feste wurde darin zum durchlässigen Vorwand für viele andere Bedeutungen, das Geschehende zum Symbol von etwas, das vielleicht nicht geschah, aber hindurch gefühlt wurde«, räsoniert Ulrich, der Protagonist von Robert Musils *Der Mann ohne Eigenschaften*. Und er selber? Wer oder was ist er in dem sich ständig verschiebenden Parallelogramm unterschiedlicher Kräfte? Er wird zum »Inbegriff seiner Möglichkeiten«, er wird der »potenzielle Mensch«.[6]

Der wirft seine Netze aus und zieht doch nur vorläufige Tatsachen an Land oder Ideen, die sich wie Flüchtlinge gleich wieder aus seinem Gesichtskreis stehlen. »Sie gleichen jenen Stoffen, die sich sofort an der Luft in eine dauerhaftere andere, aber verdorbene Form umsetzen«, erklärt Ulrich.[7] Ist das ein Spiel? Einen Moment zuvor scheint eine Idee nicht weniger real als der Mensch, dem sie im Kopf steht und etwas Besonderes verspricht. »Irgendetwas haucht dich an; wie wenn in das Rauschen von Saiten plötzlich ein Ton kommt; es steht etwas vor dir wie eine Luftspiegelung; aus dem Gewirr deiner Seele hat sich ein unendlicher Zug geformt, und alle Schönheiten der Welt scheinen an seinem Wege zu stehn. Das bewirkt oft eine einzige Idee.«[8] Nicht lange dauert es, dann werden die Idee, ihre Welt und der Mensch, in dem alles zusammenkam, zur Fata Morgana. Die Idee mutiert zur Schrumpfform ihrer selbst und sucht sich ein warmes Nest. So »wird sie allen anderen Ideen, die du schon gehabt hast, ähnlich, sie ordnet sich ihnen unter, sie wird Teil deiner Anschauungen und deines Charakters.«[9] Das einstmals überraschende Unikat ist Teil eines Musters geworden.

Lassen sich Ideen frisch erhalten? Gibt es Gedankengebäude, die ihre Wahrheit bewahren, etwa durch die behutsame Einbettung in ein größeres Ganzes oder in ein System von Sätzen? Solche Gedankengebäude müssten dasselbe Schicksal wie die fragile Idee erleiden. Kaum anderes bleibe übrig als »ein Aphorismenvorrat, aus dem sich Freund und Feind, wie es ihnen passt, bedienen. Die Folge ist eine allgemeine Vieldeutigkeit. Es gibt kein Ja, an dem nicht ein Nein hinge.«[10] Deutlich klingt Musils Angst vor der Fragmentierung und Verwässerung des eigenen Werkes durch. Er hadert mit Aphorismen, die sich als Erben aufspielen. Für ihn stehen sie in Verdacht, alles Schwierige ins Gefällige und Beliebige zu verschieben. Aber sie verkaufen sich gut. Die eloquente Weisheit füllt die Buchhandlungen.

Die Spannung zwischen der kurzen Notiz und dem ausführlichem Text begleitet Musil. Bereits in frühen Notizen klagt er über die Mode, Tagebücher zu veröffentlichen. Das sei »die bequemste, zuchtloseste Form«, sich ins Einfachste und Gedankenlose zu flüchten, gar »Gemeinplätze« zu kultivieren.[11] Schnell sei alles fertig, der Text wie der Jubel des Publikums. Er fahre den billigen Applaus derer ein, die nichts Kompliziertes ertragen. Der junge Robert Musil wittert ein Komplott, am dem Generationen mitgewirkt haben: Alles soll kurz sein. Jeder Satz müsse förmlich auf seinen Punkt zustürzen.

Anspruchsvolle Gedanken leisten sich abzubrechen, wann immer mehr Zeit, Sensibilität oder vielschichtige Reflexionen nötig sind. Den Faden gibt man guten Gewissens aus der Hand in der Erwartung, ein späterer Moment werde ihn in die Gedanken einweben, die der Gegenwart nicht möglich sind. »Das ist daran das Gefährliche. Solange man in Sätzen mit Endpunkt denkt – lassen sich gewisse Dinge nicht sagen – höchstens vage fühlen.«[12] Diese übergreifende Zeit mit ihren komplexen Denkräumen ginge aber verloren.

Musil schreibt über Jahrzehnte umfangreiche Tagebücher. Mit Heft und Stift lebend, reisend, lesend und denkend, sehen wir ihn vor dem Ersten Weltkrieg in Rom oder in Wien. Was er festhält, taucht in Zeitungen, Erzählungen und im großen Werk, dem *Mann ohne Eigenschaften* auf. Der Sprung vom Notierten zum Publizierten ist mitunter kurz. Viele Notizen spiegeln die Pointiertheit konkreter Beobachtung, die Luzidität eigenständigen Denkens wie auch die stilistische Brillanz, die den Schriftsteller und Denker Robert Musil auszeichnen.

Roger Willemsen hat es auf den kürzesten Punkt gebracht: »Diese Stücke bestehen stofflich aus Minimaleinheiten der Erfahrung. In ihnen ist nicht mehr als ein Intervall, eine plötzliche Koinzidenz, eine kleine Bildsequenz, eine Korrespondenz zwischen Dingen dargestellt, und diese kleinste Fügung erhält eine ungeheure Strahlung durch die Art, in der sie auf den Bewusstseinszustand verweist, der sie aus sich produziert und zugleich durch die große Geste, mit der das Detail auf alle Verhältnisse, alle Fügungen und Intervalle deutet.«[13]

Reflexionen zum Aphorismus und zur Notiz werden zu Dauergästen in Musils Heften und Tagebüchern. Notizen sind Allerweltskünstler. Sie bauen Brücken zwischen den unterschiedlichsten Welten der Wissenschaften, der Ästhetik, der Philosophie oder der Politik – weil sie sich allen Zwängen entziehen, sich irgendwo niederlassen oder einfügen zu müssen. Sie bleiben unabhängige Ideen.[14] Immer stehen sie dazwischen, sitzen sie im Niemandsland oder zwischen Stühlen. Als Hybridwesen lassen sie sich überall und nirgendwo verorten. Die Notiz ist Musil deutlich näher als der Aphorismus: »*Aphorismus*: Nicht Fisch u. nicht Fleisch. Nicht Epigramm u. nicht Entdeckung. Es fehlt ihm anscheinend an der Ganzheit, Einprägsamkeit, Reduzierbarkeit odgl. Bloß Bewegung ohne Ergebnis, Knotenpunkt usw. Darum die Abneigung gegen ihn.«[15] So pointiert Musils Mängelliste zum Aphorismus auch ist, am Ende überrascht er mit dem Fazit: »Schlage es nicht in den Wind!«[16]

Der 2. Band des *Mann ohne Eigenschaften* erscheint 1932. Die weitere Fortsetzung ist angekündigt, wird aber nicht fertig. Die Nazi-Diktatur bringt Musil, nach den begeisterten Rezensionen des ersten Bandes, um jede öffentliche Wirkung. Ideen und immer neue Varianten wachsen zu beängstigend hohen Gebirgen an. Eine Fortsetzung oder gar ein Abschluss lassen sich nicht realisieren. Musil ist mittellos, vereinsamt und krank. Als Emigrant fristet er sein Dasein in der Schweiz, in der sein *Mann ohne Eigenschaften* eben nicht spielt. In dieser letzten Phase seines Lebens und Schreibens gewinnen Notizen ein unerwartetes Eigenleben. Sie stehen nicht mehr vor oder hinter dem Werk, sondern rücken in dessen Position vor. Es gelingt Musil weiterzuschreiben. Notizen sind nicht verhext wie das große Werk, das ihm bald Angst macht und über seine Kräfte geht. In Musils Hefte trägt ein hellwacher Geist ein. Vieles wird ihm zugetragen: Hier sind es Sätze aus einem Buch, da singen Vögel, dort schreit Hitler aus einem Lautsprecher bis ins Schweizer Exil.

Vom Scheitern ist in Musils Notizen oft die Rede. Er schreibt für sich selbst, ist aber kurze Zeit von der Idee angetan, aus den Notizbüchern etwas Autobiographisches zu machen. Eine Portion Ironie böte ihm das notwendige Versteck. Ein milder Ton könnte die schwere Kost auf die zeitgenössische Mägen umstimmen und dadurch verdaulich machen. Musil beschäftigt sich mit dem, was nicht fertig wird wie eben die Notiz. Sie ist auf Zukunft aus und gibt einen Gedanken gern als Prüffall an den Leser weiter. Eigentümlicherweise ist die Notiz gerade als Unfertiges fertig. Sie ist abgekapselt in ihrer Zeit und wirft doch den Blick auf eine andere, eine kommende, eine bessere. Wie nennt man das nur?

Musil erfindet kein neues Wort, er bedient sich. Als Erster spricht er von einem *Rapial*. Die Bedeutung und die Herkunft des Wortes spielt er jovial herunter, er hätte es zufällig in einem Weihnachtskatalog gelesen. Musil will seine Notizbücher veröffentlichen, aber nicht unter dem Titel *Aphorismus*. Er mag *Kladde*, *Gedankensplitter* oder *Gedankenblitze* ebenso wenig. Das Wort *Rapial* entstamme der niederdeutschen Kaufmannssprache und bezeichne das blanke Gegenteil einer literarisch ambitionierten Aphorismensammlung. Ein *Rapial* sei ein »Konzept- oder Schmierbuch«, ein Geschäftsbuch, geführt von Tag zu Tag. Den Rang seiner Notizen will Musil nicht unbedingt herunterspielen. Tatsächlich lautet sein Stichwort aber auf Raub: »Wer ein schlechter Lateiner ist, kann sich an einen Zusammenhang mit rapio erinnert fühlen. Es ist ein kriegerischeres Wort als Kladde.«[17] Einer friedlichen Welt entstammt die Bezeichnung *Rapial* also nicht.

Musil ist zeitlebens überzeugt, Aphorismen kämen dem modernen Bedürfnis nach Zerstreuung entgegen und lieferten Weisheiten, die nichts kosten, nichts fordern und sich durchs Weiterblättern rückstandsfrei entsorgen lassen. Seine Vorbehalte sind erheblich: »*Widerstand gegen den Aphorismus:* Jemand, der auf einem Spaziergang zehn solcher Bemerkungen von sich gäbe, wäre unangenehm. Der zehn solcher Einfälle hätte, die nicht entschuldigt sind durch ein verbindendes Thema.«[18] Die Ablehnung geht nicht allein auf das Konto der Ideenflüchtigkeit. Ein verbindendes Thema würde ein derartiges Aphorismenstakkato nicht besser verdaulich machen.

Er, Musil, könnte etwas anderes schreiben. Seine Idee des Rapials setzt den Aphorismus, der Sinn und Weisheit wahllos frisst, wo er sie zu finden meint, auf Diät. Der Aphorismus lässt Musil trotzdem nicht los. Im Großen nicht, im Kleinen erst recht nicht. Er denkt immer wieder über Romane in Form von Aphorismen nach. Sie böten die Chance, permanent neu anzufangen, die ja auch Musils Verständnis des Essays beseelt. Mit dieser Beweglichkeit könnte er der Perfektion hinterher jagen. Selbst im engsten Raum des Denkens ließen sich die größten Kreise ziehen: »Ist ein Aph. unvollkommen, kann ich gleich den nächsten versuchen besser zu machen!«[19] Das ist der entscheidende Punkt.

Musil wälzt umfangreiche Literatur zum Aphorismus, zum Aperçu oder zum Epigramm. Beim Stöbern in Erich Podachs Buch über den kranken Nietzsche stößt er auf den lyrischen Zug im Aphorismus, der ihm für seine Arbeit wichtig wird als »ideale Verbindung von Gedanke u. Gedicht.«[20] Abgetan ist seine Kritik an der aphoristischen Zusammenhanglosigkeit damit noch nicht. Man kann sich einen Aphorismus wie einen Bonbon im Munde zergehen lassen und dann zum nächsten greifen. »*Aphorismen* schreiben sollte nur einer, der große Zusammenhänge vor sich sieht«, hält Musils Tagebuch dagegen fest.[21] Es ist kein Einspruch gegen den Versuch, dass die Darstellung der großen Zusammenhänge unvollendbar ist. Man sollte bloß so ehrlich sein und bereits im Titel klar sagen, hier bringe kein Füllhorn Weltbilder und Weisheiten unters Volk.

Musil blättert in seinen Notizen und überlegt, ob eine »aphoristische« Autobiographie wohl möglich ist.[22] Grundlegende Fragen stehen am Eingang: »Wer bist du? Was sind deine Grundsätze?« Musil findet ein Nebeneinander vieler Interessen. Ein Fragment-Mensch sei er also? Das ist Thema im *Mann ohne Eigenschaften* und es bleibt das Thema seiner Selbsterforschung.

Musils »*Notizen [17. Februar 1935]*« wagen sich auf dieses Terrain vor.[23] Der aufmerksame Leser spürt Musils Zurückhaltung und eine Art zögernden Unbehagens. Seine Notizen winden sich förmlich aus der aphoristische Kür heraus, hinter einer schnellen Zuspitzung einen abrupten Punkt zu setzen, um sich unter Applaus sogleich von der Bühne zu verabschieden. Aus Widersprüchen lassen sich andere Funken schlagen; Musil will nicht, dass es bloß theatralische sind. Er präsentiert keine Summen, bevor überhaupt gerechnet werden konnte. Auf diese Weise verschenken seine Notizen jedes Moment der Überraschung; stattdessen wiederholen, fragen oder insistieren sie. Nicht wenige Notizen erwecken geradezu den Eindruck, Musil wollte die rhetorische Brillanz des aphoristischen Genres sabotieren.

Musils Idee ist eine andere. Am Ende läuten seine Notizen die nächste Runde ein: »Notizen und Fragmente. Übertitel: An einen Späteren.« Darunter setzt er die anspruchsvollste Definition, ganz im Widerspruch zum Verdacht, dem Aphorismus ginge die Perspektive auf eine mögliche Ganzheit ab. »Aphorismus = das kleinste mögliche Ganze.«[24] Wie kann dieses kleinste mögliche Ganze jemals wirklich werden? Es handelt sich zunächst erst einmal um eine Notiz Musils. Sie steht am Ende vieler Notizen, scheint aber den offenen Horizont im Blick zu haben, der für sein Schreiben unhintergehbar ist.

Korrespondenzen

Notizen spielen in Walter Benjamins Werk eine Zentralrolle. Die Begeisterung für das Reisen und das Schreiben unterwegs bleibt ihm zeitlebens erhalten, die Freiwilligkeit nicht. Benjamin, um seine akademische Karriere gebracht, lebt in beklagenswerten finanziellen Verhältnissen. Er sucht Orte, an denen es sich gut und vor allem billig leben lässt. In den letzten Lebensjahren wird Paris zum Lebensmittelpunkt des Emigranten. Notizen dienen ihm als Vorstufen für viele der Essays und Zeitungsarbeiten, von denen er mehr schlecht als recht lebt. Benjamin ist enorm belesen und in der aktuell erscheinenden Literatur zu Hause; ein Büroarbeiter ist er schon mangels eines festen Ortes nicht. Notizen und Briefe werden ihm zur mobilen intellektuellen Heimat.

Hannah Arendt, 1933 aus dem nationalsozialistischen Deutschland nach Paris geflohen, beschreibt ihren Freund Walter Benjamin. Besonders die Notizbücher sind ihr aufgefallen: »Jedenfalls war nichts für ihn in den dreißiger Jahren charakteristischer als die kleinen, schwarz-gebundenen Notizbüchlein, die er immer bei sich trug und in die er unermüdlich in Zitaten eintrug, was das tägliche Leben und Lesen ihm an »Perlen und Korallen« zutrug, um sie dann gelegentlich wie Stücke einer erlesenen kostbaren Sammlung vorzuzeigen und vorzulesen.«[25]

Für das überragende Werk seiner letzten Jahre, das *Passagen-Werk*, sammelt Benjamin vor allem in der Pariser Nationalbibliothek eine atemberaubende Menge von Notizen und Zitat-Fundstücken. Das Werk bleibt eine Ruine, was der Gewalt geschichtlicher Verhältnisse geschuldet ist, die Benjamin in die Emigration, die Flucht und schließlich in den Selbstmord treiben. Doch stellt sich auch die Frage, ob Benjamins Philosophie der Notiz ihren Anteil daran hat.

Ein flüchtiger Moment wird Anlass und Geburtsort einer Notiz. Durch sie gewinnt er eine Dauer, die sich nur an wenige Worte bindet. Die Notiz wird zur Abbreviatur von Gedächtnisinhalten, die erheblich reicher sind, als sie in der Notiz dargestellt werden können. Sie lasse sich mit einem Namensschild an einer Türschwelle vergleichen. Es geleitet den Suchenden ganz unprätentiös zur richtigen Tür. Er tritt ein, lässt das Schild hinter sich und hat es gleich vergessen. Auch die Notiz fesselt den Gedanken nicht durch stilistische Ambitionen, sie verwickelt nicht in umfangreiche Rückblicke oder Reflexionen.[26] Sie kann einfach eine Schwelle darstellen. Um so größere Überraschungen könnte erleben, wer sie überschreitet. Er trete möglicherweise in die Träume oder Erinnerungen ganzer Epochen und ihrer geschichtlichen Kollektive ein.

Besonders fesselt Benjamin der Moment, in dem die Lektüre einer Notiz diese hintergründig präsenten Konstellationen aufleuchten lässt. Blitzhaft wird Vergangenes gegenwärtig, als lasse ein Detail geradezu die Erinnerung an eine ganze Welt wiederauferstehen. Diese Kraft rückt die Notiz ab von der Vorstellung eines Archivs, in dem Zettel verstauben. In Notizen gehen Wahrheiten auf ihre Wanderschaft durch die Zeiten. Für Benjamin lässt sich ihre Aktualität nicht anhand von Jahreszahlen bemessen. Sie beweise sich vor allem in der Unruhe und der eigenwilligen Kraft, die in der Notiz gebündelt sind und darauf drängen, präsent zu werden – nicht selten zur Überraschung dessen, dem dies geschieht.

Die Einbindung umfangreicher Kontexte scheint kaum das Anliegen dessen zu sein, der eine Notiz schreibt. Notizen sind das Stückwerk, das dem Moment verpflichtet bleibt. Dennoch öffnet sich mit dem Moment auch eine übergreifende Dimension der Zeit. Der Autor einer Notiz bekommt das zu spüren, denn das Stückwerk beschäftigt und fordert ihn auch weiterhin, während ein abgeschlossenes Werk abgelegt wird und somit aus dem Kreis lebendiger Gedanken abtritt: »Den Großen wiegen die vollendeten Werke leichter als jene Fragmente, an denen die Arbeit sich durch ihr Leben zieht. Denn nur der Schwächere, der Zerstreutere hat seine unvergleichliche Freude am Abschließen und fühlt damit seinem Leben sich wieder geschenkt. Dem Genius fehlt jedwede Zäsur, fallen die schweren Schicksalsschläge wie der sanfte Schlaf in den Fleiß seiner Werkstatt selber.«[27]

Notizen zu führen bringt weder Genialisches ins Spiel, noch folgt man in der Regel großen Ambitionen. Augenzwinkernd wirbt Benjamin allerdings dafür, sich von dem Vorurteil zu befreien, man schreibe ja bloß sporadisch auf, was man erlebt oder im Gefühl gegenwärtiger Evidenz zu verstehen meint. Er rät zum blanken Gegenteil. Eine bewusste Strenge sollte geradewegs zur Voraussetzung des Notierens werden. Benjamin spitzt das zu einer Maxime zu: »Lass dir keinen Gedanken inkognito passieren und führe dein Notizheft so streng wie die Behörde das Fremdenregister.«[28]

Benjamin ist ein vehementer Gegner jeder fahrlässigen Art des Notierens. Die Notiz scheint ihm einem Werkstück ähnlich. Trotz aller Konzentration und Kunstfertigkeit lässt es sich als eine Notiz niemals in eine endgültige Form bringen. Der Notierende gewinnt keine abschließende

Verfügungsmacht über das Niedergeschriebene. Er hat nicht das letzte Wort vor Augen. Eher schaut er auf einen Schnappschuss. Der Fotograf übersieht Details, die erst einem späteren Betrachter ins Auge springen. Wer eine Notiz schreibt, weiß, was er schreibt, und er weiß es wiederum auch nicht. Eine kommende Zeit könnte entdecken, das vieles in der Notiz angelegt ist, das dem Verfasser im Augenblick der Niederschrift nicht klar war.

Wie viele Autoren kennt auch Walter Benjamin Glücksfunde spontaner Einsichten oder gelingender Formulierungen. Plötzlich stehen sie auf dem Papier und überraschen den Autor. Im Fortgang bereiten gerade sie merkwürdige Probleme. Eine Notiz öffnet den Blick für unzählige Bedeutungen und Kontexte. Der überwältigende Glücksfund verschließt ihn. Er zieht die Aufmerksamkeit ganz auf sich, blendet durch seinen Stil oder seine intellektuelle Treffsicherheit. Benjamin warnt vor den Kosten dieser Einmaligkeit: »Beim Schreiben hält man hin und wieder über einer schönen Stelle inne, die besser gelungen ist als alle andern und nach der man plötzlich nicht weiter weiß. Etwas ist nicht mit rechten Dingen zugegangen. Es ist, als gäbe es ein böses oder unfruchtbares Gelingen, und vielleicht muss man gerade von diesem einen Begriff haben, um zu erfassen, was es mit dem rechten auf sich hat.«[29]

Wer die Notiz in Benjamins Sinn versteht, denkt bei jeder einzelnen über die Notiz hinaus. Ein Buch ist nicht unbedingt der Leitstern, der den Notizen diesen virtuellen Horizont erschließt. Autoren, die ihre Notizen lediglich als Bausteine zu einem Buch ansehen und sie instrumentell nutzen, verschenken deren Potenziale und verstehen ihre Arbeit schlecht. In einer aufschlussreichen Notiz, wahrscheinlich entstanden im November 1934, fragt Benjamin: »Wievieles von dem, was heute ein Buch ausmacht, ist wohl von denen, die die darin befindlichen Texte gemacht haben, als Buch gedacht gewesen? Bei der Verfassung von Texten von ihrer Bestimmung, ein Buch zu bilden, abzusehen, kann die Arbeit sehr erleichtern.[30]

Eine Notiz kann und soll *ab ovo* nicht der Stringenz eines anvisierten Werkes unterliegen. Sie bestellt ihre Felder außerhalb solcher Intentionen. Das bedeutet keineswegs, dass sie auf ihrem Acker bleibt. Das *Passagen-Werk* ist eine beeindruckende Sammlung von Notizen, vor allem aber von Zitaten. Disparates steht nebeneinander, noch kaum durchkomponiert unter 36 Stichworten. Unverbundenes geht ineinander über, und Isoliertes schließt sich zu eigenwilligen Konstellationen zusammen, auch ganz überraschend. Benjamins Entdeckungen wollen sich nicht einfach auf argumentative Schachzüge oder suggestive Anordnungen stützen. Sie setzen darauf, dass die Lektüre selbst lebendig wird. Dann kann sie auf vermittelnde Konstruktionen verzichten. Benjamin folgt seiner grundlegenden Überzeugung, die Hannah Arendt im Telegrammstil auf den Punkt bringt: »Tradition – Vergangenheit ist nicht länger ›tradierbar‹, nur zitierbar«.[31]

Ein Zitat rückt das Zitierte nur scheinbar in eine größere Distanz zum Leser. Es ist nicht soufflierte Rede oder das Bekannte nochmal. Benjamin will das Zitat aus der eingespielten Erwartung entlassen, immer dasselbe sagen zu müssen. Die Notiz wie auch das Zitat setzen idealerweise eine Erkenntnis frei, die sich wie der Blitz ereigne, dessen »langnachrollender Donner« übers Land gehe.[32] Es geht um eine »Geistesgegenwart«[33], um den Augenblick des Erwachens.[34] Der Lohn eines launischen Zufalls sei beides aber nicht, sondern bleibe der »Ertrag der Arbeit«.[35]

Der Notierende tritt in Benjamins Sicht in diesen Kreis. Er lässt sich ein, er lässt sich überraschen, er konstruiert. Kombinationsgabe und Fingerspitzengefühl sind hilfreich, auch die Künste eines versierten Spurenlesers und natürlich eine umfassende Bildung. Das versetze ihn in die Lage, eine Idee und ihre Folgen durch die verzweigten Maulwurfsgänge der Geschichte aufzuspüren. Er muss scharfsinnig folgern und sich bisweilen wie im Nebel vortasten. Werden die Notizen irgendwann zu einem Werk, das kompiliert, redigiert und gedruckt wird, greifen andere Spielregeln. Das geschriebene Wort ist der Verfügungsmacht des Autors entzogen und mit einer Vielzahl von Lesarten und Erwartungshaltungen konfrontiert. Die Frage stellt sich, ob ein Werk überhaupt möglich ist, in dem die von Benjamin geschätzte Produktivität der Notizen und Zitate erhalten bliebe?

Kurz vor seiner Flucht aus Paris teilt Walter Benjamin die Manuskripte des *Passagen-Werks* in drei Teile. Einer verbleibt in seiner Wohnung, den zweiten versteckt Georges Bataille in der Pariser Nationalbibliothek. Der dritte Teil gelangt über Walter Benjamins Schwester Dora an Theodor W. Adorno, bei dem nach Benjamins Willen alle Manuskripte endlich zusammenkommen sollen. Lässt sich das Werk im Sinne Walter Benjamins posthum konstruieren?

Adorno bemüht sich darum. Er stößt auf hartnäckige Probleme. Ein halbes Jahr vor seiner Rückkehr nach Frankfurt im Jahre 1949 teilt Adorno Gershom Scholem mit: »Das schwerwiegendste ist das außerordentliche Zurücktreten formulierter theoretischer Gedanken gegenüber dem ungeheuren Exzerptenschatz.«[36] Die Treue zum verstorbenen Walter Benjamin überdeckt den Dissens nicht, der beide in diesem Punkt trennt. »Das erklärt sich teilweise aus der an einer Stelle ausdrücklich formulierten (und mir übrigens problematischen) Idee, die Arbeit rein zu ›montieren‹, das heißt, so aus Zitaten zusammenzusetzen, dass die Theorie herausspringt, ohne dass man sie als Interpretation hinzufügen brauchte.«[37] Adorno lässt offen, ob ein derartiges Vorhaben im konkreten Falle möglich ist. Er räumt zumindest ein, dass ein Walter Benjamin es vielleicht hätte realisieren können. Das Trennende benennt er unmissverständlich.

Das Thema ist in den Diskussionen zwischen Benjamin und Adorno nicht neu. Sie begleiten Benjamins langjährige wie unermüdlich Arbeit an seinem *Passagen-Werk*. 1934 kommt Benjamin Adornos Bitte nach und sendet ihm den Essay *Franz Kafka – Zur zehnten Wiederkehr seines Todestages*.[38] Benjamins Manuskript hat die Schritte seiner Entstehung bewahrt: Zunächst stellt er Figuren- und Motivkomplexe zusammen, entwirft Gliederungen und Zwischentitel für seinen Essay. Unabhängig von jeder vorgesehenen Struktur schreibt Benjamin fortlaufend Notate zum Thema. In Streifen geschnittene Aufzeichnungen führen seine Gedankenarbeit vor Augen. Sie wirft gleichermaßen Licht auf Benjamins Vorgehen im *Passagen-Werk*: »Benjamin hat die Manuskript-Streifen aus Blättern, auf denen sie wahrscheinlich ohne Bezug auf eine schon vorhandene Disposition standen, ausgeschnitten, um mit verschiedenen Anordnungen experimentieren zu können und so zu einer ersten Rohfassung zu kommen.«[39] Die farbigen Kennzeichnungen der Bögen des Kafka-Manuskripts finden sich auch in den Manuskripten des *Passagen-Werks*.

Adorno erhält im Dezember 1934 von Benjamin den Kafka-Essay. Er antwortet Benjamin, der seinen Kafka-Essay im Schreiben an Adorno selber als »unfertig« ansah, mit dem Versuch einer Klarstellung: »Zu genau wissen Sie, wie sehr hier das Bedeutende dem Fragmentarischen verschwistert ist. Das schließt aber nicht aus, dass die Stelle der Unfertigkeit sich bezeichnen lässt – eben weil diese Arbeit ja vor den Passagen liegt.«[40] Adorno ist augenscheinlich schon früh davon überzeugt, Benjamins *Passagen-Werk* werde das Fragmentarische in dieser Form »zum Begriff erheben« – und dies nicht allein in Bezug auf das *Passagen-Werk*, sondern als Neubestimmung des gesamten Werks. Damit kann Adorno sich nicht anfreunden. Eine Montage von Notizen könne nicht leisten, was Begriffen vorbehalten sei.

An dieser Position hält Adorno in den Diskussionen mit dem Benjamin-Herausgeber Rolf Tiedemann in den 1960er-Jahren fest – der in diesem Punkt ebenfalls nicht Adornos Meinung ist. Ihre Auseinandersetzung berührt eine fundamentale Frage jeder Philosophie der Notiz. Eine Notiz kann aus ihren Kontexten herausgerissen sein und wie Treibgut an fremden Küsten angespült werden. Wie finden diese verwaisten Einzelstücke ihre adäquaten Kontexte? Wodurch geraten sie in sinnvolle Konstellationen? Was schützt ihre Deutung vor assoziativer Beliebigkeit? Rolf Tiedemann ist überzeugt, Walter Benjamin hätte diese Vermittlung nicht, wie es Adorno vorschwebt, im Sinne einer Theorie anvisiert. Einige Notizen in Benjamins *Passagen-Werk* formulieren tatsächlich, was man, in aller Vorsicht, als seinen roten Faden ansehen darf:

»Methode dieser Arbeit: literarische Montage. Ich habe nichts zu sagen. Nur zu zeigen. Ich werde nichts Wertvolles entwenden und mir keine geistvollen Formulierungen aneignen.«[41] Die tradierte Idee eines Zitates gerät ins Wanken. Es stellt keine Übernahme fremden geistigen Eigentums dar, die in definierten Grenzen erlaubt oder erwünscht ist. Benjamin verknüpft sein Vorhaben mit einer expliziten Maxime. Er will »die Kunst, ohne Anführungsstriche zu zitieren« perfektionieren. Montagen sind Darstellungen. Sie bringen nicht einfach Zitate von altem Papier auf neues Papier. Sie bringen sie zum Reden, sollten ihnen aber keineswegs fremde Rede aufzwingen. Nur im Einzelmoment sei »der Kristall des Totalgeschehens zu entdecken«, davon ist Benjamin überzeugt.[42] Als Leistung eines Moderators wäre sie ihm undenkbar. Keine noch so kunstvolle Anordnung würde einem (Lese-)Publikum diese Art von Lektüre erschießen.

In Notizen und Zitaten erhalten sich unbewusste Widersprüche ihrer Zeiten wie in einem Traum. Der Moment ihrer Erkenntnis wäre der eines Aufwachens. Die plötzlichen Erinnerung wird zur überraschenden Gegenwart. Ein Zitat oder eine Notiz versteht Benjamin nie als simple Kopie einer Realität oder als deren einfache Reproduktion. Eine Notiz bleibt, trotz aller Bemühung und Konzentration, das Unvollendete, in dem die Spur eines Vollendeten aufblitzen kann.

Der Widerspruch

Es gibt Aphorismen, die verkünden im *Basta!*-Stil ihre Weisheiten. Widerspruch ist nicht vorgesehen. Ihre hohe Kunst besteht darin, mit kurzen Worten überraschende Volltreffer zu landen. Der Pfeil sitzt schon, bevor man überhaupt zum Nachdenken kommt. Das Wichtigste sei gesagt, der Rest bleibe Kleinarbeit. Die könnte dann, nach dem Abtritt des Aphorismen-Schmieds, auch geringeren Geistern überantwortet werden. Der Aphorismus, wendig wie er ist, trägt kein Gramm zu viel auf dem Leib. Er pflegt seinen eleganten Minimalismus und reduziert mögliche Reibungsflächen. Umso leichter duckt er sich unter der Kritik weg, um so zielstrebiger geht er auf das große Ganze zu.

Wozu sollte der Aphorismus auch einen schüchternen Bogen um den großen Sinn machen? Das Zutrauen ist legendär, dass der besser in den kleinen feinen Satz hineinpasse als in ein differenziertes Buch. Vielleicht wird der eine oder andere Aphorismus geradezu ersonnen, um den schlagenden Sinn vor den Dauerkomplizierern zu retten? Möglicher Widerspruch läge nicht in der Sache begründet, er ginge auf das Konto kritiksüchtiger Kleingeister. Sie selbst schließen sich von der Chance aus, einfache Wahrheiten zu verstehen. Der Aphorismus biete ein Therapeutikum gegen den unaustilgbaren Hang, überall Widersprüche zu säen und dadurch noch mehr Widersprüche zu ernten. Kritischen Intellektuellen schmeckt der Saft äußerst bitter, von dessen Heilkraft sie auch nicht überzeugt sind.

Die Notiz ist nicht von so edler Herkunft wie der Aphorismus. Sie verkehrt selten in dessen stilvollen und elaborierten Kreisen. Eher ist sie etwas schüchtern und stellt sich kaum in das Licht der Öffentlichkeit. Sie weiß um ihre provisorische Existenz, kennt ihre handwerklichen Mängel und hält sich folglich mit großen Verkündigungsgesten vorsichtig zurück. So viel sie gefunden hat, so wenig hat sie gleich abgewogen oder fertig einsortiert. Ihre Funde und ihre Ergebnisse passen nicht immer gut zusammen. Sammeln die Notizen auf diese Weise nicht wahllos Widersprüche über Widersprüche? Das mag sein, scheint ihnen aber nichts anhaben zu können. Notizen setzen ihre Welt einfach in den Plural. Was die eine nicht sagt, könnte in der übernächsten stehen. Da ist Platz für Widersprüche – kommt Zeit, kommt eine andere Notiz. Sie werden sich allesamt nicht darum streiten, ob einer einzigen aus ihrer Schar der Sinn gehöre oder zuzusprechen sei. Es sei denn, es handelt sich um besonders interessierte Notizen, die mit Inbrunst und der Witterung eines Jagdhundes Diskrepanzen, Täuschungen, Widersprüche oder Lügen aller Art zu finden und zu erlegen trachten.

Notizen können vorschnelle Urteile aussprechen. Sie treten in der Regel aber kein kompliziertes Richteramt an, das umfangreiche Begründungspflichten auferlegt. Dazu sind sie zu kurz und zu beiläufig; der Notizenmacher bleibt schlichtweg der König Ohneland. Entpuppt sich ein Urteil als haltlos oder steht Unsinn auf dem Papier, dann kann es die nächste Notiz richten, ohne Reue oder Rückstände zu hinterlassen.

Was soll dabei herauskommen und warum lässt man sich auf ein derartiges Unterfangen ein? Der Schweizer Autor Ludwig Hohl macht es sogar zum roten Faden seines Lebens. Er geht mit seinen Notizen durch dick und dünn. Von 1934 bis 1936 schreibt er in Den Haag Notizen. Er lebt in bitterer Armut in der Stadt des verehrten Spinoza und entdeckt dort seine Lebensaufgabe. Hohl will Notizen und nichts anderes schreiben. Nicht umsonst setzt er das Kapitel »Vom Arbeiten« an den Beginn des Buches, das er später aus den Aufschrieben zusammenstellt. Die Arbeit, die Ludwig Hohl meint, begreift er als puren Existenzialismus in dem Sinne, dass sie »das einzige [...] ist, bei dem einem kein anderer helfen kann.«[43] Arbeitet man, was alle anderen auch arbeiten, so sei das schon ein seelenloses Plagiat, eine Massenübung der Sinnlosigkeiten. »Arbeit ist immer ein Inneres; und immer muss sie nach einem Außen gerichtet sein«, zitiert Hohl in den *Notizen* den Vorgängerband *Nuancen und Details.*[44]

Jeden Tag geht er auf seine Notizenpirsch, und jeder Tag zählt. Die Zeit ist knapp, und die Notizen sind wertvoll, der Kürze des Lebens und den Widrigkeiten der Umstände abgetrotzt. Das Notieren empfindet Hohl als eine »wirkliche Tätigkeit«; sie lasse gar nicht zu, dass sich der Mensch, also er selbst, verrenne oder überhebe, dass er verrückt werde, seine Richtung verliere oder einfach nur Fehler auf Fehler häufe. Einen erstaunlich sicheren Hafen bieten ihm die Notizen. Er müsse gar keine neuen Kontinente entdecken. Ein großes Ziel zu haben sei gut, kleine Schritte zu planen sei besser. Anfangen und das Konkrete zu tun sei allerdings das Beste. Jeder arbeite, er auch: in den Geschäften, auf dem Amt, in der Werkstatt, auf dem Feld, in den Büros – oder auf der

Straße mit dem Notizblock in der Hand. All das sei einfach und ohne Unterschied Arbeit.

Was hat Hohl, durch die fremde Stadt flanierend und in seiner ärmlichen Bretterbude schreibend, sich und den anderen mitzuteilen? Denen, die säen, hämmern, rechnen, kochen, mauern, planen oder debattieren? Für die ihre alltägliche Arbeit »kein Inneres« sein dürfte, während er sich über seine Notizen beugt und von ihnen aus ein wenig auf die Normalbürger hinabschaut? Es scheint Ludwig Hohl um eine Haltung zu gehen, um ein grundlegendes Verständnis seiner selbst und der Welt. Eine Einladung stecke in Notizen, die Augen aufzumachen und da einen Weg zu sehen, wo andere gar nichts sehen: »Den Mut haben, eine Straße zu erkennen, das ist Leistung.«[45] An wen richtet sich die Einladung?

Der erste Adressat ist Ludwig Hohl selbst. Welchen Weg hat er vor Augen, den andere nicht sehen? Er will ihn sehen, sieht ihn aber (noch) nicht. Immerhin ist er sicher, der Entschluss zähle, und dass zu beginnen eben alles sei: »Wo ist der Weg?«, fragt er. Dann macht er einen Absatz und schreibt nichts hin, das nach einer Ortsangabe aussieht. Er wechselt die Ebene und die Zeile: »Gib alles drum! Dann wird es einfach.«[46]

Strenggenommen gelte die entschlussfreudige Selbstaufmunterung gerade dann, wenn überhaupt keinen Weg zu erkennen ist. Man legt ein Samenkorn in die Erde; hofft man nicht immer, in deren Schutz und Dunkelheit passiere schon das Richtige? Doch nichts geschieht für lange Zeit. Hohls Fragen bleiben. Nun rät sich der Autor, es mit der harten Arbeit und dem klaren Weg nicht allzu wörtlich zu nehmen. Er versucht es einfach mit dem Gegenteil jeder tatkräftigen Zielstrebigkeit, dem gutgläubigen Abwarten: »Nie zu vergessen, in welchem Maße Worte kostbare Dinge sind, die einmal aufgehen wie Samen; die behalten – man kann sie doch wie materiell behalten, im Gedächtnis –, ihre Zeit abwarten zu größter Aktion, strahlend erwachend in Kraft, nach Jahren.«[47]

Hohl pflegt eine derart ausgesprochene Kultur des unvermittelten Widerspruchs, dass man darin mehr sehen muss als simple Rechenfehler oder bequeme Schlamperei. »Methode: Sich hineinlegen in die Dinge: das Schwimmen sei uns ein Bild davon! Zu handeln ohne Ruck und Stoß.«[48] Also rät er, sich treiben zu lassen. Dass dieser Rat eine Methode darstelle, ist widersprüchlich genug. Eine Methode lehrt, ganz im Gegenteil, wie man definierte Ziele mit klaren Strategien in systematischen Schritten erreicht. Hohl spricht hier also letztlich von einer zur Methode gemachten Anti-Methode. »Falsch ist jede Tätigkeit, die die Fähigkeiten des Ausübenden nicht steigert«, notiert er präzise im Geist des großen Spinoza, der seine Ethik immerhin auch nach einer »Methode« darstellen wollte.[49]

Man gerät mit Hohls »Methode« nicht nur leicht ins Schwimmen; er rät ganz offen dazu. Hohl wird an unzähligen Stellen nicht müde zu konzedieren und sogar zu beschreiben, dass die Arbeit, die er meint, mit Gegenströmungen und mit Widerständen konfrontiert ist. Erst dadurch werde sie zur wirklichen Arbeit: »Nur das mit Widerständen Kämpfende ist geistig stark.«[50] Kämpfend sich treiben lassen – wie soll man das verstehen? Sieht Hohl die Widersprüche nicht?

Der Satz des Widerspruchs gilt hier in besonderem Maße. Er wird zum Leitfaden der Entdeckung, dass man Konfliktreiches notieren kann. Die Notizen suchen und finden Widersprüche. Den Sinn dessen, was da plötzlich, Notiz nach Notiz, auf dem Papier steht, entwickelt Hohl nicht, indem er revidiert, redigiert oder retouchiert. Er glättet und er streicht nicht, was eigentlich nicht zusammen passt. Sein Buchtitel kündigt ganz offen an, es ginge ihm um eine »unvoreilige Versöhnung«. Das Vorhaben ist äußerst weit entfernt von jeder systematisch orientierten Philosophie, die Argumente prüft, sie Gegenargumenten und Kritik aussetzt und ohne Prüfung, Abwägung und Diskussion keine Geltungsansprüche anerkennt.

Der Notizenschreiber Ludwig Hohl praktiziert das blanke Gegenteil. Er wirft Gedanken aufs Papier, schickt sie aber nicht auf ein philosophisches Diskursfeld. Fern dieser Öffentlichkeit des Gedankens schreibt er einfach weiter. Kritische Stimmen sammelt er durchaus, sie stehen in widersprechenden Notizen.

Eine Vogelperspektive, die die zerklüfteten Notizenlandschaften überschaubar macht oder die feste Anschlüsse an das aktuelle Streckennetz etablierter Philosophie vorsieht, entwirft Hohl nicht. Er will sich nicht einmal wortreich distanzieren. Zum Autor dieser Notizen gehört es, Abstand zu nehmen vom professionellen Abstandnehmen.

Jede Notiz wird ihm auf diese Weise zum Ausdruck eines Bezugsfeldes, das Widersprüche gelassen erträgt, bisweilen geradezu hofiert. Ludwig Hohl bringt seine Notizen nicht in die Lage von Werkstücken, an denen gefeilt wird, bis die Finger nur noch glatte Flächen ertasten können. Er spricht vom Hitze- und Härtegrad seiner Notizen, den er anstrebt und bewahren will.[51] »Gewisse Leute« hätten sie gern sinnschwerer und dichterischer gehabt, das weiß er und fügt es zur Warnung des Lesers eingangs an. Seinen eigenwilligen Umgang mit den offensichtlichen Widersprüchen lässt er unkommentiert.

Das ist auf Dauer keine Lösung. Hohl baut sein Manuskript um. Er ordnet die Notizen nach thematischen Gesichtspunkten. Das geht zu Lasten des Faktors *Zeit*. Früher und später Geschriebenes werden zu Nachbarn, der Zeithorizont der einzelnen Notiz verwischt, ihr Kontext verschwindet. Im Vorwort von 1980 schreibt Hohl, diese Anordnung schien ihm unvermeidbar, weil kaum ein Leser die innere Struktur der Notizen wahrgenommen hätte. Hat es die immer noch äußert lockere thematische Anordnung nun besser gemacht? Sie konnte Widersprüche kaum entschärfen oder einzelne Notizen insoweit erden, dass sie nicht wie Bälle durch Seiten und Themen hüpfen.

Der Autor kann Texte schreiben, anordnen oder modifizieren. Die zur Lektüre notwendigen Augen des Lesers öffnen, das kann er nicht. »Aber das Werk – was immer es sei – kann nicht richtig erfasst werden, bevor man seine Einheitlichkeit erfasst hat«, schreibt Ludwig Hohl.[52] Wie erfasst der Autor selbst dies »Einheitlichkeit«?

Beschrieben hat Ludwig Hohl schon früh, was er tut und was er will. Seine Notizen versammeln eine Reihe von Maximen und Zuspitzungen, die seine Haltung ausdrücken »Dieser hielt sich ans Einzelne und änderte das All. Jener predigte das Universale und ändere weder das All noch das Einzelne.«[53] Die alpinistische Erfahrung seiner jungen Jahre scheint ihm zur paradigmatischen Lehrstunde geworden zu sein: »Ich meine, ich habe auf keiner Hochgebirgsbesteigung einen einzigen Schritt getan mit Freude. Dass sei uns ein Bild des Ganzen. Froheit, Freudigkeit konnte mich aber wohl erfüllen, wenn ich an das Gesamte, d.i. Ziel und Sinn der Besteigung, die Unternehmung der Besteigung, die Besteigung dachte.«[54]

Lassen wir es dahin gestellt, ob die kurze Schilderung die ganze Wahrheit sei; die Hoffnung wird zum erklärten Programm des Notizenschreibers, dass nämlich »die einzelnen Schritte vom Ganzen so vollständig gehalten seien, dass sie wie unbewusst geschehen.«[55] Weiter führe immer nur der nächste Schritt; er konstituiere den Weg vor den Füßen und vor den Augen. Der sich Vorantastende sieht den Pfad aller anderen klarer als den vor seinen Füßen: »*Im Gebirge*. Hell beleuchtet sahen wir den Weg der andern; nicht aber den unsrigen.«[56]

Unmöglich sei es, an der Welt durch große Ideen und Sehnsüchte teilzunehmen, um sich den nächsten Schritt ersparen zu wollen. Hohl siedelt den Geist seiner Notizen zwischen Heraklit, Spinoza, Goethe, Nietzsche, Valéry oder Gide an. Die Vereinzelung des Autors und der Fragmentcharakter seiner Notizen schlössen ja nicht aus, dass ein Zusammenhang der großen Geister existiere und dass etwas sie alle vereine. Ein System kann und soll es nicht sein: »Alle großen Geister haben irgendwo ein System, sogar Goethe; das System ist ein irdischer Notbehelf (eine Einschränkung). Im Geist wären alle eins; so aber hat Goethe auch einige ablehnen müssen (Kleist, Beethoven), sogar Goethe.«[57]

Das »Unaussprechliche« bleibe stumm und jenseits aller Systeme. Sprechen könnten allein die Notizen. Zusammen bildeten sie Netze und Bezugsfelder, würden aber nicht zum System. Erst jenseits der Krücke eines Systems, das Widersprüche aufzuheben versuche und damit nur neue produziere, könnte für Ludwig Hohl zwischen Goethe und Goethe kein Widerspruch mehr sein – und auch keiner zwischen Hohl und Hohl.

Die Atemnotiz

»Atmen heißt urteilen«, schreibt Albert Camus kurz und bündig.[58] Der Satz sollte kein joviales Bonmot sein. Gewiss verrät jeder Atemzug dem Aufmerksamen, ob die Lage des Betreffenden gerade gut oder unerträglich ist, ob der Mensch mit offenen Gefühlen durch die Welt geht oder sich in Ängsten einmauert. Anfang der 1930er-Jahre wird beim Gymnasiasten Albert Camus eine Tuberkulose diagnostiziert – damals eine unheilbare Krankheit, zu deren erträglichem Verlauf der Patient selbst alles durch sein kluges Verhalten beitragen musste. Wer diese Nachricht bekam, war und blieb gezeichnet sein Leben lang. Man wusste, dass es bald vorbei sein kann. Der Atem urteilt über die äußerst geringen Chancen auf ein gutes Leben.

Die Diagnose ist ein äußerst hartes Urteil. Wie geht man damit um? Albert Camus' Antwort auf die kaum erträgliche Bedrohung ist ein ebenso lautes wie reflektiertes *Ja!* zum Leben. Es geht nicht mit Leichtigkeit über seine Lippen. Wer in der Philosophie, in der Literatur oder auf Theaterbrettern nach Darstellungen sucht, die schonungslos die Absurdität und die Bedrohungen der menschlichen Existenz thematisieren, wird bei Camus fündig. Zu finden ist auch das Gegenteil. Camus sucht ein anderes Leben. Er findet es in der Kreativität des Schriftstellers, in der politischen Aktion und in der Teilnahme am Leben anderer. Camus will und muss genauer hinsehen. Sein Blick soll die Kulissen des angeblichen Glücks und die Luftnummern des Konformismus durchdringen. Er offenbart ihm tagtäglich den ganz normalen Selbstbetrug, mit dem die Allermeisten durch ihr Leben kommen, um dann, irgendwann in einer ganz fernen Zukunft, zu sterben. Camus' eigene Krankheit lässt die Uhr schon früher und vernehmlicher ticken. Nichts ist auf die lange Bank zu schieben. Wo findet man für ein derart bedrohtes Leben tragfähige Fundamente, die auf tröstliche Einbildungen oder metaphysischen Firlefanz verzichten?

Camus führt Tagebücher. Er tut es mit der erkennbaren Absicht, Einfälle und Fundstücke für sein Werk zu sichern. Er will Ideen entwickeln, alte Gedanken klären, neue ausprobieren, Veröffentlichungen planen oder variieren. Viele dieser Notizen bereiten kommende Publikationen vor. Doch das Tagebuch zeichnet auch einen verschwiegenen Dialog auf, den der kranke Camus mit sich selbst führt. Er braucht dafür Notizen ganz anderer Art. Nennen wir sie Atemnotizen. Es sind Notizen, die vom Atem sprechen oder die in die Luft geschrieben sind. Das Recht zu solchen Benennungen gibt uns Camus selbst in seinen Tagebüchern. Im Jahr 1951 schreibt er: »Der im Sterben liegende Tolstoi schrieb in die Luft.«[59] Weitere Erklärungen zu dieser spurlosen Momentschrift, die keinen späteren Leser finden wird, teilt Camus nicht mit.

Tolstois Geste muss ihn innerlich bewegt haben. Das zu Ende gehende Leben Tolstois, schmerzhaft seiner ausweglosen Begrenzung bewusst, kontrastiert mit der Luft, dem im Überfluss vorhandenen Stoff. Für den tuberkulosekranken Albert Camus kann die Luft keineswegs in unbegrenzter Fülle vorhanden sein. Er vertraut seinem Tagebuch einen inneren Dialog an: »›Gewiss‹, sagte er, ›ich fürchte, im Tod nicht tot genug zu sein und in der Erde nicht Luft genug zu bekommen. Aber ich rede mir vernünftig zu‹.«[60] Todesangst und Atemnot führen im Duett in fatale Sackgassen. Manchmal tauschen sie dabei ihre Plätze. Camus notiert: »Ich fürchte, nicht genug Luft zu bekommen, weil ich fürchte, daran zu sterben. Entweder ... oder; entweder ich sterbe nicht daran und fahre fort, nicht genug Luft zu bekommen, ohne deswegen Angst zu haben. Oder ich sterbe, und in dem Fall – wozu dann die Angst?'«[61] Camus berichtet wenig von seinen Ärzten und nur sporadisch von Aufenthalten in Sanatorien; er scheint sie zu ertragen und freut sich über schöne Landschaften. Rettung in der Not verspricht ihm vor allem das Schreiben.

Kaum einer der anderen bemerkt es, wenn Camus unter Leuten ist, doch die Tagebücher bewahren Notizen auf, wie das Fieber in den Schläfen pocht und das Gefühl der Verlassenheit überhandnimmt. Die Luft in seinen Lungen wird zu rotglühendem Eisen, scharf wie ein Rasiermesser.[62] »… Mir ist kalt. Wie kalt es ist. Warum hat man mich in Hemdsärmeln gelassen? Es stimmt, dass dies keine Bedeutung mehr hat. Für mich gibt es keine Krankheiten mehr. Ich habe das Paradies des Leidens verloren, bin im Begriff, es zu verlieren und damit die Freude, seine Lungen herauszuspucken oder unter den Augen eines geliebten Menschen vom Krebs zerfressen zu werden.«[63] Notizen sind die Zeugen seiner Einsamkeit; geduldige Partner, die es nicht zulassen, dass die Worte Camus auch noch im Stich lassen. Sie öffnen ihm lebenswichtige Chancen. Camus scheint dies ganz buchstäblich so zu empfinden: »Ich muss schreiben, wie ich schwimmen muss, weil mein Körper darauf besteht.«[64]

Camus legt dem Helden eines geplanten Romans in den Mund, was ihn selbst umtreibt. »Ich habe meine wahre Funktion gefunden, nämlich das Schreiben.«[65] Persönliches bringt er selbst im Schutz seiner Tagebücher nur äußerst zurückhaltend zu Papier. Dass er es zunehmend in den Ideen und Plänen zu neuen Essays, Erzählungen und Theaterstücken versteckt, zeigt auch, dass die Erfahrungen des Todkranken ein neues und zunächst noch unerwartetes Forum finden.

Camus dechiffriert seine Zeit. Die eigene Situation hat sein Auge geschärft. Die Existenz des Menschen – Camus weiß es aus dem Laboratorium seines Leidens nur zu gut – droht, sich zu einer Absurdität zu verflüchtigen. Zerrissen an Körper und Geist, hält ihn eine fremde und vernichtende Welt gefangen. Sie spottet aller Versuche, integer zu leben und in beinahe naiver Weise nach einem Leben in Klarheit und Reinheit zu streben. »Eines Tages aber steht das ›Warum‹ da, und mit diesem Überdruss, in den sich Erstaunen mischt, fängt alles an«, lesen wir in Camus' berühmtem Essay *Der Mythos von Sisyphos*.[66]

Die Ordensregel des Schweigens, die der Kranke zuvor auf sich lasten fühlt, macht den Werken Platz. Camus' Roman *Die Pest* zeigt es allen, während der Krieg tobt und der Faschismus die Welt verwüstet: Jeder trägt die Pest in sich. Jeder leidet und wird dem Nächsten zum Gegenspieler. Inmitten der kollektiven Bedrohung durch eine fatale Epidemie keimt die ungeheure Revolte auf, um die Zerrissenheit aufzukündigen und moralischen Widerstand gegen das Absurde zu leisten. Es ist gerade die Pestzeit, in der die innerlich zerrissenen und kollektiv zerstrittenen Menschen ihre Einheit ersehnen und zurückfordern.[67]

Camus' Revolte will eine andere, eine menschliche Geschichte schreiben. Sie öffnet die »klaustrophobische Panik« der Erstickungsanfälle[68] und hat eine Welt im Sinn, in der die »Pest-Begriffe« nicht mehr die Macht haben, Menschen bis zur Bedeutungslosigkeit auszulöschen. Diese Solidarität angesichts des Absurden macht Camus zu einem *der* Autoren der Nachkriegszeit. Sein Wort und seine Existenz sind nun öffentlich, beides erregt immer wieder seinen Überdruss. Camus' Leiden scheinen, gemessen an den Eintragungen seiner Tagebücher, beinahe eine gewisse Routine zu gewinnen.

Der Kranke sucht nicht mehr den rettenden Hafen der Notiz, um Worte und Orientierungen zu finden. In das letzte Heft seiner Tagebücher notiert er lapidar, als ob es gar nicht um ihn selbst, sondern um irgendjemand anderen ginge: »Es scheint, dass ich Blut spuckte. Nein? Ach so!«[69] In ganz ähnlichem Tonfall lässt Camus den Richter Jean-Baptiste Clamence in der Erzählung *Der Fall* sagen: »Eine erkrankte Lunge heilt, indem sie austrocknet, und dann bringt sie ihrem glücklichen Besitzer allmählich den Erstickungstod. So erging es auch mir, der ich friedlich an meiner Genesung starb.«[70] So distanziert lässt sich nun über alles und über nichts reden.

Die zur Schau gestellte Indifferenz bleibt nicht das definitive Wort. Camus fühlt sich ausgebrannt; er steckt in einer Schaffenskrise. Wer führt noch seine Feder? Er, der mit dem Nobelpreis ausgezeichnete Schriftsteller, meint, nicht er selbst sei da am Werk, sondern »die Feder denkt, erinnert sich oder entdeckt.«[71] Will die Feder nicht mehr weitermachen, hat sie andere Pläne? Camus muss sich sogar zwingen, Tagebuch zu führen.[72] Er hofft geradezu, das anwachsende Unglück werde ihn irgendwie wieder geraderücken. Wäre ein neuer Anfang möglich? Sollte er, der ja nie ein Liebhaber philosophischer Systeme war, sie radikaler, ja aggressiver ablehnen und nur noch Aphorismen schreiben, wie es ihm seit Jahren vorschwebt?[73] »Ich werde wieder ich selber«, lautet die vorletzte Eintragung im Tagebuch.[74]

Camus stirbt kurz darauf in einem Verkehrsunfall. Es entbehrt nicht der Tragik, dass Camus' späte Notiz in den Wind geschrieben war. Wir wissen nicht, ob der erneut zu sich selbst gekommene Albert Camus sich vor allem aphoristischer Kurzformen bedient hätte. Mit Freunden scherzte er zudem gern, es gebe nichts Absurderes, als bei einem Autounfall ums Leben zu kommen.«[75]

Zurückgeblättert

»Zu denken, als hätte man noch nie gedacht. Das Ungebärdige des Anfangs, ich kann nicht darauf verzichten.«[76] Elias Canetti, einer der großen Aphoristiker des 20. Jahrhunderts, muss diesen Augenblick oft erlebt haben, den wir in unseren Rekonstruktionen den Schreibern philosophischer Notizen nachsagen oder zumindest wünschen. Was ergeben ihre Aufschriebe, wenn schon nicht immer ein Werk am Ende steht? Ein Tagebuch? Das klänge ganz einleuchtend, vor allem wenn sich eine gewisse Regelmäßigkeit einstellt und das denkende Schreiben zum Lebensbegleiter wird. Ist ein Tagebuch nicht prädestiniert dafür, solche Notizen aufzunehmen?

Das kommt ganz darauf an, wie man ein Tagebuch versteht. Rekapituliert es einfach den Tag wie eine kleine Chronik, gewürzt mit einigen Szenen? Dann ginge man hinterher den Tag nochmal durch und schriebe aus der Erinnerung auf, was man nicht vergessen will oder für berichtenswert hält. Leerstellen ließen das Schreiben stocken: Habe ich wirklich nichts am Nachmittag gemacht? Mit ein wenig Glück fällt es wieder ein, und ein entsprechender Eintrag wandert in das Tagebuch. Der Diarist fliege über Szenen und Reste des Tages, als beobachte er sich und andere in erinnerten Puppenstuben. Das Tagebuch gebe ihnen einen festen Rahmen. Orte, Namen oder Konflikte kehrten mit einer gewissen Verlässlichkeit wieder und mündeten in ein biographisches Narrativ ein.

Die Notiz, deren Grundvoraussetzung ist, dass im Moment etwas auffällt oder einfällt, stellt ein viel punktuelleres Geschehen dar. Nach einigen kurzen Federstrichen ist sie abgeschlossen. Auf eine verlässliche Fortsetzung oder auf den Gleichklang mit bereits bestehenden Notizen muss sie nicht unbedingt angelegt sein. Deutlich greift sie auf eine spätere, aber noch unbestimmte Zeit vor, die sie aufnehmen und weiterdenken könnte. Notizen dieser Art finden sich selbstverständlich auch und gerade in Tagebüchern, wie wir ausgiebig sehen konnten. Stets bewahren sie ihren Fragmentcharakter, ihre rauen Abbruchkanten, das Unvermittelte ihres Auftauchens und die Schroffheit ihres Abtauchens.

In besonderen Zeiten, etwa unterwegs auf Reisen oder im Kontext biographischer Veränderungen und Krisen, werden auch die Notizen voraussichtlich an Menge und Intensität zulegen.

Manchen Schreibern sind ihre *Tagebücher* beinahe zur Notwendigkeit ihres Lebens geworden. Elias Canetti bekannte, sie manchmal führen zu müssen. Zuweilen bedrängten ihn die Eindrücke des Tages so heftig, als wäre es sein letzter. Schreibend versucht er, die Schärfe und Konkretheit der Geschehnisse darzustellen, um sich zu beruhigen und die Flut zu bändigen.[77] Ganz anders spricht Elias Canetti von *Aufzeichnungen:* Die seien spontan und nach Lust und Laune widersprüchlich, voller leichter Einfälle, gelegentlich auch gespickt mit großen Spannungen. »Derselbe Schreiber, der sonst ein strenges Regiment führt, wird für eine kurze Weile zum willigen Spielball seiner Einfälle. Er schreibt Dinge nieder, die er nie in sich vermutet hätte […].«[78] Für einen Augenblick ist er nicht mehr umstellt von täglichen Routinen, den Mauern seiner festgefügten Ansichten oder der arbeitsamen Haltung, sich besser mit etwas zu beschäftigen, das feste Erträge verspricht. Dieser Druck scheint im Moment, in dem etwas einfällt und zur Aufzeichnung wird, zu weichen. »Es kann ihm geschehen, dass er plötzlich leicht wird und in einer Art von Glückseligkeit die freiesten Dinge verzeichnet. Was so entsteht, und es entsteht so sehr viel, lässt er am besten unbeachtet liegen.«[79] Den Sinn wird eine spätere Zeit heben.

Eine einfache und verlässliche Regel, wie sich diese beiden Formen trotz ihrer vielfachen Überschneidungen doch paradigmatisch unterscheiden lassen, ist kaum aufzustellen. Jedes Tagebuch schreibt die Biographie in kleinen Schritten weiter. Eine Kladde voller Notizen tut das nicht unbedingt. Selbst exzessive Notizenschreiber wie beispielsweise Paul Valéry, Ludwig Wittgenstein oder Ludwig Hohl pflegen im Rahmen ihrer philosophischen Notizen eine auffällige Verschwiegenheit, sobald es um Details biographischer oder intimer Art geht. Das steht im Widerspruch zur Erwartung vieler Leser, in diesen Notizensammlungen lerne man die Autoren persönlicher, unverstellter und alltäglicher kennen. Hier bestünde eine größere Nähe zwischen Autor und Leser, als bewahrten die kurzen Notizen die besondere Atmosphäre, in der sie entstanden sind, besonders gut und unverfälscht. Einige Autoren wecken durchaus solche Erwartungen; die meisten jedoch wollen die Differenz zwischen den philosophischen Notizen und ihrer Biographie gewahrt wissen. Wäre es anders, so bliebe unverständlich, warum sich viele Notizen im Hinblick auf intime Details hartnäckig ausschweigen.

Die Denkform des Notizenschreibens ist dennoch alles andere als existenziell indifferent. Wer Notizen verfasst, denkt schreibend. Wer das intensiv und wiederkehrend tut, erfindet nicht selten einen charakteristischen Rahmen dafür. Die wiederkehrende Morgenübung (»Gymnastik«) Paul Valérys, die erwanderten Gedanken Nietzsches, der ständige Blick durch den »Türspion« im Sinne Kierkegaards, die Kellerexistenz Ludwig Hohls, die Clochard-Allüren Émile Ciorans sind mit der Art verwoben, wie ihre Notizen entstehen. Heute lässt sich nicht alles hinschreiben, morgen aber vielleicht oder gewiss irgendwann später. Schreibe ich aber heute nicht, was zu schreiben ist, gelingt mir morgen erst recht nichts. Im besten Falle wird diese Lebensart zu einer Lebenskunst, im schlechten zu einer neurotischen Gewohnheit mit hohem Suchtpotenzial.

Aller Anfang ist ein Sprung: Was brauchen Notizenschreiber denn schon: Zettel, Stift, ein gutes Auge, einen wachen Geist, wenigstens etwas Geld und – Freiheit. Sie benötigen Zeit und Ruhe, sie müssen am richtigen Ort sein. Manchen ist die Möglichkeit wichtig, herumzukommen. Es soll ihnen kein schlechtes Gewissen bereiten, sich treiben zu lassen. Sie dürfen akribisch sein, ohne in den Ruf des Pedanten zu geraten. Sie wissen, dass sie schreiben werden, wenn der Zeitpunkt gekommen ist; sie wissen bloß noch nicht, was. Einige machen sich an konstruktive Gedankenspiele, andere gehen auf Empfang. Ihre Umwelt scheint wie vom Wellensalat alter Radiogeräte durchdrungen; es rauscht, man dreht den Knopf und hofft, neue Sender zu finden und besser einstellen zu können.

Mitunter reicht für die Palette dieser Gefühle das Dach einer stillen Schreibklause. Vorsichtshalber verhält sich der Notizenschreiber sozial eher unauffällig; seine Freistellung will er nicht an jeder Ecke legitimieren müssen. Er steht ja nicht unter dem Schutz eines großen Werkes, das gerade kurz vor der Vollendung steht und dessen kommenden Ruhm er vor der Veröffentlichung unter Zweiflern ausstreuen könnte. Ein bekannter Autor kann sich seines öffentlichen Kredits bedienen. Ein unbekannter Notizenmacher kann nichts dergleichen auf die Waage legen. Er stellt nichts Verwertbares her – wie soll sich seine Lage da bessern? Von außen gesehen passt hier alles zusammen: Die Existenz materieller Armut wie bei Hohl oder Cioran (der Notizenmacher wird es Bescheidenheit nennen) und die bissige Bemerkung, die Spätaufsteher und Eckensteher tun ja einiges für ihre desolate soziale Lage.

Das Séparée begleitet den Notizenschreiber, von Montaignes Turm bis zu Valérys morgendlichem Schreibtisch. Er bezieht, zumindest in den Schreibzeiten, seine Position. Hier ist er ausgenommen vom Getriebe der Welt. Als Passant findet er ebenso gut sein Séparée. Alle suchen Denkorte, die ihnen Denkfreiheit versprechen – auch wenn diese einfach nur so tief im Inneren ihres Geistes verborgen sind, dass der Krach der Straße sie nicht gänzlich übertönen wird. Die Mitmenschen könnten auf den Karten ihrer sozialen Realitäten solche Standorte kaum verzeichnen. Inmitten der Welt der anderen geht der Notizenmacher auf seinen verschwiegenen Horch- und Beobachtungsposten. Er will andere aber nicht ausspionieren. Dieser Spion wird zum Beobachter seiner selbst und des besonderen, manchmal eigenwilligen Universums, das mit ihm verbunden ist.

Mit biographischer Selbstbespitzelung sollte das nicht verwechselt werden. Die Beobachtung geschieht auf kurzem Weg und für kurze Zeit. Der ambitionierte Psychonaut lässt es mit Blitzbesuchen in besonderen Kammern seiner Psyche bewenden. Die Notiz erfasst den Moment einer Erkenntnis, manchmal auch ihre erhellenden Konstellationen. Sie bleibt im und um den Moment zentriert. Weniger Interesse besteht anscheinend daran, sich systematisch und in konstruktiver Absicht immer tiefer in die Dinge oder die Art, wie sie erscheinen, hineinzubohren. Die Erklärung der Welt oder die endgültige Lösung ihrer Rätsel steht nicht auf dem Programm.

Eine Menge an Aufzeichnungen entsteht; mit der Zeit häufen sich auch Variationen des Bekannten, Wiederholungen und Rückgriffe. Es kommt dem Verfasser klar zu Bewusstsein, dass nicht jeder Weg unbetreten und nicht jeder Einfall neu oder einzigartig ist. Momente von besonderer Intensität oder Einmaligkeit lassen sich nicht aneinanderreihen. Sie büßen durch ihre Vorläufer und die bekannte Nachbarschaft den Charakter des Singulären ein. Kostbare Pralinen schmecken in Masse schal.

So garantiert das Zurückblättern in den Notizstapeln und Kladden keineswegs, dass die Faszination der Entstehungsmomente erneut ins Bewusstsein tritt. Das liegt nicht unbedingt daran, dass erst im Vergleich, und damit viel zu spät, offensichtlich wird, dass viele zeitlich und thematisch unverbundene Notizen sich ähneln oder andere sich in einer Weise widersprechen, die dem Autor wenig Begeisterung einflößt. Einige können, ungeachtet der nicht selten überwältigenden Evidenz während ihrer Geburt, plötzlich ganz blass und bedeutungslos wirken. In wieder anderen ist die Konformität einer Melodie nicht zu überhören, die man inzwischen allzu gut kennt. Solche Diskrepanzen wecken den Wunsch, das Zustandekommen der Notizen zu verstehen, um den Faden nicht zu verlieren, der mit der Notiz im *statu nascendi* verknüpft ist.

Der Schreiber ist zum Leser geworden. Ohne die Spontaneität und den dringenden Wunsch, allem, was einfällt oder auffällt, schreibend zu folgen, entstünden viele Notizen nicht. Sie können einem späteren Leser verschlossen sein, auch wenn er sie einst selbst zu Papier gebracht hat. Die plötzliche Stummheit der Notiz ist irritierend. Sie stellt den Leser in Frage. Hat er den Zugang zu der Position verloren, auf der die Notiz einst spontan entstehen konnte? Nun sei sie ihm anscheinend zu gar nichts mehr nütze, merkt Elias Canetti an. »Sehr viel später, wenn alles wie von einem anderen Menschen ist, mögen sich Dinge in den Aufzeichnungen finden, die, sinnlos wie sie ihm damals vielleicht erschienen, plötzlich Sinn für andere haben. Da er dann selber schon zu den anderen gehört, kann er das Brauchbare ohne besondere Mühe auswählen.[80]

Autoren, die keine Zettelwirtschaft pflegen oder einfach Notizhalden auftürmen wollen, könnten versuchen, dem vorzubeugen. Ihnen schweben Werke vor, mit deren Hilfe sich das ganze Feld der Notizen formatieren ließe. Seit jeher dienten Aufzeichnungen als die Vorläufer und Baustofflieferanten systematischer Werke. Taufrische Ideen könnten darin sofort ihren virtuellen Platz gefunden haben. Die Autoren skizzieren Bau- und Lagerpläne und füllen die gut beschrifteten Container mit nutzbaren Notizen. Was noch nicht da steht, werde ihnen bald und ganz nach Bedarf einfallen. Sie würden vieles ergänzen, Fremdes exzerpieren, Passagen übernehmen, mit eigenen Aufzeichnungen mischen und die Übergänge entwerfen, die alles so erscheinen lassen, als stamme es aus einem Guss.

Das geplante Werk wird zum Schrittmaß der Gedanken. Einfälle und Aufzeichnungen arbeiten dem Projekt zu. Sie helfen, bestehende Löcher zu stopfen und notorische Leerstellen zu füllen. Die Reihenfolge hat sich unmerklich umgedreht: Nicht die Idee steht am kreativen Anfang des

Werkes, sondern das in Grundzügen konzipierte Werk stellt die Kreativität der Idee in ihren Dienst und lässt sie für sich arbeiten.

Nicht jedem Notizenmacher steht der Sinn danach. Viele gehen lieber weiter spazieren oder verkriechen sich nach alter Art. Bücher haben sie in der Regel auch. Massenweise lesen sie, aber anders. Das Gelesene ist ihnen präsent; da schenken sie es sich schon einmal, exakt die Stelle nachzuschlagen, um einer philosophischen Einsicht auch die philologische Exaktheit zu garantieren. Mit der Gedächtnisstelle wandern sie durch ihr Leben. Sie gehen aber nicht geschäftig in Bibliotheken herum, sondern eher in den Büchern selbst spazieren. Was sich ihnen da an Worten, Einsichten, Fragen oder Bosheiten zugesellt – ist es nicht wie die kurze, sprechende Begegnung auf der Straße, die sie zur Feder greifen lässt? Manche Notizenschreiber glauben nämlich, was dem wissenschaftlich getreuen Bibliotheksarbeiter suspekt und geradezu lächerlich vorkäme, sich mit den Autoren der Bücher unterhalten zu können und über gewisse Ideen sogar von gleich zu gleich zu konferieren.

Kann die lange Übung im Schreiben eigener Notizen ihnen derart den Kopf verdrehen? Das kurze und spontan verfasste Wort sagt viel, legt eine gewisse Evidenz auf die Waage und kann in seiner Kürze natürlich weitergehende Gründe und Folgen nicht erschöpfend erklären. Sieht so nicht die perfekte Schule der Vorurteile aus? Die Frage muss jeder paradigmatisch ernst nehmen, denn nur jemand, der schwer unter Vorurteilen zu leiden hat, glaubt hartnäckig, selber keine haben zu können. Dass Notizen in ihrer intuitiven Spontaneität Vorurteile transportieren und vertiefen *können*, ist völlig unstrittig; dass sie es *müssen*, aber keineswegs.

Die Notiz erfordert Urteilskraft. Sie sagt nicht einfach, was ist, sondern sie benennt etwas Einmaliges als das, was aus den eingespielten Regeln des Alltags oder der Denkgewohnheiten gefallen ist und vielleicht neue sucht. Das geht ihr mit einer Leichtigkeit in die Feder, die an Übermut grenzen kann. Die Urteilskraft lässt sich üben, nicht aber einfach lehren. Fehlt es an Urteilskraft, treibe die Dummheit ihre Blüten.[81] Damit stellen wir heraus, dass das aufgeklärte Urteil nie feststeht und in einem Katalog vernünftiger Urteile einfach nachzuschlagen wäre. Es bleibt davon abhängig, dass sich der Mensch in allen möglichen Situationen mutig seines Verstandes bedient.

Der zeitlichen Struktur einer Notiz gemäß müssten wir von einer Art doppelter Urteilskraft sprechen. Deren erster Teil beträfe die Situation, in der die Notiz motiviert wird und tatsächlich aufs Papier oder in die Tasten kommt. Der zweite beträfe ihre entscheidende Nachgeschichte. Keine Notiz liest sich selbst. Jede ist darauf angelegt, wieder gelesen und auch in Frage gestellt zu werden. Das knüpft Zeiten zusammen oder bringt sie durcheinander, je nachdem. Diese Zeitschleifen setzen jedes Urteil einem Prozess der Revision aus.

Einerseits ließe sich mit guten Gründen fragen, was das wohl mit der Urteilskraft zu tun haben mag, wenn einer in der Stadt herumgeht und in ein kleines Notizheft schreibt, was er einen Moment zuvor vielleicht noch nicht im Sinn hatte und wovon er nicht unbedingt beabsichtigt, einen vernünftigen Gebrauch zu machen? Etwas beschäftigt ihn, es wird ihm zum Fall. Das Gefundene wird ihn weiter beschäftigen. Immanuel Kant hätte es wohl Kasuistik genannt. Sie lehre ja nicht, wie etwas gefunden wird, sondern wie man es suchen soll: »Fragmentarisch also, nicht systematisch.«[82]

Nichts hindert uns, zu sagen, dies eben sei der Ausdruck seiner Urteilskraft – sie überschreite das Besondere zur Regel und gebe doch das Besondere, und damit das Staunen über seine Existenz, nie auf. Denken will, dass weiter gedacht werde. Wer sollte es der philosophischen Notiz vorwerfen, dass eine auf die andere folgt und keine gewillt ist, ein Stoppschild aufzustellen?

Quodlibet

Kommen Definitionen ins Spiel, werden alle Beteiligten wählerisch und viele geradezu kleinlaut. Allerorten werden Prüfstände installiert. Nur die Mutigsten trauen sich, ihre Vorschläge selbstbewusst auf diesen Parcours zu schicken. Der Autor hat sich an die Vorrede gehalten und keine enge Definition zugrunde gelegt, was er unter einer Notiz für alle Fälle verstanden wissen wollte. Stattdessen ging es darum, das Werk und den Autor, die jeweils in den Fokus rückten, teilnehmend zu verstehen und dabei in Erfahrung zu bringen, wie sie selber ihre Notizen verstanden haben und was sie mit ihnen anstellten. Es lässt sich mit Fug und Recht behaupten, dass diese individuellen »Notizenwelten« nicht nur historisch differieren, sondern ganz erheblich und in erster Linie zwischen den diskutieren Autoren und ihren Werken.

Dennoch kann es eine Lust sein, die nach Spinoza durchaus die Begleiterin der Erkenntnis ist, sich auf das Feld der Definitionen vorzuwagen. Wer einen Faible für Notizen hat, wird deren »Geist« auch bei einem solchen Unterfangen spüren. Das mittelalterliche Wort *Quodlibet* hatten wir in der Geschichte der Notiz kennengelernt. *Wie es euch gefällt* – das soll keine Feier der Beliebigkeit werden. Es wirbt nur für eine gewisse Leichtigkeit, die man braucht, um von einer »Definition« zur nächsten zu wechseln. Das geschieht nicht unbedingt, weil man das etwaige Ungenügen der vorherigen bereits erschöpfend geprüft hat. Wer Notizen schreibt, will durchaus jede einzelne geprüft wissen. Keine ist aber angetreten, die Wahrheit für jetzt und alle Zeit zu sagen. Da besteht keine Angst vor dem Plural, solange er der Erkenntnis und nicht der billigen Ablenkung dient.

Liegt es daran, dass Definitionen, fallen sie erst einmal in die Denkform der Notiz, sich innerlich wandeln und so flexibel werden, als hätten sie mit Paul Valéry frühmorgens ihre Gymnastik betrieben? Zur Bescheidenheit des Notizenmachers gehört es, selbst die Beantwortung solcher Fragen mit einem gewissen Vertrauen anderen zu überlassen.

Hier sind die Kandidaten, die während der Entstehung dieses Buches auf sich aufmerksam gemacht haben. Ich erinnere in diesem Zusammenhang an Wittgensteins Idee, seine wichtigsten Gedanken in hektographierten Bänden für die Freunde zusammenzustellen, denen er zutraute, sie weiterdenken zu können. Stellen, die es seiner Meinung nach nötig hatten, wollte Wittgenstein mit einem Zusatz wie ›Dies ist nicht ganz richtig‹ oder ›Hier ist etwas faul‹ kennzeichnen. Das wäre auch eine schone Überschrift für die folgende Zusammenstellung:

Notiz, die: gibt in der Regel vor, die gerade im Entstehen ist, sei die wichtigste Notiz überhaupt.

Notiz, die: eine Einladung, sich auf einige Sätze von allem zu entfernen und im Schreiben abzukapseln.

Notiz, die: Versuch, etwas auf einen Streich zu vermitteln. Meistens verbunden mit dem entlastenden Gefühl, nichts Aufwändiges zu konstruieren und sich von Komplikationen fernzuhalten. Dieses Gefühl verschwindet im Laufe der Zeit.

Notiz, die: gibt Inhalte weiter ohne Prüfung, ist eine leicht eingängige Mitteilung und scheint doch niemanden zu etwas überreden zu wollen.

Notiz, die: stellt vorübergehend das Ende der Neugier in Aussicht.

Notiz, die: eine beruhigende Nachricht, dass die Ausschnitte ihrer Welt in kurze Sätze passen.

Notiz, die: rettet vor nächtlicher Ruhestörung. Schreib die Idee auf, bevor sie im Kopf herumgeht. Sie würde dir jeden Schlaf rauben.

Notiz, die: ist ein versierter Verspätungskünstler. Die ganze Zeit suchst du nach einer Idee, als läge dir ein Wort auf der Zunge. Dann kommen diese Worte auf das Papier. Irgendwann kommt die Frage hinterher, ob es wohl die waren, die du gesucht hattest.

Notiz, die: versandet in Ratlosigkeit, wenn sich das richtige Wort nicht einfindet und der Faden reißt.

Notiz, die: Mitteilung, die glaubhaft machen will, der Mitteilende hätte sie sich gar nicht ausgedacht.

Notiz, die: ist fast immer ernst gemeint (zumindest die deutsche).

Notiz, die: ist wie der Fisch an der Angel oder ein unerwarteter Finderlohn.

Notiz, die: eine Mitteilung, die sich wichtig nimmt. Sie bietet der Nichtigkeit der Welt die Stirn, die Pessimisten wie Buddha oder Schopenhauer behaupten.

Notiz, die: kann massenweise Ärger auslösen. Für die Nachgeschichte der Notiz fühlt sich ihr Verfasser oft nicht verantwortlich, hat sie aber klammheimlich vorausgesehen.

Notiz, die: ist plötzlich da und versichert, hier werde Wichtiges angeliefert. Umsonst und frei Haus, weil die Wahrheit immer gratis sei.

Notiz, die: einer hat sie und hütet sie eifersüchtig. Andere glauben umso felsenfester, ein Anrecht darauf zu haben und reden von Diebstahl.

Notiz, die: erregt allgemeines Interesse, auch wenn keiner weiß, was drinsteht.

Notiz, die: ist wie der hervorpreschende Hecht unerwartet da, aber selten wie der Krebs, dessen Gang vorwärts-rückwärts-seitwärts mäandert.

Notiz, die: hat meistens das passende Wort gefunden, das glaubt ihr Schreiber wenigstens.

Notiz, die: ist von erlesener Kürze und verschweigt die Übung, sich kurz zu fassen.

Notiz, die: betreibt ganz nebenbei die Rehabilitierung der Alltagssprache.

Notiz, die: Beweis, dass nicht jeder alles weiß und damit dem Zwang entginge, um Informationen anzustehen.

Notiz, die: informiert in der Regel nicht über sich selbst. Tut sie es doch, gibt sie selten eine schlichte Information über ihr Zustandekommen.

Notiz, die: unterstellt, ganz ohne jeden Einsatz von Werbung oder Rhetorik, gebraucht, begehrt und beliebt zu sein.

Notiz, die : sagt etwas Klares und spielt liebend gern mit der sibyllinischen Geste, noch ganz andere Dinge vorbringen zu können.

Notiz, die: ist manchmal eine Information oder Erkenntnis, die den Mitteilenden einige Zentimeter größer werden lässt.

Notiz, die: ist noch kein Argument, kann bei klugem Einsatz aber trotz ihrer Simplizität vielen Argumenten den Rang ablaufen. Besonders geeignet als Trumpfkarte.

Notiz, die: ist selten eine große Wortkünstlerin; wenn doch, gibt sie es ungern zu.

Notiz, die: eine Notiz bestreitet eine andere, nie aber sich selbst. Sie neigt nicht zur dialektischen Selbstsabotage. Im Konfliktfall hat die frühere Notiz einfach die schlechteren Karten.

Notiz, die: sagt frech: »So ist es!« Wer es nicht glaubt, darf die Kosten seiner Verblendung selbst tragen.

Notiz, die: greift in Einzelfällen auf das Repertoire der Verkündigung zurück. Der Gedankenblitz, die plötzliche Einsicht, die unerwartete Begegnung erheben sich über die Flut üblicher Banalitäten.

Notiz, die: stellt eine Nichtübereinstimmung seitens ihrer Empfänger selten in Rechnung, es sei denn, man habe es eben darauf abgesehen.

Notiz, die: ist der bedeutendste Produzent von ad-hoc-Glaubwürdigkeit. Im Zweifelsfall hilft sie ein wenig nach und bringt die Reputation des Autors oder eine privilegierte Erkenntnissituation in Stellung.

Notiz, die: kann eine Wahrheit sein, mit der sich wunderbar lügen lässt. Wer wahrhaftig etwas sagt, muss ja nicht alles sagen.

Notiz, die: lässt ihren Urheber zuweilen in einem merkwürdigen Licht erscheinen. Man müsste ihn Informant nennen, doch diese Sphäre bevölkern heute Spione oder Whistleblower. Ihre Information ist Dynamit oder zumindest teuer.

Notiz, die: ist von beklagenswerter Schutzlosigkeit. Wer nicht lesen will, lässt sie ungesehen liegen. Sie wartet vertrauensvoll auf ihre zweite Chance.

Notiz, die: liebt keine Störungen und entgeht ihnen durch Schnelligkeit und Kürze.

Notiz, die: macht aus vielem ein einziges Wort und benutzt es wie einen eingeführten Begriff. Auf den sprachpragmatischen Husarenritt ist sie stolz.

Notiz, die: große Erkenntnis auf kleinstem Raum, oft von geringer Haltbarkeit.

Notiz, die: Ausdruck der Faszination, dass Erkenntnis möglich ist in diesem Moment.

Notiz, die: kleinste Denkform für große Gedanken.

Nachwort

Aus der Notizenwerkstatt

Ich notiere etwas. Mir ist etwas aufgefallen oder etwas eingefallen. Ich lege Wert auf diese Gegenwart, darum schreibe ich auf, was sie mir zuträgt. Alles geschieht flüchtig. Manchmal habe ich etwas gesucht und manchmal etwas gefunden. Mit einem Mal ist etwas im Sinn, dem ich eine Bedeutung zuspreche und Konsequenzen zutraue. Dieser Gran an Ratlosigkeit, warum mir das gerade jetzt einfällt, stört nicht. Vieles bleibt unbeleuchtet im Hintergrund, während ich etwas notiere. Die Notiz muss nicht alles sagen. Sie nimmt sich allein das vor, was gerade vor Augen oder im Kopf ist und scheint ihren Ausschnitt gewählt zu haben; das eindeutige Interesse verrät es.

Man kann niemandem befehlen, frei zu sein oder Rhabarberkuchen zu mögen. Kritik lässt sich nicht anordnen und das, was dem Einzelnen zu notieren als würdig erscheint, ist ihm nicht vorzuschreiben. Freie Prüfung, Zustimmung oder Verwerfung bleiben unhintergehbar. Die Spontaneität des Einzelnen ist das Lebenselement seiner Notiz. Wer Notizen schreibt, redet mit sich und der Welt von gleich zu gleich. Also auch mit potenziellen Lesern, die damit zu Kollegen und Komplizen werden. Das ist bemerkenswert, denn die Notiz bleibt oft betont sachlich und bemüht sich wenig um Freundschaften. Die Egalität reicht ihr.

Unfertig darf die Notiz sein, weil sie spontan ist und weil ihre Zeit begrenzt ist. Ist sie einseitig, dann nur für kurze Zeit, bis andere folgen und die Inhalte differenzieren. Es gibt Notizen, die entstehen wie in einem vielgestaltigen Resonanzraum. Sie passieren eine Art von Trichter, den eines kleinen Moments, der den Zugang kanalisiert. Durch den bündeln sie, was immer Eingang findet. Anderes bleibt dem Blick verborgen. Manchmal erhalten Notizen trotzdem noch deutliche Reste und Spuren dieser verschwiegenen Teile. Später werden die oft gesucht. Denn im Rückblick aus einer fernen Zukunft werden Notizen zur Flaschenpost. Dann interessiert man sich nicht allein für den Zettel. Man versucht, in jedem Sandkörnchen oder in jeder Muschelablagerung die Einträge der Zeit zu lesen, als wäre auch die Flasche selbst damit zur Notiz geworden.

Die Kürze ist keine zufällige Tugend der Notiz. Je länger der Text, desto stärker gerät er beim Schreiben in die Kraftfelder fremder Texte und Ideen. Das bekommt seiner Frische und seiner Stringenz außerordentlich schlecht. Die Notiz weiß sich dagegen zu schützen. Sie steigt schnell ein und sie steigt schnell aus. Sie reklamiert für sich nicht mehr, als eine Unterbrechung zu sein. Schon wendet man sich anderen Gedanken und Szenerien zu und die Notiz sieht ihrem Ende entgegen. Der philosophierende Dichter René Char hat es schön und knapp beschrieben: »Kürze des Aufgeschriebenen: Ich kann nicht länger *fortbleiben*. Sich ausbreiten würde dazu führen, dass es einen nicht mehr loslässt.«[1]

Die Notiz ist eine Unterbrechung. Ich wende den Blick ab und tauche in eine andere Szene ein, weiß aber, dass ich gleich zurück sein werde. Ich notiere bisweilen mit dem Gefühl, am Rande einer Bühne zu sein, deren Rampenlicht ich nur kurz verlassen will. Es ist ein verschwiegener kleiner Moment, in dem ich schreibe und auf das Papier oder einen Bildschirm sehe. Zu lange will ich nicht beschäftigt sein; die Notiz räumt mir das lächelnd ein.

Das Diskontinuierliche gehört zu ihrem Wesen. Schreibe ich einen Essay, so gehe ich in denkend spazieren oder ich probiere etwas aus. Ich denke dann abwechselnd vorwärts und rückwärts, gehe in Kreisen oder folge Zitaten oder auch Selbsterlebtem. Schreibe ich eine Notiz, habe ich meinen Punkt gefunden oder einen Pflock für diesen einen Moment eingetrieben. Ich schreibe mit dem Gefühl, dass ich eigentlich schmucklos protokolliere, was mir im Augenblick begegnet. Ich habe das alles nicht erfunden. Selbst wenn es eigene Gedanken sind, die ich schnell notiere, habe ich sie weniger gebacken, als dass sie mir serviert wurden. Ich nehme mir eigentlich nicht sehr viel heraus. Mit großen Worten zu flunkern, das passt hier schlecht. Vorübergehend kommt bei alledem ein immer wieder stockendes Selbstgespräch in Gang.

Wer philosophierend mit sich selbst spricht, hält der sich Vorträge? Sagt er sich langatmig irgendetwas Kluges und erwartet daraufhin eine umständliche Antwort aus dem eigenen Kopf? Dem Notierenden genügt das Gefühl, dass beide, die er braucht, um in sich und mit sich sprechen zu können, anwesend sind. Die Notiz nimmt sie beide mit auf einen gemeinsamen Sprung vom Brett. Auf den federnden Widerstand folgt nach der kurzen Luftpassage das Ein- und das Auftauchen durch die Schichten perlenden Wassers. Die Notiz wird einige dieser Perlen bewahren können.

Schnell zu schreiben bedeutet, sich in diesem einen Moment nicht mit der Abwägung langwieriger Urteile aufzuhalten. Ein treffender Gedanken kommt in den Sinn oder eine bewegende Erfahrung vor Augen. Die Zeit läuft; sie lässt dem Notierenden nicht viel Zeit. Aber niemand käme auf die Idee, der Feuerwehr falsche Eile vorzuwerfen. Ich sehe und ich denke. Das Gefühl eines Zugangs zu einer nur hier und jetzt erfahrbaren Wirklichkeit wiegt auf, dass der Abstand zu komplexeren Gedankengängen durchaus spürbar ist. Notizen schreibe ich immer unter der Einwilligung, dass sie späteren Zeiten zum Prüffall werden.

Würde ich in diesen knappen Sekunden urteilen, müsste sich der Fokus vom Schreiben der Notiz auf vielfältige kritische Betrachtungen verlagern. Ein Universum von Fragen käme in den Kopf, deren Beantwortung die unfertige Notiz nicht leisten kann. Die Notiz ist ein Unikat. Sie kann nicht in Serie gehen oder Geistesblitze auf Vorrat sammeln. Oft kommt sie daher wie das viel zu frühe Wort in einem längeren Gespräch, das doch weitergehen muss. Ich schreibe die Notiz und beglaubige sie zusammen mit dem Moment, in dem sie entsteht. In diesem Moment beurteile ich kaum, ob ich in Gefahr gerate, faule Echtheitszertifikate auszustellen. Die Notiz ist nicht makellos, aber auch nicht aalglatt, imprägniert und toterklärt. Sie fordert keine Gefolgschaft und bleibt nach späterer Einsicht leicht revidierbar.

Handwerkliche Mängel sind in Kauf zu nehmen. Man kann nicht schnell und schön gleichzeitig schreiben, nicht wie im Fluge notieren und umständlich nach den richtigen Worten suchen. Beim Aufschreiben käme mir nicht in den Sinn, dieses Dilemma als Beweis für die Authentizität des Geschriebenen zu verstehen; der stammelnde Text ist nicht wahrer als der gut formulierte. Die Mängel sind als Beleg ungeeignet, hier habe kein bemühter Autor geschönt oder frisiert, ähnlich wie in früheren Zeiten verwackelte Schwarzweiß-Fotos die Echtheit des Dokumentarischen verbürgen sollten. Jedes Mosaik aus Notizen produziert dissonante Zwischentöne. Passt alles wunderbar zusammen, wächst der Verdacht, hier handelte es sich von Anfang an um vorgefertigte Puzzlestücke und nicht um Notizen.

Ich notiere, die Worte fallen mir beim Schreiben ein. Sie sind schnell, ich laufe ihnen bald hinterher und komme mit dem Schreiben kaum nach. Ich schau zu, wie sich einige Worte aus meinem aktuellen Gedächtnis davonschleichen wollen. Ich setze ihnen nach und finde andere. Bald habe ich mich in den entstandenen Wirbeln verfangen. Das Wort, der

Ausdruck, der Halbsatz, die ich suche, alle legen einen neuen Stein in den schnell fließenden Strom. Strudel bilden sich um sie. Das Wasser fließt vor- und rückwärts, es schlägt Wellen, erschafft Muster, lässt Luftblasen aufsteigen und legt frische Gischt wie eine Maske auf, durch die der Blick nicht dringt. Alles verlangsamt sich wieder.

Der Überblick geht in diesem Schauspiel schnell verloren. Bald laufe ich nicht mehr den eben noch gesuchten Worten hinterher, sondern ich schreibe über den Strudel. Der Übergang ist nicht immer leicht festzustellen. Die Notiz hat damit aufgehört, eine Notiz zu sein. Sie wird zu einem Text. Man rollt sie flächig aus und geizt nicht mit reichhaltigem Belag. Und dann ab in den Ofen mit der Pizza.

Beim Schreiben der Notiz weiß ich hingegen: Gleich wird alles vorbei sein. Es geht ja nur darum, schnell etwas aufzuschreiben. Das hat und beansprucht in der Regel lediglich einen kleinen und überschaubaren Zeithorizont. Ich weiß es und beeile mich trotzdem. Gleich werde ich alles wieder einpacken und den Blick von der Notiz abwenden. Zügig steht sie da, wenn ich Glück habe – oft ist das der Fall. Ich packe Papier und Stift jedes Mal mit ganz unterschiedlichen Gesten weg. Da gibt es überraschte, glückliche, fragende, stolze oder auch ganz routinierte. Eine Notiz zu verlassen bedeutet einen Übergang und eine Rückkehr.

Die Zeit teilt sich in dieser einen Sekunde. Ich packe die Notiz weg und adressiere sie an den Leser, der ich selbst in Zukunft sein werde. Ich kehre irgendwann wieder auf die Bühne zurück, die ich ja nur kurz verlassen wollte. Mit der wiedergefundenen Notiz verbindet sich eine andere Zeit, jetzt ist sie noch unbestimmt und fern.

Wer nichts in die Zukunft hinein sagt, wird nichts notieren wollen. Das notierte Detail ist der Angelhaken für einen späteren Moment. So legt die Notiz ihr eigenes Zeitnetz aus. Ich verlasse die frisch geschriebene Notiz, sie taucht ein ins Vergessen. Irgendwann krame ich sie wieder heraus oder es fällt mir nach langer Zeit aus irgendwelchen Gründen ein, dass es sie gibt und dass sie mir jetzt etwas zu sagen hätte. Dann stellt sich das Gefühl ein, mein Gedächtnis und die Notiz hätten sich verbunden, um auf ihren Zeitpunkt zu pochen. Das ist aber nicht immer so.

Notizen häufen sich auf. In Masse sind sie keinem Gedächtnis eine gute Hilfe. Am Ende erreichen die Stapel ein bedenkliches Ausmaß. Ich blättere durch meine Notizen, mache überraschende Funde und frage mich doch, warum da so viele Steine liegen, die mir im Moment des

Schreibens wie Goldkörnchen vorkamen. Wie kann es sein, dass die eine oder andere Notiz den Ausschnitt der Welt, den sie bewahren wollten, verschluckt hat, so dass ich nicht mehr weiß, wohin sie gehören? Dass einige der Notizen eine Art von miserabler Verdauung haben oder dass die Bissen, die sie wahllos verschluckt haben, einfach zu groß für ihren Magen waren?

Wenn es stimmt, dass Notizen die Stellvertreter eines ungeschriebenen, umfangreichen Textes sind, müssen sie eine besondere Art von Zeitkugeln sein. In jedem kurzen Stück schlummere dann ein Buch, ein Essay oder wenigstens die Absichtserklärung eines unausgeführten Exposés. Der Schreiber einer Notiz glaube, frei von irgendwelchen lenkenden oder einschränkenden Intentionen einfach zu notieren, was zu notieren ist. Täuscht er sich da gründlich?

Für wen ist die Notiz? Gewiss notiert man in erster Linie für sich selbst, doch weiß niemand immer so ganz genau, ob es da so etwas wie einen impliziten Partner gibt oder ein anderes Auge, das virtuell mitliest. Vielleicht kommt die Vorstellung eines überraschten Gesichts in den Sinn, das ein anderer macht, bekäme er das Notierte zu lesen. Oder eine kritische Mine, die das Geschriebene ihm aufs Gesicht bringt. Selbst der Robinson Crusoe der Notiz wappnet sich gegen Kritik und schreibt für ein Lob. Er hat andere im Sinn, als ob er durch einen Laden schlendert: Sofort fällt ihm ein, wem er dies und das mitbringen könnte. Diese Anwesend-Abwesenden können auch aus der Ferne die Wortspäne der Notiz wie ein Magnetfeld anziehen. Selbst bei wortkargen Notizen wird das oft erst im Rückblick sichtbar.

Bin ich selber in den Notizen anwesend als der, an den sie in irgendeiner fernen, noch unbestimmten Zukunft adressiert sind? So wie es das alte Wort aus dem Talmud sagt, wonach ungedeutete Träume ungelesenen Briefe gleichen?[2] Wäre es uns eine selbstverständliche Praxis, sie zu deuten, bräuchte es diesen Spruch nicht. Im Falle der Notiz ist das nicht viel anders.

Einen merkwürdigen impliziten Vertrag schließt jeder ab, der etwas notiert. Er nimmt sich das Recht heraus, Wichtiges jetzt zwar festzuhalten, die ganze Angelegenheit aber auf einen späteren Zeitpunkt zu verschieben. Im Vertrag stimmt er zu, der späte Empfänger der Botschaft zu sein, sie zu lesen und das in ihr Niedergelegte mit Respekt für dessen Bedeutung auszupacken. Der Vertrag kommt im Moment des Notierens in Geltung. Später kann man keine Lust haben, in einen

Packen alter Notizen zu schauen; man könnte es direkt als lächerlich oder als peinlich empfinden. Der implizite Vertrag sieht für diesen Fall keinerlei Sanktionen vor, nicht einmal einen saftigen Kommentar. Die Freiheit, die der Notierende beansprucht, gilt auch für den Leser der eigenen Notiz.

Notizen bleiben keine Einzelfälle, wenn sie zur fortgesetzten Praxis des Denkens gehören. Versteht man die Philosophie als eine Tätigkeit und nicht als Abfragen diskutabler Positionen, kann ihr ungeregelt schreibender Teil zu einem Mittelpunkt des eigenen Philosophierens werden. Der kurzsichtige Nietzsche klapperte auf einer der frühen Schreibmaschinen. Er bemerkte sofort, wie stark unser Schreibzeug an unseren Gedanken mitarbeitet.[3] Folgenreicher ist, wie die Entwicklung philosophische Gedanken mit der situativen Schreibpraxis unfertiger, experimentierender, vortastender oder auch alles infrage stellender Notizen interagiert.

Möglicherweise stellen sie ein Kommunikationsfeld dar, dessen Bedeutung keineswegs hinter den Einflüssen der Lektüre, der Schulen, der freundschaftlichen Kommunikationen oder der kollegialen Kontroversen zurückstecken muss. Im Geflecht der Notizen bilden sich nicht allein Gedanken. Auch das schwer fassbare Ich des Notierenden kann ihm klarer vor Augen treten. Mit diesem »Ich« wird keine These aufgestellt, verifiziert oder falsifiziert. Es lässt sich in der Dynamik der Notizen beobachten, die Michel de Montaigne, Blaise Pascal, Paul Valéry, Ludwig Wittgenstein oder Henryk Elzenberg hinterlassen haben. Man lernt von ihnen, wie spät man diese Perspektive in den Blick bekommt, trotz jahrelanger und lebensbegleitender Aufschriebe. Und dass nicht jeder Blick dafür taugt.

Die Rekonstruktion von Stationen und Ansichten der Denkform einer Notiz erscheint mir sinnvoller als die Aufstellung einer Theorie, was die Notiz ist oder was sie leisten soll, wo ihre Chancen und ihre Grenzen zu verorten sind. Im Sinne von Heinrich Heine entsteht mit jedem Menschen eine Welt und sie stirbt auch mit ihm.[4] Sie ist unübertragbar und unersetzlich. Notizen zeigen das Angewiesensein auf den Notierenden auch dann, wenn er gar nichts »über sich« notiert wie ein Michel de Montaigne. Der Stil verrät den Menschen.

Dem einen sind Notizen freie Übungen und von jeder Pflicht befreit, Erträge abliefern zu müssen. Ein anderer stellt sie als Experimentierstation für kommende Werke in Dienst und zieht Arbeitskleidung an, als ginge er in seine Werkstatt. Die Diskussion, ob Notizen zu einem vorliegenden Werk gehören oder ob sie von Inhalt, Anspruch und Bedeutung her immer auch abseits stehen, ist nicht neu. Insgesamt stellt sie eine fürchterliche Vereinfachung dar. Leitstern der üblichen Interpretation ist das Vorliegen eines abgeschlossenen Werkes. Der akribische Herausgeber ordnet vorliegende Notizen dem Werk zu, so werden dicke Kommentar- und Supplementbände geboren. Die Aufgabe, lebensweltliche Wurzeln von Werk und Autor auszugraben, geht an die Biographen oder an Zeit- und Ideenhistoriker. Was aber, wenn der Notiz nicht nur eine Bedeutung für ein Werk zukäme, sondern wenn sie eine fortlaufende Praxis philosophierenden Denkens ist? Situativ und sensibel, gebildet und kreativ, bereit, im Unklaren das Klare zu suchen?

Für den Autor ist es gerade diese Haltung, die die Notizen»werke« eines Paul Valéry und Ludwig Wittgenstein einmalig macht und das Erbe einer breiten Tradition bündelt. Systematisch angelegte Ideen lassen sich zweifellos darin aufweisen, beide Denker waren ungemein produktiv. Sucht man lediglich die systematisch orientierte Perspektive, ist der Blick von Beginn an unerträglich eng. Bevor man die kostbare Besonderheit dieser Notizen durch Interpretationen glättet, um sie der Buchrealität der Philosophie kompatibel zu machen, sollte man einen Moment innehalten.

Die Frage muss nicht unsinnig sein, ob es eine Philosophie gebe, die sich nicht im Erreichen präsentabler Positionen erschöpft, sondern täglich das Risiko auf sich nimmt, neu zu denken und zu klären, was wirklich im Kopf ist. Die dem reproduktiven Denken entgehen will, das für jede eigene Denkbewegung ein legitimierendes Zitat einfordert. Notizen sind enorm hilfreich, ja geradezu unersetzlich, um nicht in die Falle zu geraten, Plagiate für Philosophien zu halten.

Literatur und Anmerkungen

1. Kapitel

1 Christoph Martin Wieland, Nachlaß des Diogenes von Sinope. In: Sämmtliche Werke IV, 13. Band. Göschen 1795. Reprint Hamburg 1984 (Greno), S. 3.

2 Der Rig-Veda. Aus dem Sanskrit ins Deutsche übersetzt und mit einem laufenden Kommentar versehen von Karl Friedrich Geldner. 3 Vol. Cambridge,Mass./London 1978 (Harvard University Press).

3 Chandogya-Upanishad 6.8.7. Zit. n.: Patrick Olivelle, Upanishads. A new translation. Oxford 1996 (Oxford University Press), S. 152.

4 Vgl.: Paul Deussen, Die nachvedische Philosophie der Inder. In: Allgemeine Geschichte der Philosophie. I. Band, III. Abteilung. Leipzig 1920 (Brockhaus), S. 5 f.
Der Indologe Helmuth von Glasenapp war überzeugt davon, dass die »kurzen Sätzchen von aphoristischer, ja stellenweise geradezu änigmatischer Kürze« als Stichwort und Gedächtnisstütze fungierten. Ihr Verständnis setze allerdings oft die zugrundeliegende vedische Kultur voraus (Helmuth v. Glasenapp, Die Literaturen Indiens. Stuttgart 1961 (Kröner), S. 92.

5 Paul Deussen, Die Sutra's des Vedanta oder die Cariraka-Mimansa des Badarayana nebst dem vollständigen Commentare des Cankara. Aus dem Sanskrit übersetzt. Leipzig 1887 (Brockhaus); Nachdruck Hildesheim/New York 1982 (Olms).

6 The Yoga-System of Patanjali. Translated from the original Sanskrit by James Haughton Woods. Harvard Oriental Series Vol. XVII. Oxford University Press 1914. Reprint: Delhi/Varanasi/Patna 1977 (Motilal Banarsidass), p. IX.

7 Karl Jaspers, Die großen Philosophen. Erster Band. München 1957 (R. Pieper), S. 157. Die Meriten um eine interkulturelle Perspektive zeichnen Jaspers Werk bis heute aus.

8 Vgl.: Volker Klöpsch, Eva Müller, Lexikon der chinesischen Literatur. München 2004 (C. H. Beck), S. 144.

9 Vgl.: Gregor Paul, Konfuzius und Konfuzianismus. Darmstadt 2010 (Wissenschaftliche Buchgesellschaft), S. 64.

10 Gregor Paul, a. a. O., S. 65.

11 Vgl.: Heiner Roetz, Die chinesische Ethik der Achsenzeit. Frankfurt 1992 (Suhrkamp), S. 74.

12 Konfuzius, Gespräche. Lun-yu. Übersetzt und herausgegeben von Ralf Moritz. Stuttgart 2017 (Reclam), VII. 8; S. 39.

13 Konfuzius, Gespräche, a. a. O., XI,4; S. 64.
14 Konfuzius, Gespräche, a. a. O., VII,7; S. 41.
15 Konfuzius, Gespräche, a. a. O., XVII, 19, S. 116 f.; vgl. zur Interpretation dieser Stelle: Hubert Schleichert, Klassische chinesische Philosophie. Frankfurt 1990, 2., neu bearb. Aufl. (Vittorio Klostermann), S. 47.
16 Andrew Hui, A Theory of the Aphorism: From Confucius to Twitter. Princeton 2019 (Princeton University Press), S. 27.

2. Kapitel

1 Vgl.: Hans Jörg Sandkühler (Hg.), Historisches Wörterbuch der Philosophie. Hamburg 1999 (Meiner), S. 847.
2 Alexander Nehamas, Die Kunst zu leben. Sokratische Reflexionen von Platon bis Foucault. Hamburg 2000 (Rotbuch), 106.; vgl. auch: 68-70.
3 Platon, Protagoras. 343 St. Sämtliche Dialoge. Hg. Otto Apelt. Hamburg 2004 (Meiner), Bd. I, S. 90.
4 Platon, Protagoras, ebd.
5 Platon, Phaidros, St 275. Sämtliche Dialoge. Hg. Otto Apelt. Hamburg 2004 (Meiner), Bd. II, S. 103.
6 Platon, Phaidros, St 276, S. 104.
7 Heraklit, 59 fr. 93; zit. n.: Wilhelm Capelle (Hg.), Die Vorsokratiker. Stuttgart 1968 (Kröner), S. 138.
8 Wolfgang Schadewaldt, Der Gott von Delphi und die Humanitätsidee. Frankfurt 1990 (Insel), S. 19.
9 Heraklit, 88 fr. 113; S. 149.
10 Heraklit, 27 fr. 51; S. 134.
11 Heraklit, 29 fr. 53; S. 135; 98 fr. 123; S. 152; 126 fr. 40, S. 157.
12 Heraklit, 118 fr. 34; S. 155.
13 Heraklit, 31 fr. 1, S. 135 f.
14 Wilhelm Capelle, Anmerkung, ebd.
15 Heraklit, 86 fr. 115; S. 148.
16 Heraklit, 85 fr. 101; S. 148.
17 Heraklit, 84 fr. 45, S. 148.
18 Heraklit, 20 fr. 121; S. 133.
19 Heraklit, 21 fr. 62; S. 133.
20 Heraklit, 18 fr. 88; S. 133.
21 Aristoteles, Metaphysik. Übersetzt und hg. von Franz F. Schwarz. Stuttgart 1974 (Reclam), 1012a, S. 109.
22 Aristoteles, Rhetorik. Übersetzt und hg. von Franz G. Sieveke. München 1989 (W. Fink), 1407b, S. 179.
23 Aristoteles, Rhetorik, ebd.
24 Heraklit, 61 fr. 90; S. 143.

25 Paul Good, Dem Fließenden Stimme geben. Heraklits Wirkungen in Kunst und Philosophie. Bad Ragaz 2014 (Agon Press), S. 12.
26 Hippokrates, Die Schrift »Von der heiligen Krankheit«. In: Hippokrates, Fünf auserlesene Schriften. Eingeleitet und übertragen von Wilhelm Capelle. Darmstadt 1984 (Wissenschaftliche Buchgesellschaft), S. 61–84; hier: S. 64.
27 Hippokrates, a.a.O., S. 73.
28 Hippokrates, Epidemien Buch I. In: Hippokrates, Fünf auserlesene Schriften. Eingeleitet und übertragen von Wilhelm Capelle. a.a.O., S. 153–181; hier: c 23, S. 169.
29 Hippokrates, Die Schrift »Von der heiligen Krankheit«, a.a.O., S. 84.
30 Friedrich Nietzsche, Morgenröthe. Kritische Studienausgabe. A.a.O., Bd. III, § 168, S. 151.
31 Vgl.: Hippokrates, Die Schrift von der Umwelt, In: Hippokrates, Fünf auserlesene Schriften. Eingeleitet und übertragen von Wilhelm Capelle, a.a.O., S. 85–120; hier: S. 90f.
32 Hans-Georg Gadamer, Über die Verborgenheit der Gesundheit. Aufsätze und Vorträge. Frankfurt 1993 (Suhrkamp), S. 138.
33 Vgl.: Antje Krug, Heilkunst und Heilkult. Medizin in der Antike. München 1993 (Beck), S: 44.
34 Hippokrates, Aphorismen. Buch I, Aph. 1. In: Hippokrates Werke, übersetzt und mit Erläuterungen von J. F. C. Grimm und L. Lilienhain. Glogau 1837 (H. Prausnitz), S. 113.
35 Platon, Phaidros, a.a.O., St. 270, S. 95.
36 Platon, Phaidros, ebd.
37 Vgl.: Friedemann Spicker, Kurze Geschichte des deutschen Aphorismus. Tübingen 2007 (Franke), S. 11.
38 Émile Littré, Œuvres complètes d'Hippocrate. Paris 1851 (Baillere); hier zit. n.: Wilhelm Capelle, Hippokrates. Fünf auserlesene Schriften, a.a.O., S. 20.
39 Aristoteles, Metaphysik, a.a.O., 981a, S. 18.
40 Hippokrates, Aphorismen, a.a.O., Buch II, Aph. 52.

3. Kapitel

1 Georges Duby, Die Zeit der Kathedralen, Übersetzt von Grete Osterwald. Frankfurt 1984 (Suhrkamp), S. 174 und 218.
2 Albertus Magnus, Ausgewählte Texte. Hg. und übers. von Albert Fries. Darmstadt 2012 (Wissenschaftliche Buchgesellschaft), S. 9.
3 Vgl.: Petrarca, An Francesco Dionigi von Borgo San Sepulcro in Paris. In: Petrarca, Dichtungen, Briefe, Schriften. Auswahl und Einleitung von Hanns W. Eppelsheimer. Frankfurt 1980 (Insel), S. 88–98.

4 Freidanks Bescheidenheit. Übertragen und hg. Von Wolfgang Spiewok. Leipzig 1985 (Reclam), S. 105.
5 Johan Huizinga, Herbst des Mittelalters. Studien über Lebens- und Geistesformen des 14. und 15. Jahrhunderts in Frankreich und in den Niederlanden. Übersetzt von Kurt Köster. Stuttgart 1973 (Kröner), S. 333.
6 Ruedi Imbach, Vorwort. In: Wilhelm von Ockham, Texte zur Theorie der Erkenntnis und der Wissenschaft. Übersetzt und herausgegeben von Ruedi Imbach. Stuttgart 1984 (Reclam), S. 8.
7 Vgl. schon die Frühschrift des Thomas von Aquin, Über Seiendes und Wesenheit. Hg. Horst Seidl. Hamburg 1988 (Meiner), VI, 112; S. 69.
8 Wilhelm von Ockham, Sentenzenkommentar, Buch I, Unterscheidung 3, Frage 6; in: Texte zur Theorie der Erkenntnis und der Wissenschaft, a. a. O., S. 171.
9 Vgl.: Wilhelm von Ockham, Summa Logicae II, 2., a. a. O., S. 101.
10 Descartes, Meditationen über die Grundlagen der Philosophie, Hg. Lüder Gäbe. Hamburg 1960 (Meiner), S. 3.
11 Vgl.: Reiner Specht, Descartes. Reinbek 1984 (Rowohlt), S. 17.
12 Descartes, Meditationen, a. a. O., S. 16.
13 Descartes, ebd.
14 Descartes, ebd.
15 Vgl.: Christian Wohlers, Einleitung zu: René Descartes, Abhandlung über das Licht. Der Mensch. Hg. und übersetzt von Christian Wohlers. Hamburg 2015 (Meiner), S. XIX.
16 René Descartes, Gespräch mit Burman. Übersetzt und hg. von Hans Werner Arndt. Hamburg 1982 (Meiner), S. 9.
17 René Descartes, Reguale ad directionem ingenii. Regeln zur Ausrichtung der Erkenntniskraft. Lateinisch-Deutsch. Übersetzt und hg. von Heinrich Spingmeyer, Lüder Gäbe, Hans Günter Zekl. Hamburg 1973 (Meiner), S. 79.
18 Descartes, Regulae ad directionem ingenii, a. a. O., S. 85.
19 Francis Bacon, Essays oder praktische und moralische Ratschläge. Übersetzt von Elisabeth Schücking, hg. von Levin Schücking. Stuttgart 1980 (Reclam).
20 Bacon, Essays, a. a. O., S. 219.
21 Bacon, a. a. O., S. 150.
22 Vgl.: Richard Popkin, The History of Scepticism. From Savorarola to Bayle. New York 2003 (Oxford University Press), S. 44.
23 Ludwig Rohner, Anfänge des Essays. *Akzente. Zeitschrift für Dichtung.* München 1965, S. 306.
24 Vgl.: Wilhelm Weigand, Michel de Montaigne. Eine Biographie. Zürich 1985 (Diogenes), S. 220 und 226.
25 Jean Starobinski, Montaigne. Denken und Existenz. Aus dem Französi-

schen von Hans-Horst Henschen. Darmstadt 1986 (Wissenschaftliche Buchgesellschaft), S. 110.

26 Michel de Montaigne, Essais. Übersetzt von Johann Daniel Tietz. Band III, Hauptstück XI: Vom Lahmen. Zürich 1992 (Diogenes), S. 264.

27 Jean Starobinski, Montaigne. Denken und Existenz, a. a. O., S. 17.

28 Jean Starobinski, a. a. O., S. 21.

29 Michel de Montaigne, Essais. Band I, Hauptstück XXV: Von Erziehung der Kinder, a. a. O., S. 268.

30 Michel de Montaigne, Essais. Band I, Hauptstück XXVII: Von der Freundschaft, a. a. O., S. 321.

31 Michel de Montaigne, Essais. Band I, Hauptstück XXV, Von Erziehung der Kinder, a. a. O., S. 245.

32 Michel de Montaigne, Essais. Band III, Hauptstück I, Von dem Nützlichen und Ehrbaren, a.aO., S. 747.

33 Blaise Pascal, Gedanken. Nach der endgültigen Ausgabe übertragen von Wolfgang Rüttenauer. Birsfelden-Basel o.J. (Schibli-Doppler), S. 5.

34 Blaise Pascal, Das Memorial. In: Pascal. Ausgewählt und eingeleitet von Reinhold Schneider. Frankfurt/Hamburg 1954 (S. Fischer),S. 122.

35 Blaise Pascal, ebd.

36 Blaise Pascal, ebd.

37 Blaise Pascal, a. a. O., S. 123.

38 Vgl. zur Publikationsgeschichte: Louis Marin, Die Fragmente Pascals. In: Lucien Dällenbach, Christiaan L. Hart Nibbrig (Hg.), Fragment und Totalität. Frankfurt 1984 (Suhrkamp), S. 160–181.

39 Blaise Pascal, Gedanken, a. a. O., S. 341.

40 Blaise Pascal, Pensées. Zit. n.: Pascal. Ausgewählt und eingeleitet von Reinhold Schneider, a. a. O., S. 188.

41 Blaise Pascal, Gedanken, a. a. O., S. 179.

42 Blaise Pascal, Gedanken, a. a. O., S. 67.

43 Blaise Pascal, Gedanken, a. a. O., S. 340.

44 Blaise Pascal, ebd.

45 Blaise Pascal, ebd.

46 Blaise Pascal, a. a. O., S. 33.

47 Blaise Pascal, a. a. O., S. 48.

48 Blaise Pascal, a. a. O., S. 70.

49 Friedrich Nietzsche, Morgenröthe. KSA Bd. III, a. a. O. § 192, S. 165.

50 Blaise Pascal, a. a. O., S. 161.

51 Blaise Pascal, a. a. O., S. 346.

52 Blaise Pascal, a. a. O., S. 136.

4. Kapitel

1 Gottfried Wilhelm Leibniz, Unvorgreifliche Gedanken, betreffend die Ausübung und Verbesserung der teutschen Sprache. In: Hauptschriften zur Grundlegung der Philosophie. Übersetzt von A. Buchenau, hg. Von E. Cassier. Hamburg 1966 (Meiner), Bd. II, S. 521.

2 Leibniz an de Volder (1706). In: Hauptschriften zur Grundlegung der Philosophie, a. a. O., Bd. II, S. 354.

3 Leibniz, Neue Abhandlungen über den menschlichen Verstand. Viertes Buch. In: Werke. Hg. und übersetzt von Wolf v. Engelhardt und Hans Heinz Holz. Darmstadt 2013 (Wissenschaftliche Buchgesellschaft). Bd. III,2, S. 383.

4 Leibniz, Neue Abhandlungen über den menschlichen Verstand, a. a. O., S. 305.

5 Leibniz, zit.n.: F. Hartmann, F. Krüger, Directiones ad rem Medicam pertinentes. Studia Leibnitiana. Vol. VIII. Wiesbaden 1976 (Franz Steiner), S. 40–68; hier: S. 53. Anm.: Kopenhagen und Helmstedt erwähnt Leibniz als Sitz bedeutender medizinischer Fakultäten.

6 Leibniz, Neue Abhandlungen über den menschlichen Verstand, a. a. O., S. 397.

7 Leibniz, Was jenseits der Sinne und der Materie liegt. In: Hauptschriften zur Grundlegung der Philosophie, a. a. O., S. 410–422; hier: S. 422.

8 Francis Bacon, Das Neue Organon. Novum Organon. Übersetzt von Rudolf Hoffmann. Berlin 1962 (Akademie-Verlag), S. 15 und S. 13f.

9 Bacon, Das neue Organon, a. a. O., S. 95.

10 Vgl.: Eike Christian Hirsch, Der berühmte Herr Leibniz. Eine Biographie. Überarb. Neuauflage, München 2016 (C. H. Beck), S. 54.

11 Vgl.: Oliver Lawson Dick. Das Leben: ein Versuch. John Aubrey und sein Jahrhundert. Übersetzt von Robin Cackett. Berlin 1988 (Wagenbach), S. 73 f.

12 Leibniz, Die »Monadologie«. In: Hauptschriften zur Grundlegung der Philosophie, a. a. O., Bd. II, § 62, S. 450. Gilles Deleuze sieht im Begriff der Falte geradezu einen Schlüssel zum Verständnis der Philosophie von Leibniz: Gilles Deleuze, Die Falte. Leibniz und der Barock. Übersetzt von Ulrich Johannes Schneider. Frankfurt 1996 (Suhrkamp).

13 Leibniz, Abhandlung über die Methode der Gewissheit. Philosophische Schriften hg. und übersetzt von H. Herring. Frankfurt/Leipzig 1992 (Insel), Bd. IV, S. 207.

14 Leibniz, ebd.

15 Leibniz, Metaphysische Abhandlung. In: Hauptschriften zur Grundlegung der Philosophie, a. a. O., Bd. II, S. 182.

16 Vgl.: Leibniz, Neue Abhandlungen über den menschlichen Verstand, a. a. O., S. 279.

17 Georg Christoph Lichtenberg, Sudelbücher. Hg. Wolfgang Promies. München 2005 (Deutscher Taschenbuch Verlag), Bd. II, J 1352; S. 249, dort kursiv.
18 Lichtenberg, Sudelbücher, a. a. O., Bd. II, K 175, S. 430.
19 Lichtenberg, Sudelbücher, a. a. O., Bd. II, K 172, S. 430.
20 Lichtenberg, Sudelbücher, a. a. O., Bd. I, E 162, S. 380.
21 Vgl.: Lichtenberg, Sudelbücher, a. a. O., Bd. I, S. 722.
22 Lichtenberg, Sudelbücher, a. a. O., Bd. I, J 1126, S. 811.
23 Vgl: Lichtenberg, Sudelbücher, a. a. O., Bd. II, H 175, S. 204.
24 Ernst Platner, Philosophische Aphorismen nebst einigen Anleitungen zur philosophischen Geschichte. Erster Theil. Neue durchaus umgearbeitete Ausgabe. Frankfurt und Leipzig 1790, S. 4.
25 Ernst Platner, a. a. O., S. 13.
26 Lichtenberg, Sudelbücher, a. a. O., Bd. II, K 76, S. 412.
27 Vgl.: Friedemann Spicker, Kurze Geschichte des deutschen Aphorismus. Tübingen 2007 (Francke), S. 18.
28 Jean-Jacques Rousseau, Die Träumereien eines einsamen Spaziergängers. Übersetzt von Dietrich Leube. Zürich/München 1985 (Artemis), S. 12.
29 Johan Caspar Lavater, *Physiognomische Fragmente*. Hg. Christoph Siegrist, Stuttgart 1984 (Reclam); die Zitate stehen auf S. 6, 7, und 278.
30 Georg Christoph Lichtenberg, Über Physiognomik; wider die Physiognomen. In: Lichtenberg, Schriften und Briefe. Hg. Franz H. Mautner. Frankfurt 1992 (Insel). Bd. II, S. 88 – 131; hier: S. 90.
31 Lichtenberg, Über Physiognomik; wider die Physiognomen, a. a. O., S. 99.
32 Vgl. Humes unpublizierten Essay *On Essay-Writing*. In: David Hume, Essays. Moral, Political and Literary. Ed. Eugene F. Miller, Indianapolis 1985 (Liberty Fund), S. 534.
33 David Hume, Eine Untersuchung über den menschlichen Verstand. Übersetzt von Herbert Herring. Stuttart 1976 (Reclam), S. 46 f.
34 Hume, Eine Untersuchung über den menschlichen Verstand, a. a. O., S. 38.
35 Hume, a. a. O., S. 39.
36 Vgl.: Ernst Cassirer, Kants Leben und Lehre. Darmstadt 1994 (Wissenschaftliche Buchgesellschaft), S. 22.
37 Erich Adickes, Einleitung. In: Kant's gesammelte Schriften. Hg. Königliche Akademie der Wissenschaften. Bd. XIV. Dritte Abtheilung. Handschriftlicher Nachlaß. Leipzig 1925 (de Gruyter), S. XVIII.
38 Vgl.: Immanuel Kant, Kritik der reinen Vernunft. In: Werke. Hg. Wilhelm Weischedel. Darmstadt 2016 (Wissenschaftliche Buchgesellschaft), Bd. III, A 839, S. 700.
39 Adickes, a. a. O., S. XIX.

40 Immanuel Kant, Kant's gesammelte Schriften. Hg. Von der Preußischen Akademie der Wissenschaften. Band XXII. Dritte Abtheilung: Handschriftlicher Nachlaß. Neunter Band. Berlin/Leipzig 1938 (de Gruyter), S. 65.
41 Kant, Akad. Ausg. Bd. XXII, S. 119.
42 Ehregott A. Ch. Wasianski, Immanuel Kant in seinen letzten Lebensjahren. In: Immanuel Kant. Sein Leben in Darstellungen von Zeitzeugen. Die Biographien von L. E. Borowski, R. B. Jachmann und A. Ch. Wasianski. Darmstadt 1980 (Wissenschaftliche Buchgesellschaft), S. 213–306; hier: S. 233.
43 Gerhard Lehmann, Einleitung. In: Akad. Ausg, Bd. XXII, a.a.O., S. 786 f.
44 Kant, Untersuchung über die Deutlichkeit der Grundsätze der natürlichen Theologie und der Moral. Werke in sechs Bänden, a.a.O., Bd. I. A 79, S. 752.
45 Kant, a.a.O., A 81, S. 754.
46 Kant, a.a.O., A 82, S. 755.
47 Kant, ebd.
48 Kant, a.a.O., S 741.
49 Kant, a.a.O., A 98, S. 763.
50 Kant, a.a.O., A 86, S. 760.
51 Kant, a.a.O., A 87, S. 761.
52 Kant an Johann Heinrich Lambert, 31. Dezember 1765. Akad. Ausg. Bd. X, 49 f.
53 J. A. Lambert, Neues Organon oder Gedanken über die Erforschung und Bezeichnung des Wahren und dessen Unterscheidung vom Irrthum und Schein. Erster Band. Leipzig 1764 (Johann Wendler), Vorrede, A 4.
54 Lambert an Kant, 3. Februar 1766. Akad. Ausg. Bd. X, S. 64.
55 Kant, Anthropologie in pragmatischer Hinsicht. Werke, a.a.O., Bd. VI., BA 96, S. 489.
56 Kant, ebd.
57 Kant, a.a.O., BA 96 f., S. 489 f.
58 Kant, Metaphysik der Sitten. Werke, a.a.O. Bd. IV, AB 128, S. 404.
59 Vgl.: Kant, Von der Macht des Gemüts, durch den blossen Vorsatz seiner krankhaften Gefühle Meister zu sein. In: Der Streit der Fakultäten. Werke, a.a.O. Bd. VI, 3. Abschnitt, A 165–173, S. 370–393.
60 Kant, Der Streit der Fakultäten, a.a.O., A 199, S. 390.
61 Kant, Anthropologie in pragmatischer Hinsicht, a.a.O., BA 11, S. 413.
62 Kant, a.a.O., BA 11, S. 414.
63 Vgl.: Kant, a.a.O., BA 13, S. 415.
64 Vgl.: Kant, Logik. Werke, a.a.O. Bd. III, A 230 f., S. 581.
65 Kant an Marcus Herz, Ende 1773. Akad. Ausg., a.a.O., Bd. X. S. 153-156.

66 Kant an Johann Gottfr. Carl Kiesewetter, 19. Okt. 1798. Akad. Ausg., a-a.O, Bd. XII, S. 258 f.
67 Kant, Opus postumum. Akad. Ausg., a. a. O., Bd. XXII, S. 354.
68 Manfred Geier, Kants Welt. Eine Biographie. Reinbek 2003 (Rowohlt), S. 298).
69 Vittorio Mathieu, Kants Opus postumum, Frankfurt 1989, S 70, zit. n.: Geier, a. a. O., S. 300.
70 Gerhard Lehmann, Zur Frage der Spätentwicklung Kants. *Kant-Studien* 54 (1963), S. 451.
71 Kant, Gedanken von der wahren Schätzung der lebendigen Kräfte. Werke, a. a. O. Bd. I, A VIII, S. 17 f.
72 Kant, Prolegomena zu einer jeden künftigen Metaphysik, die als Wissenschaft wird auftreten können. Werke, a. a. O. Bd. III, S. 109–264; hier: A 113 S. 188.
73 Burkhart Tuschling, Übergang: Von der Revision zur Revolutionierung und Selbst-Aufhebung des Systems des transzendentalen Idealismus in Kants *Opus postumum*. In: Hans Friedrich Fulda, Jürgen Stolzenberg (Hg.), Architektonik und System in der Philosophie Kants. Hamburg 2001 (Meiner), S. 128–170; hier: 130 f.
74 Kant, Opus postumum. Akad. Ausg., a. a. O. Bd. XXI, S. 475.
75 Kant, a. a. O., S. 139.
76 Kant, a. a. O., S. 137.
77 Kant, a. a. O., S. 103.
78 Kant, Opus postumum. Akad. Ausg., a. a. O., Bd. XXII, S. 304.
79 Kant, a. a. O., S. 71 f.
80 Kant, a. a. O., S. 364 f.
81 Kant, a. a. O., S. 624.

5. Kapitel

1 Maine de Biran, Tagebuch. Ausgewählt und übersetzt von Otto Weith. Hamburg 1977 (Meiner), S. 62.
2 Maine de Biran, a. a. O., S. 29.
3 Charles Darwin, Reise eines Naturforschers um die Welt. Aus dem Englischen von J. Victor Carus. Stuttgart 1875 (E. Schweizerbart'sche Verlagshandlung), S. 583.
4 Johann Gottfried Seume, Spaziergang nach Syrakus. In: Prosaschriften. Darmstadt 1974 (Melzer), S. 274.
5 Seume, a. a. O., S. 157 und S. 163 .
6 Seume, a. a. O., S. 172.
7 Novalis, Blüthenstaub. In: Werke, Tagebücher und Briefe Friedrich von Hardenbergs. Bd. II. Das philosophisch-theoretische Werk. Hg. Hans-Joachim Mähl. München 1978 (Hanser), S. 242.

8 Novalis, a.a.O., S. 253.
9 Novalis, Vermischte Bemerkungen. In: Werke, Tagebücher und Briefe Friedrich von Hardenbergs, a.a.O., Bd. II, S. 274.
10 Novalis, a.a.O., S. 280; Novalis setzt diesen Passus in Klammern.
11 Novalis, Die Lehrlinge zu Sais. In: Werke und Briefe in einem Band. Hg. Alfred Kelletat. München o.J. (Winkler), S. 105.
12 Novalis, Das allgemeine Brouillon, 4. Handschriftengruppe. In: Werke, Tagebücher und Briefe Friedrich von Hardenbergs, a.a.O., Bd. II, S. 705.
13 Novalis, Das allgemeine Brouillon. In: Werke, Tagebücher und Briefe Friedrich von Hardenbergs, a.a.O., Bd. II,, S. 675.
14 Vgl.: Novalis, Teplitzer Fragmente. In: Werke, Tagebücher und Briefe Friedrich von Hardenbergs, a.a.O., Bd. II, S. 398.
15 Wolfgang Hädecke, Novalis. Biographie. München 2011 (Hanser), S. 184.
16 Friedrich Schlegel, *Lucinde*. In: Dichtungen und Aufsätze. Hg. Wolfdietrich Rasch. Darmstadt 1984 (Wissenschaftliche Buchgesellschaft), S. 9–111; hier: S. 20.
17 Friedrich Schlegel, a.a.O., S. S. 29.
18 Friedrich Schlegel, Transcendentalphilosophie. Hg. Michael Elsässer. Hamburg 1991 (Meiner), S. 3.
19 Friedrich Schlegel, a.a.O., S. 73.
20 Friedrich Schlegel, Athenäums-Fragmente. In: Schriften zur Literatur. Hg. Wolfdietrich Rasch. München 1985 (Deutscher Taschenbuch Verlag), S. 58.
21 Schlegel, a.a.O., S. 44.
22 Vgl.: Manfred Frank, Das »fragmentarische Universum« der Romantik. In: Lucien Dällenbach, Christiaan L. Hart Nibbrig (Hg.), Fragment und Totalität. Frankfurt 1984 (Suhrkamp), S. 212–224; hier: 217.
23 Jean Paul, Vorschule der Ästhetik: In: Werke. Hg. Norbert Miller. München 1963 (Hanser). Bd. V, I. Programm, § 3: Poetische Materialisten, S. 36.
24 Ludwig Börne, Die Kunst, in drei Tagen ein Originalschriftsteller zu werden [1823]. In: Sämtliche Schriften. Hg. Inge und Peter Rippmann. Düsseldorf 1964 (Melzer). Bd. I, 740-743; hier: S. 742.
25 Börne, a.a.O., S. 745.
26 Arthur Schopenhauer, Die Welt als Wille und Vorstellung. Erster Band. Wiesbaden 1972 (Brockhaus), Erstes Buch, § 6, S. 25.
27 Schopenhauer, ebd.
28 Arthur Schopenhauer, Spicilegia. Philosophische Notizen aus dem Nachlass. Hg. Ernst Ziegler unter Mitarbeit von Anke Brumloop und Manfred Wagner. München 2015 (Beck), Mskr. S. 406, 5 und S. 407, 1; S. 521.

29 Arthur Schopenhauer, Parerga und Paralipomena. Zweiter Band. In: Zürcher Ausgabe. Werke in zehn Bänden. Bd. X. Zürich 1977 (Diogenes), § 263, S. 541 f.
30 Schopenhauer, a. a. O., § 268, S. 545.
31 Arthur Schopenhauer, Senilia. Gedanken im Alter. Hg. Franco Volpi und Ernst Ziegler. München 2011 (2), (Beck); Arthur Schopenhauer, Pandectae. Philosophische Notizen aus dem Nachlass. Hg. Ernst Ziegler unter Mitarbeit von Anke Brumloop und Manfred Wagner. München 2016 (Beck).
32 Vgl.: Rüdiger Safranski, Schopenhauer und Die wilden Jahre der Philosophie. München 1987 (Hanser), S. 402.
33 Schopenhauer, Spicilegia, a. a. O., Mskr. S. 116, 2; S. 179.
34 Schopenhauer, Parerga und Paralipomena, a. a. O., Bd. II, § 259 S. 538.
35 Friedrich Nietzsche, Die fröhliche Wissenschaft. Kritische Studienausgabe, a. a. O., Bd. III, § 97, S. 451.
36 Schopenhauer, Spicilegia, a. a. O., Mskr. S. 300, 1; S. 391.
37 Arthur Schopenhauer, Der handschriftliche Nachlaß. Hg. Arthur Hübscher. 5 Vol. München 1983 (Deutscher Taschenbuch Verlag), Bd. IV, 2, 109; vgl. auch zum biographischen Kontext dieser Stelle: Rüdiger Safranski, Arthur Schopenhauer, a. a. O., S. 393.
38 Arthur Schopenhauer, Aphorismen zur Lebensweisheit. Sämtliche Werke. Hg. Wolfgang Frh. Von Löhneysen. Bd. IV, Kleinere philosophische Schriften I. Stuttgart/Frankfurt 1987 (Cotta/Insel), S. 373-592; hier: 520.
39 Schopenhauer, Parerga und Paralipomena, a. a. O., Bd. II, § 289a, S. 602.
40 Schopenhauer, Die Welt als Wille und Vorstellung, a. a. O., 2. Band, S. 136.
41 Schopenhauer an Brockhaus, 14. Juni 1843. In: Arthur Schopenhauers Briefwechsel und andere Dokumente. Hg. Max Brahm. Leipzig 1911 (Insel), S. 162.
42 Vgl.: Schopenhauer, Parerga und Paralipomena, a. a. O., Bd. II, § 287, S. 596.
43 Vgl.: Schopenhauer, Parerga und Paralipomema, a. a. O., Bd. II, § 283, S. 572.
44 Vgl.: Schopenhauer, Parerga und Paralipomema, a. a. O., Bd. II, § 286, S. 593.
45 Schopenhauer, a. a. O., § 275, S. 555.
46 Vgl.: Schopenhauer, a. a. O., § 276, S. 555.
47 Schopenhauer, Spicilegia, a. a. O., Mskr. S. 192, 4; S. 272.
48 Schopenhauer, a. a. O., Mskr. S. 141, 3; S. 218.
49 Schopenhauer an Goethe, 11. November 1815. In: Arthur Schopenhauers Briefwechsel und andere Dokumente, a. a. O., S. 31.

50 Schopenhauer, Die Welt als Wille und Vorstellung. Erster Band, a.a.O., S. VII.
51 Schopenhauer, Senilia, a.a.O., Mskr. S. 22, 3; S. 56.
52 Schopenhauer, Spicilegia, a.a.O., Mskr. S. 8, 2; S. 59.
53 Sören Kierkegaard, Die Tagebücher 1834–1855. Ausgewählt und übertragen von Theodor Haecker. München 1949 (Hegner), S. 66.
54 Kierkegaard, a.a.O., S. 77f.
55 Kierkegaard, a.a.O., S. 78.
56 Kierkegaard, ebd.
57 Kierkegaard, a.a.O., S. 90.
58 Sören Kierkegaard, Der Begriff der Ironie. Mit ständiger Rücksicht auf Sokrates. Übersetzt von Emanuel und Rose Hirsch. Frankfurt 1976 (Suhrkamp), S. 33.
59 Sören Kierkegaard, Entweder-Oder. Hg. Hermann Diem und Walter Rest. Köln/Olten 1960 (Hegner), S. 28.
60 Kierkegaard, a.a.O., S. 486.
61 Kierkegaard, ebd.
62 Kierkegaard, ebd.
63 Georg Brandes, Sören Kierkegaard. Ein literarisches Charakterbild. Leipzig 1879 (J. A. Barth), S. 148.
64 Brandes, a.a.O., S. 144f.
65 Kierkegaard, Das Tagebuch des Verführers. In: Entweder-Oder, a.a.O., S. 351-521; hier S. 352.
66 Kierkegaard, Entweder-Oder, a.a.O. S. 85.
67 Kierkegaard, a.a.O., S. 532.
68 Sören Kierkegaard, Die Wiederholung. In: Werke. Übersetzt von H. C. Ketels, H. Gottsched und Chr. Schrempf. Jena 1925 (Diederichs). Bd. III, S. 134f.
69 Kierkagaard, ebd.
70 Kierkegaard, a.a.O., S. 123.
71 Kierkegaard, Entweder-Oder, a.a.O., S. 528 und 529.
72 Kierkegaard, Die Tagebücher, a.a.O., S. 200.
73 Joakim Garff, Sören Kierkegaard. Biographie. Aus dem Dänischen von Herbert Zeichner und Hermann Schmid. München 2000 (Hanser), S. 361.
74 Kierkegaard, Entweder-Oder, a.a.O., S. 44.
75 Garff, Sören Kierkegaard, a.a.O., S. 133.
76 Vgl.: Philippe Lejeune, Der autobiographische Pakt. In: Günter Niggl (Hg.), Die Autobiographie. Zu Form und Geschichte einer literarischen Gattung. Darmstadt 1989 (Wissenschaftliche Buchgesellschaft), S. 214–257.
77 Emanuel Hirsch, Geschichtliche Einleitung zur fünfzehnten Abteilung. In: Sören Kierkegaard, Stadien auf des Lebens Weg. Übersetzt von Ema-

nuel und Rose Hirsch. Düsseldorf/Köln 1958 (Diederichs), S. VII–XV, hier: X.

78 Garff, Sören Kierkegaard, a.a.O., S. 343.

79 Kierkegaard, Entweder-Oder, a.a.O., S. 51.

80 Kierkegaard, ebd.

81 Kierkegaard, a.a.O., S. 180.

82 Sören Kierkegaard, Das Buch über Adler. Übersetzt von Hayo Gerdes. Düsseldorf/Köln 1962 (Diederichs), S. 16.

83 Karl Jaspers, Nietzsche. Einführung in das Verständnis seines Philosophierens. Berlin 1981 (de Gruyter), S.10 ff. und 415 f.; vgl. auch: Walter Kaufmann, Nietzsche. Philosoph. Psychologe. Antichrist. Übersetzt von Jörg Salaquarda. Darmstadt 1988, (Wissenschaftliche Buchgesellschaft), S. 87 f.

84 Friedrich Nietzsche, Zur Genealogie der Moral. KSA, a.a.O., Bd. V, S. 255.

85 Nietzsche, Brief aus Naumburg an Erwin Rohde in Kiel. 6. 6. 1868. In: Sämtliche Briefe. Kritische Studienausgabe in acht Bänden. (KSB) Hg. Gigio Colli und Mazzino Montinari. München 1986 (Deutscher Taschenbuch Verlag) Bd. II, S. 288.

86 Curt Paul Janz, Friedrich Nietzsche. Biographie. München 1981 (Deutscher Taschenbuch Verlag). Bd. II, S. 17.

87 Friedrich Nietzsche, Der Wanderer und sein Schatten. In: Menschliches, Allzumenschliches. KSA, a.a.O., Bd. II, S. 537.

88 Nietzsche, ebd.

89 Nietzsche, a.a.O., S. 538 und 539.

90 Nietzsche, a.a.O., § 121, S. 604.

91 Nietzsche an Heinrich Köselitz. St. Moritz, 11. September 1879. In: KSB, a.a.O., Bd. V, S. 441.

92 Nietzsche an Heinrich Köselitz. Naumburg, 30. September 1879.In: KSB, a.a.O., Bd. V, S. 448.

93 Nietzsche an Heinrich Köselitz. Naumburg, 5. Oktober 1879. In: KSB, a.a.O., Bd V, S. 450.

94 Nietzsche an Heinrich Köselitz, a.a.O., S. 450 f.

95 Friedrich Nietzsche, Die fröhliche Wissenschaft. KSA, a.a.O., Bd. III, S. 366.

96 Vgl.: Friedrich Nietzsche, Nachgelassene Fragmente 1880–1882. KSA, a.a.O., Bd. IX, S. 592.

97 Nietzsche, a.a.O., S. 170.

98. riedrich Nietzsche, Nachgelassene Fragmente 1887–1889. KSA, a.a.O., Bd. XIII, S. 543.

99 Friedrich Nietzsche, Morgenröthe. Gedanken über die moralischen Vorurtheile. KSA, a.a.O., Bd. III, § 575, S. 331.

100 Nietzsche, Die fröhliche Wissenschaft, a.a.O., § 298, S. 538.
101 Nietzsche, Nachgelassene Fragmente 1880–1882. KSA, a.a.O., Bd. IX, S. 101.
102 Nietzsche, ebd.
103 Nietzsche, a.a.O., S. 18.
104 Friedrich Nietzsche, Nachgelassene Fragmente 1884–1885. KSA, a.a.O., Bd. XII, S. 185.
105 Friedrich Nietzsche, Götzen-Dämmerung. KSA, a.a.O., Bd. VI, S. 128.
106 Nietzsche an Georg Brandes, Nizza den 2. Dez. 1887. KSB, a.a.O., Bd. VIII, S. 206.
107 Nietzsche, Nachgelassene Fragmente 1884–1885, a.a.O., S. 158.
108 Nietzsche, Nachgelassene Fragmente 1882–1884, a.a.O., S. 160.
109 Nietzsche, Nachgelassene Fragmente 1884–1885, a.a.O., S. 595.
110 Nietzsche, a.a.O., S. 596.
111 Nietzsche, a.a.O., S. 595.
112 Vgl. exemplarisch den Brief an Heinrich Köselitz, Leipzig, 23. September 1882. KSB, a.a.O., Bd. VI, S. 264.
113 Vgl. den Brief an Hans von Bülow, Rapallo, Anfang Dezember 1882. KSB, a.a.O., Bd. VI, S. 290.
114 Nietzsche an Franz Overbeck, Rapallo 10. Februar 1883. KSB, a.a.O., Bd. VI, S. 325.
115 Vgl.: Lou Andreas-Salomé, Friedrich Nietzsche in seinen Werken. Hg. Ernst Pfeiffer. Frankfurt 1983 (Insel), S. 151.
116 Lou Andreas-Salomé, a.a.O., S. 160.
117 Nietzsche, Nachgelassene Fragmente 1880–1882. KSA, a.a.O., Bd. IX, S. 356.
118 Nietzsche, Nachgelassene Fragmente 1884–1885. KSA, a.a.O., Bd. XI, S. 579.
119 Nietzsche, Nachgelassene Fragmente 1882–1884. KSA, a.a.O., Bd. X, S. 90.
120 Nietzsche, Götzen-Dämmerung, a.a.O., S. 153.
121 Friedrich Nietzsche, Der Fall Wagner. KSA, a.a.O. Bd. VI, S. 9–53; hier: S. 27.
122 Nietzsche, a.a.O., S. 11.

6. Kapitel

1 Vgl.: Gustave Flaubert, Briefe. Hg. und übersetzt von Helmut Scheffel. Zürich 1977 (Diogenes), S. 613.
2 Gustave Flaubert, Wörterbuch der Gemeinplätze. In: Bouvard und Pécuchet. Übersetzt von Caroline Vollmann. Frankfurt 2004 (Haffmans), S. 385–445; hier: S. 388.
3 Flaubert, a.a.O., S. 398.

4 George Bernard Shaw, Pygmalion. Übersetzt von Siegfried Trebitsch. Stuttgart 1972 (Reclam), 1. Akt, S. 9.
5 Ludwig Wittgenstein, Tractatus logico-philosophicus. Werkausgabe Bd. 1. Frankfurt 1984 (Suhrkamp), § 2.02; S. 13.
6 Wittgenstein, a. a. O., § 2.0201; S. 13.
7 Moritz Schlick, Allgemeine Erkenntnislehre. Berlin 1925, Frankfurt 1979 (Suhrkamp), S. 23 und 24.
8 Otto Neurath, Die neue Enzyklopädie. In: Wissenschaftliche Weltanschauung, Sozialismus und Logischer Empirismus. Hg. Rainer Hegselmann. Frankfurt 1979 (Suhrkamp), S. 120–131; hier: S. 130; vgl. zum Kontext: Christoph Hofmann, »Wie lesen? – Das Notizbuch als Bühne der Forschung.« In: Birgit Griesecke (Hg.)., Werkstätten des Möglichen 1930–1936. L. Fleck, EW. Husserl, R. Musil L. Wittgenstein. Würzburg 2008 (Königshausen & Neumann), S. 45–57.
9 Siehe: György Lukacs, Tagebuch 1910/1911. Berlin 1991 (Brinkmann & Bose), S. 33; Gabriel Marcel, Metaphysisches Tagebuch. In: Gabriel Marcel, Auswahl aus seinen Tagebüchern und Schriften mit einer Einleitung von Siegfried Foelz. Übersetzt von Hanns von Winter. 2 Bde. Leipzig 1966 (St. Benno); Jean-Paul Sartre, Tagebücher November 1939–März 1940. Übersetzt von Eva Moldenhauer. Reinbek 1984 (Rowohlt); Ludwig Hohl, Die Notizen oder Von der unvoreiligen Versöhnung. Berlin 2014 (Suhrkamp); Max Horkheimer, Notizen 1949–1969. Gesammelte Schriften. Hg. Alfred Schmidt und Gunzelin Schmid Noerr. Frankfurt 2008 (Fischer), Bd. VI; Albert Camus, Tagebücher 1935–1951. Übersetzt von Guido G Meister. Reinbek 1997 (Rowohlt); Albert Camus, Tagebuch März 1951 – Dezember 1959. Übersetzt von Guido G, Meister. Reinbek 1997 (Rowohlt); Hannah Arendt, Denktagebuch. 1950–1973. 2 Bde. München 2016 (Piper).
10 Karl Jaspers, Notizen zu Martin Heidegger. Hg. Hans Saner. München 1978 (Piper); E. M. Cioran, Die verfehlte Schöpfung. Übersetzt von F. Bondy. Frankfurt 1979 (Suhrkamp); E. M. Cioran, Gevierteilt. Übersetzt von Bernd Mattheus Frankfurt 1991 (Suhrkamp); Eugène Ionesco, heute und gestern, gestern und heute. Tagebuch. Übersetzt von Lore Kornell. Neuwied/Berlin 1969 (Luchterhand); Michel Leiris, Phantom Afrika. Tagebuch einer Expedition von Dakar nach Djibouti 1931–1933. 2 Bde. Übersetzt von Rolf Wintermeyer. Hg. Hans-Jürgen Heinrichs. Frankfurt 1985 (Suhrkamp); Peter Sloterdijk, Zeilen und Tage. Notizen 2008–2011. Berlin 2012 (Suhrkamp); Peter Sloterdijk, Neue Zeilen und Tage. Notizen 2011–2013. Berlin 2018 (Suhrkamp).
11 Peter Sloterdijk, Neue Zeilen und Tage, a. a. O., S. 10.
12 Sigmund Freud, Über den Traum. Gesammelte Werke Bd. II/III. Frankfurt 1999 (Fischer), S. 645–700; hier: S. 649; Hervorhebungen von Freud.

13 André Breton, Die Manifeste des Surrealismus. Deutsch von Ruth Henry. Reinbek 1977 (Rowohlt), S. 29 f.
14 Breton, a. a. O., S. 30.
15 Breton, a. a. O., S. 23.
16 André Breton, L'Amour fou. Deutsch von Friedhelm Kemp. Frankfurt 1981 (Suhrkamp), S. 47.
17 Henryk Elzenberg, Kummer mit dem Sein. Tagebuch eines Philosophen. Aphorismen und Gedanken aus den Jahren 1907 bis 1963. Aus dem Polnischen von Sven Sellmer unter Verwendung einiger von Karl Dedecius übersetzter Aphorismen. Frankfurt 2004 (Suhrkamp), S. 21.
18 Elzenberg, a. a. O., S. 39.
19 Elzenberg, a. a. O., S. 89.
20 Elzenberg, a. a. O., S. 111.
21 In Polen sind Person und Werk von Elzenberg recht bekannt, in Deutschland leider kaum. Biographische und geistesgeschichtliche Informationen zum Autor stellt vor: Piotr Stankiewicz, Henryk Elzenberg and His Philosophical System. *International Journal of Arts and Sciences 3 /15* (2011), S. 55–70.
22 Elzenberg, a. a. O., S. 313.
23 Elzenberg, a. a. O., S. 355.
24 Elzenberg, a. a. O., S. 356.
25 Elzenberg, ebd.
26 Elzenberg, ebd.
27 Elzenberg, a. a. O., S. 360.
28 Elzenberg, a. a. O., S. 366.
29 Elzenberg, a. a. O., S. 512.
30 Parmenides, 2 fr. 2. Zit. n.: Wilhelm Capelle, Die Vorsokratiker, a. a. O., S. 164.
31 Elzenberg, a. a. O., S. 513.
32 Paul Valéry, zit. n.: Denis Bertholet, Paul Valéry. Die Biographie. Aus dem Französischen von Bernd Schwibs und Achim Russer. Frankfurt 2011 (Insel), S. 142 f.
33 Paul Valéry, a. a. O., S. 143.
34 Vgl.: Denis Bertholet, Paul Valéry, a. a. O., S. 129.
35 Paul Valéry, Herr Teste. Deutsch von Max Rychner. Frankfurt 1965 (Suhrkamp), S. 12.
36 Leonardo da Vinci, Kodex B 88 v. Zit. n.: Charles Nicholl, Leonardo da Vinci. Eine Biographie. Aus dem Englischen von Michael Bischoff. Frankfurt 2006 (Fischer), S. 274.
37 Paul Valéry, Einführung in die Methode des Leonardo da Vinci. Übersetzt von Karl August Horst. In: Paul Valéry, Werke. Frankfurter Ausgabe in 7 Bänden. Hg. Jürgen Schmidt-Radefeldt. Frankfurt 1995

(Insel), Band. VI. Zur Ästhetik und Philosophie der Künste, S. 7–61; hier: S. 13 f.

38 Paul Valéry, Einführung in die Methode des Leonardo da Vinci, a. a. O., S. 14.

39 Paul Valéry, a. a. O., S. 13.

40 Paul Valéry, Cahiers/Hefte. Übersetzt von Markus Jakob, Hartmut Köhler, Jürgen Schmidt-Radefeldt, Corona Schmiele, Karin Wais. Hg. Hartmut Köhler und Jürgen Schmidt-Radefeldt. Frankfurt 1987 (Fischer). Bd. I, S. 33.

41 Valéry, ebd.

42 Valéry, Cahiers/Hefte. Bd. I, a. a. O., S. 34.

43 Valéry, ebd.

44 Valéry, Cahiers/Hefte. Bd. I, a. a. O., S. 40.

45 Valéry, Cahiers/Hefte. Bd. I, a. a. O., S. 39.

46 Vgl.: Paul Valéry, Cahiers/Hefte. Übersetzt von Bernhard Böschenstein, Hartmut Köhler, Jürgen Schmidt-Radefeldt. Frankfurt 1993 (Fischer). Bd. VI, S. 286.

47 Valéry, Cahiers/Hefte. Bd. I, a. a. O., S. 37.

48 Vgl.: Valéry, Cahiers/Hefte. Bd. VI, a. a. O., S. 626.

49 Vgl.: Valéry, Cahiers/Hefte. Bd. I, a. a. O., S. 277.

50 Valéry, a. a. O., S. 157.

51 Vgl.: Valéry, a. a. O., S. 461.

52 Paul Valéry an André Gide, Ende Februar 1940. In: Andre Gide, Paul Valéry, Briefwechsel 1890 – 1942. Aus dem Französischen von Hella und Pauk Noack. Frankfurt 1987 (Fischer), S. 603f.

53 Vgl.: Valéry, Cahiers/Hefte. Bd. I, a. a. O., S. 40f.

54 Vgl.: Valéry, Cahiers/Hefte. Bd. I, a. a. O., S. 285.

55 Valéry, Cahiers/Hefte. Bd. I, a. a. O., S. 287f.

56 Valéry, Cahiers/Hefte. Bd. I, a. a. O., S. 288.

57 Valéry, Cahiers/Hefte. Bd. I, a. a. O., S. 43.

58 Paul Valéry, Verschwiegenes. Übersetzt von H. Staub. Werke, a. a. O., Bd. V, S. 295–328; hier: S. 313.

59 Valéry, Cahiers/Hefte. Bd. I, a. a. O., S. 490.

60 Paul Valéry, Cahier/Heft B 1910. Übersetzt von H. Steiner, E. Haerle. In: Werle, a. a. O., Bd. V,, S. 179–202; hier: 180. Siehe auch die Anmerkung auf. S. 512. Valéry publiziert dieses Heft 1924 als Faksimile. Es wird das einzige von ihm veröffentlichte Heft bleiben.

61 Valéry, Cahiers/Hefte. Bd. I, a. a. O., S. 409.

62 Valéry, Verschwiegenes, a. a. O., S. 315.

63 Paul Valéry, Cahiers/Hefte. Übersetzt von Hartmut Köhler, Christine Mäder-Viragh, Jürgen Schmidt-Radefeldt. Frankfurt 1989 (Fischer). Bd. III, S. 71.

64 Valéry, Cahiers/Hefte. Bd. VI, a. a. O., S. 647.

65 Valéry, Cahiers/Hefte. Bd. I, a. a. O., S. 72.
66 Valéry notiert in seinen Cahiers, ein japanischer Professor hielte ihn für einen Buddhisten. Vgl.: Valéry, Cahiers/Hefte. Bd. I, a. a. O., S. 246.
67 Adrienne Monnier, Valéry – Rue de l'Odéon. In: Aufzeichnungen aus der Rue de l'Odéon. Schriften 1917–1953. Aus dem Französischen von Nicolaus Bornholm. Hg. Carl HG. Buchner. Frankfurt 1998 (Suhrkamp), S. 69–73; hier: S. 70.
68 Valéry, Cahiers/Hefte. Bd. I, a. a. O., S. 172.
69 Paul Valéry, Fragment eines Descartes. Übersetzt von Max Looser. In: Werke, a. a. O., Bd. IV, S. 7 – 13; hier: S. 12.
70 Paul Valéry, Descartes. Übersetzt von Max Looser. In: Werke, a. a. O., Bd. IV, S. 14–35; hier: S. 18 f.
71 Vgl.: François-Bernard Michel, Le Souffle coupé. Respirer et écrire. Paris 1984 (Gallimard); dt: Der geraubte Atem. Übersetzt von Luisa Lässig. Zürich 1991 (Kreuz), S. 28 f.
72 Vgl.: Valéry, Cahiers/Hefte. Bd. VI, a. a. O., S. 261.
73 Karl Löwith, Paul Valéry. Grundzüge seines philosophischen Denkens. Göttingen 1971 (Vandenhoeck & Ruprecht), S. 5.
74 Vgl.: Valéry, Cahiers/Hefte. Bd. I, a. a. O., S. 424.
75 Valéry, a. a. O., S. 424 f.
76 Vgl.: Valéry, a. a. O., S. 416.
77 Valéry, a. a. O., S. 428.
78 Ludwig Wittgenstein an Ludwig von Ficker, wahrscheinlich Mitte Oktober. In: Ludwig Wittgenstein. Briefwechsel mit B. Russell, G. E. Moore, J. M. Keynes, F. P. Ramsey, W. Eccles, P. Engelmann und L. von Ficker. Hg. Brian Mc Guinness und G. H. Von Wright. Frankfurt 1980 (Suhrkamp), S. 94 f.
79 Ludwig Wittgenstein, Tagebücher 1914–1916. In: Werkausgabe Band I. Frankfurt 1984 (Suhrkamp), S. 87–186; hier: S. 175. Der Satz erscheint unverändert im *Tractatus logico-philosophicus* unter dem Paragraphen 5.641. Wittgenstein, Tractatus logico-philosophicus. Werkausgabe, Bandausgabe. Bd. I, Frankfurt 1984 (Suhrkamp), § 5.641, S. 7–85; hier: S. 68.
80 Wittgenstein, Tractatus logico-philosophicus, a. a. O., § 5.631; S. 67 f.
81 Wittgenstein, a. a. O., § 6.373, S. 82.
82 M. O'C Drury, Gespräche mit Wittgenstein. In: Rush Rhees (Hg), Ludwig Wittgenstein. Porträts und Gespräche. Übersetzt von Joachim Schulte. Frankfurt 1987 (Suhrkamp), S. 142–235; hier: S. 220.
83 Wittgenstein, a. a. O., § 5.473, S. 57.
84 Vgl: Wittgenstein, a. a. O., § 6.1232, S. 74.
85 Wittgenstein, a. a. O., § 6.121; S. 72.
86 Wittgenstein, a. a. O., Vorwort, S. 10.

87 Brian McGuinness, Wittgensteins frühe Jahre. Übersetzt von Joachim Schulte, Frankfurt 1988 (Suhrkamp), S. 464.
88 Rainer Maria Rilke, Archäischer Torso Apollos. In: Der neuen Gedichte anderer Teil. Werke in drei Bänden. Frankfurt 1966 (Insel), Bd. I, S. 313.
89 Brian McGuinness, a. a. O., S. 461.
90 Michael Nedo, Einleitung. In: Ludwig Wittgenstein, Wiener Ausgabe. Band 11. ›The Big Typoscript‹. Hg. Michael Nedo. Wien 2000 (Springer), S. VII.
91 Vgl.: Hans Veigl, Wittgenstein in Cambridge. Wien 2004 (Holzhausen), S. 94; Vgl. auch: Wittgenstein-Nachlass Bergen Nachlass Edition (BNE) www.wab.uib.no/)
92 Vgl.: Ludwig Wittgenstein, Geheime Tagebücher 1914–1916. Hg. Wilhelm Braun. Wien 1991 (Turia & Kant); Ludwig Wittgenstein, Denkbewegungen. Tagebücher 1930–1932, 1936–1937. (Ms 183). Teil 1: Normalisierte Fassung. Teil 2: Diplomatische Fassung. Hg. Ilse Somavila. Innsbruck 1997 (Haymon); Ludwig Wittgenstein, Licht und Schatten. Ein nächtliches (Traum-)Erlebnis und ein Brief-Fragment. Hg. Ilse Somavilla. Innsbruck/Wien 2004 (Haymon).
93 Georg Henrik von Wright, Teil II der Philosophischen Untersuchungen. Eine beschwerliche Geschichte. In : Wittgenstein über die Seele. Hg. Eike von Savigny und Oliver R. Scholz. Frankfurt 1995 (Suhrkamp), S. 12–23; hier: S. 19.
94 Georg Henrik von Wright, Wittgensteins Nachlaß. In: Ders., Wittgenstein. Übersetzt von Joachim Schulte. Frankfurt 1986 (Suhrkamp), S. 45–76; hier: S. 50.
95 Ludwig Wittgenstein, Zettel. Hg. G. E. M. Anscombe und G. H. Von Wright. Werkausgabe, a. a. O., Bd. VIII, S. 259–443; hier: § 447, S. 378.
96 G. E. M. Anscombe und G. H. Von Wright, Vorwort. In: Ludwig Wittgenstein, Zettel, a. a. O., S. 262.
97 Vgl.: Ludwig Wittgenstein, Philosophische Bemerkungen. Aus dem Nachlass hg. Von Rush Rhees. Werkausgabe, a. a. O., Bd. II, § 54 ff., S. 84 f.
98 Wittgenstein, Zettel, a. a. O., § 1, S. 265.
99 Wittgenstein, a. a. O., § 255, S. 330.
100 Ludwig Wittgenstein, Vermischte Bemerkungen. Eine Auswahl aus dem Nachlaß. Hg. Georg Henrik von Wright. Unter Mitarbeit von Heikki Nyman. Werkausgabe, a. a. O., Bd. VIII, S. 445–573; hier: S. 473.
101 Wittgenstein, Zettel, a. a. O., § 36, S. 274.
102 Wittgenstein, Vermischte Bemerkungen, a. a. O., S. 530.

103 Wittgenstein Nachlass Ms-120,40v; Bergen Nachlass Edition (BNE), www.wab.uib.no/
104 Wittgenstein, Vermischte Bemerkungen, a.a.O., S. 542.
105 Wittgenstein, Philosophische Untersuchungen, a.a.O., § 320, S. 381.
106 Wittgenstein, Philosophische Untersuchungen, a.a.O., II, S. 492.
107 Wittgenstein, Philosophische Untersuchungen, a.a.O., § 319, S. 381.
108 Wittgenstein, Philosophische Grammatik. Hg. Rush Rhees. Werkausgabe Band IV. Frankfurt 1974 (Suhrkamp), S. 169; vgl. auch: Ludwig Wittgenstein, Philosophische Untersuchungen. A.a.O, § 436, S. 417.
109 Wittgenstein, Vermischte Bemerkungen, a.a.O., S. 498.
110 Wittgenstein, Vermischte Bemerkungen, a.a.O., S. 563.
111 Wittgenstein, Vermischte Bemerkungen, a.a.O., S. 560.
112 Wittgenstein, Philosophische Untersuchungen, a.a.O., § 309, S. 378.
113 Wittgenstein, Vermischte Bemerkungen, a.a.O., S. 561.
114 Wittgenstein, Vermischte Bemerkungen, a.a.O., S. 513.
115 Wittgenstein an Bertrand Russell, Krakau 22. Mai 1915. Briefwechsel, a.a.O., S. 72.
116 Vgl.: Wittgenstein an Bertrand Russell, Wien 1. November 1919. Briefwechsel, S . 97 f.
117 F. R. Leavis, Wittgenstein – einige Erinnerungsbilder. In: Rush Rhees (Hg.), Wittgenstein. Porträts und Gespräche, a.a.O., S. 84–106; hier: 98 f.
118 Norman Malcolm, Erinnerungen an Wittgenstein. Übersetzt von Claudia Frank und Joachim Schulte. Frankfurt 1987 (Suhrkamp), S. 81.
119 Norman Malcolm, ebd.
120 Norman Malcolm, a.a.O., S. 123.
121 Wittgenstein, Philosophische Untersuchungen, a.a.O., S. 231.
122 Wittgenstein, Philosophische Untersuchungen, a.a.O., S. 232.
123 Wittgenstein, Tractatus logico-philosophicus, a.a.O., § 6.43, S. 83 und § 7, S. 85; Wittgenstein, Philosophische Untersuchungen, a.a.O., § 19, S. 246.

7. Kapitel

1 Ludwig Wittgenstein, Philosophische Untersuchungen. Werkausgabe, a.a.O., S. 576. Die erwähnte Kippfigur findet sich auf S. 520, eingebettet in reflektierende Notizen.
2 Heinz Politzer, Franz Kafka. Der Künstler. Frankfurt 1978 (Suhrkamp), S. 10 f.
3 Franz Kafka, In der Strafkolonie. In: Erzählungen. Hg. Max Brod. Frankfurt 1986 (Fischer), S. 151–177; hier: S. 159.
4 Nelson Goodman, Sprachen der Kunst. Entwurf einer Symboltheorie. Übersetzt von Bernd Philippi. Frankfurt 1995 (Suhrkamp), S. 182:

»Anders als die Partitur ist die Skizze überhaupt nicht in einer Sprache oder Notation [...].« Sie lege keine Realisierung zwingend nahe oder schlage andere kategorisch aus. Aus diesem Grunde könne keine der pikturalen Eigenschaften einer Skizze als irrelevant abgetan werden.

5 Friedrich Schlegel, Athenäums-Fragmente. In: Schriften zur Literatur. Hg. Wolfdietrich Rasch. München 1972 (Deutscher Taschenbuch Verlag), S. 25–83; hier: 58.

6 Robert Musil, Der Mann ohne Eigenschaften. Hg. Adolf Frisé. Reinbek 1986 (Rowohlt), S. 251.

7 Musil, a. a. O., S. 354.

8 Musil, ebd.

9 Musil, ebd.

10 Musil, a. a. O., S. 380.

11 Robert Musil, Heft 4: 1899–1904 oder später. In: Tagebücher. Hg. Adolf Frisé. Reinbek 1983 (Rowohlt), S. 11 und 16.

12 Robert Musil, Sommer im Gebirge. In: Heft 3: 1899(?)–1905/6. In: Tagebücher, a. a. O., S. 53.

13 Roger Willemsen, Robert Musil. Vom intellektuellen Eros. München/Zürich 1985 (Pieper), S. 179.

14 Vgl.: Robert Musil, Heft 10: 1918–1921 (1929, 1939). In: Tagebücher, a. a. O., S. 446.

15 Robert Musil, Heft 30: Etwa März 1929–November 1941 oder später. In: Tagebücher, a. a. O., S. 767

16 Musil, ebd.

17 Robert Musil, Stichworte zu den »Aufzeichnungen eines Schriftstellers« [Umriss einer Selbstbiographie] (1940/41), In: Prosa und Stücke. Kleine Prosa. Aphorismen. Autobiographisches. Essays und Reden. Hg. Adolf Frisé. Hamburg 2000 (Rowohlt), S. 915–936; hier: S. 935.

18 Musil, Heft 30: Etwa März 1929–November 1941 oder später. Tagebücher, a. a. O., S. 793.

19 Musil, Heft 34: 17. Februar 1930–Frühsommer 1938. Tagebücher, a. a. O., S. 898.

20 Musil, 17. Februar 1930–Frühsommer 1938. Tagebücher, a. a. O., S. 900; Erich Podach (Hg.), Der kranke Nietzsche. Briefe seiner Mutter an Franz Overbeck. Wien 1937 (Bermann-Fischer).

21 Musil, a. a. O., S. 902.

22 Robert Musil, Umriss einer Selbstbiographie] (1940/41), In: Musil, Prosa und Stücke. Kleine Prosa. Aphorismen. Autobiographisches. Essays und Reden, a. a. O., S. 915–936; hier: S. 917.

23 Robert Musil, Notizen [17. Februar 1935]. Prosa und Stücke. Kleine Prosa. Aphorismen. Autobiographisches. Essays und Reden. Kritik, a. a. O., S. 813–863.

24 Robert Musil, Aus einem Rapial [Nachlass]. In: Prosa und Stücke.

Kleine Prosa. Aphorismen. Autobiographisches. Essays und Reden, a.a.O., S. 824–863; hier S. 863.

25 Hannah Arendt, Walter Benjamin. In: Benjamin, Brecht. München 1971 (Pieper), S. 56f.; vgl. dazu auch Brief Walter Benjamins an Margarethe Steffin, vermutlich vom Juni 1939; In: Walter Benjamin, Briefe. Band 2. Hg. Gershom Scholem und Theodor W Adorno. Frankfurt 1978, S. 820.

26 Vgl.: Walter Benjamin, Einbahnstraße. Walter Benjamin, Gesammelte Schriften Hg. Tillmann Rexroth. Werkausgabe. Frankfurt 1980 (Suhrkamp). Bd. X, S. 83–148; hier: S. 107.

27 Benjamin, a.a.O., S. 88.

28 Benjamin, a.a.O., S. 106.

29 Walter Benjamin, Denkbilder. Gesammelte Schriften, a.a.O., Bd. X, S. 305–438; hier: S. 433.

30 Walter Benjamin, [Notizen 5]. Fragmente vermischten Inhalts. Autobiographische Schriften. Hg. Rolf Tiedemann und Hermann Schweppenhäuser. Gesammelte Schriften. Frankfurt 1985 (Suhrkamp), Band VI, S. 208 f.

31 Hannah Arendt, Denktagebuch 1950–1973. Zweiter Band. München/Berlin 2016 (Piper), S. 704.

32 Walter Benjamin, Das Passagen-Werk. Hg. Rolf Tiedemann. Frankfurt 1983 (Suhrkamp), S. 570.

33 Benjamin, Das Passagen-Werk, a.a.O., S. 586 und 598.

34 Vgl.: Benjamin, Das Passagen-Werk, a.a.O., S. 608.

35 Benjamin, Das Passagen-Werk, a.a.O., S. 962.

36 Theodor W. Adorno, Brief vom 9. Mai 1949 an Gershom Scholem. Zit. n.: Rolf Tiedemann, Editorischer Bericht. In: Walter Benjamin. Das Passagen-Werk, a.a.O., S. 1067–1080; hier: S. 1072.

37 Adorno, ebd.

38 Walter Benjamin, Franz Kafka – Zur zehnten Wiederkehr seines Todestages. Gesammelte Schriften, a.a.O., Band V, S. 409–438.

39 Rolf Tiedemann, Christoph Gödde, Henri Lonitz, Walter Benjamin 1892–1940. Eine Ausstellung des Theodor W. Adorno Archivs Frankfurt am Main mit dem Deutschen Literaturarchiv Marbach am Neckar. Katalog. Marbach am Neckar 1990 (Deutsche Schillergesellschaft), S. 243.

40 Theodor Wiesengrund-Adorno an Benjamin, Berlin 17. 12. 1934. In: Theodor W. Adorno, Walter Benjamin, Briefwechsel 1928–1940. Hg. Henri Lonitz. Frankfurt 1994 (Suhrkamp), S. 89–98, hier: S. 91.

41 Benjamin, Das Passagen-Werk, a.a.O., S. 574.

42 Benjamin, Das Passagen-Werk, a.a.O., S. 575.

43 Ludwig Hohl, Die Notizen oder Von der unvoreiligen Versöhnung. Berlin 2014 (Suhrkamp), S. 11.

44 Hohl, Die Notizen, a.a.O., S.10 und: Ludwig Hohl, Nuancen und Details. Frankfurt 1990 (Suhrkamp), S.96.
45 Hohl, a.a.O., S.35.
46 Hohl, a.a.O., S.43.
47 Hohl, a.a.O., S.56.
48 Hohl, a.a.O., S.15.
49 Hohl, a.a.O., S.66. Vgl. auch: Baruch de Spinoza, Die Ethik nach geometrischer Methode dargestellt. Übersetzt von Otto Baensch. Hg. Rudolf Schottländer. Hamburg 1976 (Meiner), besonders Teil III, Definition 2. (S.110)
50 Hohl, a.a.O., S.68.
51 Hohl, a.a.O., S.6.
52 Hohl, a.a.O., S.6f.
53 Hohl, a.a.O., S.28.
54 Hohl, a.a.O., S.30. Ludwig Hohls Erzählung *Bergfahrt*, an der er seit 1926 arbeitet und die er erst 1975 publiziert, lässt sich als Parabel lesen, aufschlussreich für das Gesamtwerk. Ludwig Hohl, Bergfahrt. Frankfurt 1975 (Suhrkamp).
55 Hohl, ebd.
56 Hohl, a.a.O., S.46.
57 Hohl, a.a.O., S.55.
58 Albert Camus, Der Mensch in der Revolte. Essays. Übersetzt von Justus Streller, neubearb. von Georges Schlocker und François Bondy. Reinbek 1964 (Rowohlt), S.12.
59 Albert Camus, Tagebuch. März 1951–Dezember 1959, a.a.O, S.109.
60 Camus, Tagebuch. März 1951–Dezember 1959, a.a.O., S.27.
61 Camus, ebd.
62 Albert Camus, Tagebücher 1935–1951, a.a.O., S.47 und 72.
63 Camus, a.a.O., S.113.
64 Camus, a.a.O., S.21.
65 Camus, ebd.
66 Albert Camus, Der Mythos von Sisyphos. Ein Versuch über das Absurde. Übersetzt von Hans Georg Brenner und Wolfdietrich Rasch. Reinbek 1978 (Rowohlt), S.16.
67 Vgl.: Albert Camus, Die Pest. Übersetzt von Uli Aumüller. Reinbek 2010 (Rowohlt), S.251.
68 Vgl.: Camus, Tagebuch. März 1951–Dezember 1959, a.a.O., S.271.
69 Camus, a.a.O, S.332.
70 Albert Camus, Der Fall. In: Gesammelte Erzählungen. Reinbek 1966 (Rowohlt), S.5–126; hier: S.91.
71 Camus, Tagebuch. März 1951–Dezember 1959, a.a.O., S.347.
72 Camus, a.a.O., S.318.
73 Camus, Tagebücher 1935–1951, a.a.O., S.479.

74 Camus, a. a. O., S. 352.
75 Olivier Todd, Albert Camus. Ein Leben. Übersetzt von Doris Heinemann. Reinbek 1999 (Rowohlt), S. 807.
76 Elias Canetti, Aufzeichnungen 1973–1984. München 1999 (Hanser), S. 95.
77 Elias Canetti, Dialog mit dem grausamen Partner. In: Das Gewissen der Worte. Essays. Frankfurt 1985 (Fischer), S. 54–71; hier: S. 54. – Für Peter von Matt unterscheidet sich Canetti vom Mainstream der Aphoristiker eben dadurch stark, dass ihm am dramatischem Zeugnis des Denkprozesses mehr läge als am fertigen Resultat, das in schöner Verpackung angebliche Weisheiten anbiete. Vgl.: Peter von Matt, Der phantastische Aphorismus bei Elias Canetti. In: Wortmasken. Texte zu Leben und Werk von Elias Canetti. Redaktion Ortrun Huber. München 1995 (Hanser), S.71–82; hier: S 71.
78 Canetti, a. a. O., S. 56.
79 Canetti, ebd.
80 Canetti, a. a. O., S. 56f.
81 Vgl.: Immanuel Kant, Kritik der reinen Vernunft, a. a. O., B 173 A 134 Anmerkung; S. 185.
82 Immanuel Kant, Die Metaphysik der Sitten, a. a. O., A 57; S. 544.

Nachwort

1 René Char, Hypnos. Aufzeichnungen aus dem Maquis. Übertragen von Paul Celan. Zit. n.: Paul Celan, Gesammelte Werke in fünf Bänden. Hg. Beda Allemann und Stefan Reichert. Frankfurt 1983 (Suhrkamp). Bd. IV, S. 453.
2 Talmud, *Berachot* 55 a.
3 Vgl.: Nietzsche an Heinrich Köselitz, Genua Ende Febr. 1882. KSB, a. a. O. Bd. VI, S. 172.
4 Vgl.: Heinrich Heine, Reisebilder. 3. Teil, Kap. XXX. Dichterische Prosa, Dramatisches. München 1973 (Artemis & Winkler), S. 223.

Der Autor

Dr. Rainer Otte (*1956) studierte an den Universitäten Marburg und Tübingen Philosophie, Vergleichende Religionswissenschaften und Kunstgeschichte und promovierte über die Philosophie des Leibes in der Aufklärung. Einige Jahre war er als Dokumentarfilmer unterwegs. Seit 1987 hat er als Wissenschaftsjournalist mit den Arbeitsbereichen Medizin, Psychologie, Wirtschaft und Philosophie für renommierte Zeitungen und Zeitschriften gearbeitet, Sachbücher und philosophische Werke vorgelegt. Er lebt heute als Publizist im Südharz.

Buchveröffentlichungen (Auswahl):

Der Stachel der Verantwortung – Nachhaltiges Denken und wirtschaftliche Vernunft (Frankfurt 1986); Thure von Uexküll – Von der Psychosomatik zur Integrierten Medizin (Göttingen 2001); Wenn Ethik der Fall ist – Narrative und Kasuistik in der Medizin (Frankfurt 2003); Wenn weniger mehr ist – Philosophie der Bescheidenheit (Berlin 2012); Geistesblitz im Dämmerlicht – Was die Intuition in der Philosophie zu suchen hat (Berlin 2015); Also sprach der Rabe – Denken mit Tieren (Berlin 2017); Schweben. Denken. Eine andere Geschichte der Philosophie (Berlin 2018).